国家社科基金一般项目"类型学参照下的作格语义句法互动研究"（15BYY007）成果

A SEMANTIC-SYNTACTIC
STUDY OF ERGATIVITY

作格语义句法
互动研究

郭印 张艳◎著

科学出版社

北 京

内 容 简 介

　　本书以认知语言学理论为指导，以类型学研究成果为参照，对作格语义句法互动进行了全面的多角度介绍。从作格研究的多元研究对象出发，探讨了作格研究的目标困境、理论困境、方法困境和突破路径；从作格语言分布较多的亚洲、大洋洲、美洲、欧洲诸多语言出发，分析了作格现象在动词、论元、时体、篇章等方面的表现，通过分析跨语言的分布特征，为汉英相关研究提供参照；将配式研究的方法运用于测量交替强度，考察了英汉语作格动词的构式偏好、作格语义句法方面的分布规律和汉英致使交替现象的对比和应用。

　　本书可供语言教师、外国语言学及应用语言学领域研究生和研究人员阅读和参考。

图书在版编目（CIP）数据

作格语义句法互动研究 / 郭印，张艳著.—北京：科学出版社，2024.3
ISBN 978-7-03-076845-2

Ⅰ.①作… Ⅱ.①郭… ②张… Ⅲ.①语言学–研究 Ⅳ.①H0

中国国家版本馆 CIP 数据核字（2023）第 209906 号

责任编辑：常春娥　崔文燕　贾雪玲 / 责任校对：贾伟娟
责任印制：赵　博 / 封面设计：润一文化

科 学 出 版 社 出版
北京东黄城根北街 16 号
邮政编码：100717
http://www.sciencep.com
北京市金木堂数码科技有限公司印刷
科学出版社发行　各地新华书店经销
*
2024 年 3 月第 一 版　开本：720×1000　1/16
2025 年 2 月第三次印刷　印张：15 1/4
字数：300 000
定价：98.00 元

目　录

图 目 录

表 目 录

缩略语表

A	agent of a transitive verb	施事
ABS	absolutive case	通格
ACC	accusative case	宾格
BEN	benefactive case	受益格
CAC	causative alternation construction	致使交替构式/句式
CAE	causative alternation event	致使交替事件域
CAS	causative alternation strength	致使交替强度
CAV	causative alternation verb	致使交替动词
CFA	contrastive functional analysis	对比功能分析法
Cx1	causative construction	致使构式/句式
Cx2	anti-causative construction	反致使构式/句式
DAT	dative case	与格
ERG	ergative case	作格
GEN	genitive case	属格
GPSG	generalized phrase structure grammar	广义短语结构语法
NOM	nominative case	主格
HPSG	head-driven phrase structure grammar	中心语驱动短语结构语法
O	object	宾语
OBL	oblique case	间接格
P	patient	受事
PASS	passive voice	被动态
PROG	progressive aspect	进行体
S	subject of an intransitive verb	主语

SG	singular	单数
TRANS	transitive	及物
V	verb	动词

第1章

绪　　论

本书主要围绕作格（ergative case）语义句法的互动关系展开研究。

在不同的语境中，"互动"一词常常与"界面""接口"等词密切相关，"互动"在英语中往往对应 interaction 或 interface。人们发现，物质之间的相互作用绝大部分发生在表面上，不同的学科都对这一现象给予了关注，常用"界面""接口""互动"等词表述。三词的语义各有侧重，"浑言则同，析言则异"，深究起来，三者在研究视域、学科背景等方面有所区别。

在物理学、地质学、计算机科学等领域，多用"界面"一词，指的是不同物质的相之间的分界层面，即两相间的接触表面。在物理学领域，界面往往不是指一个几何分界面，而是指一个薄层，这种分界的表面（界面）具有和它两边基体不同的特殊性质。在地质学领域，"界面"即"不连续面"，指地球内部不同圈层的分界面。在计算机科学领域，往往用"接口"一词，指"同一计算机不同功能层之间的通信规则"。

此类研究逐渐从自然科学领域延伸到人文社科领域，特别是相位分析（phase analysis）、模态分析（modal analysis）和微结构分析（microstructural analysis）等方法的运用。在语言学（含中国语言文学和外国语言文学）研究中，一定程度上存在"界面""接口""互动"三者混用现象。笔者于 2023 年 1 月 3 日在中国知网上进行关键词检索发现，"界面"出现 88 次，中国语言文学研究（59 次）多于外国语言文学研究（29 次）；"接口"出现 75 次，中国语言文学研究（49 次）多于外国语言文学研究（26 次）；"互动"出现 2688 次，外国语言文学研究（2165 次）明显多于中国语言文学研究（523 次）。综合看来，语言学界，特别是外国语言文学界似乎更加青睐"互动"一词。对当前语言学微观层面的互动研究，可以分为以下七类（参阅郭纯洁，2017）：①语音与音位互动研究；②音位与词法互动研究；③句法与音位互动研究；④词法与句法互动研究；⑤句法与词汇互动研究；⑥语义与语用互动研究；⑦语义与句法互动研究。

本书主要探讨语义与句法之间的关系，属于微观研究层面，拟统一采用"互动"这一表述方式。

1.1　语义句法互动研究对象

语义与句法互动，是指语义与句法之间的关联与实现关系。要挖掘语义和句法之间的互动关系，需要考虑如下问题：互动涉及的相关参数、句法和语义的外延、互动的规律和机制、互动模型等（孙道功和施书宇，2018）。此处"语义"指语义范畴，包括词汇语义和句法语义两个层面。词汇语义层面不仅涉及动词的词汇语义，并且与其发生关联的其他词汇单位的语义也应囊括其中。"句法"指句法范畴，即在组合结构中词汇单位所实现的论元（argument）或所充当的句法成分。语义句法层面涉及核心范畴、角色范畴、情态范畴、超句范畴四个方面。

概而言之，语义句法互动研究主要有两类。一类侧重研究句子的语义和句法之间的关系，主要关注句子的语义解释和句法规则之间的联系。此类研究涉及句子语序、语法关系、句子成分三个研究焦点，主要从语义角色、语义内容、相互关系等方面进行探讨，认为句法和语义的组合在递归步骤上存在一致性，构成句法成分的短语同时也构成语义成分。与此类研究相关的课题有量化名词短语辖域（scope）、省略、约束（binding）等问题，句法和语义之间的映射关系主要通过函数运用、谓词修饰和 λ 抽象（λ-abstraction）等解释原则展开。针对句法规则和语义规则表现出的不匹配之处，是设立逻辑式这一中间表征层面，还是利用函数组合等方法建立句法和语义之间的对应关系，是这类研究的争论焦点（沈园，2007：2）。

另一类则侧重研究词汇语义与句法结构之间的关系。其研究内容包括：①动词语义中与句法结构相关的语义特征；②与句法相关的动词语义的表征方式；③决定词汇单位实现为动词论元的制约因素；④动词语义对句法结构的影响或制约条件；⑤动词论元的句法实现规律；⑥句法结构对词汇语义的反制约条件；⑦词汇单位句法实现的语用制约条件；⑧词汇单位在句法实现后的语义变化。

本书属于第二类研究，即主要关注词汇语义与句法结构之间的关系。此类研究在语义上使得语言意义从松散孤立的词汇语义过渡到具体的句法语义，在语法结构上将松散的词汇组合为具有特定功能和/或意义的表达和交流格式。

语义与句法的研究重点不同。句法主要研究语序、语法关系、语言成分，重点关注受时间表征条件影响的句法序列，如口语中的声音序列、书面语中的视觉扫描序列、手语中的动作符号序列等。但是语义研究和句法研究之间并不是泾渭分明的。就上述句法研究焦点问题而言，有些语义研究也将语法关系和语言成分纳入研究范围。反过来，有些句法理论也从语义角色、语义内容、相互关系等角度展开研究，也就是说，句法功能研究对语义角色研究进行了蚕食兼并。

还有观点认为，语义、句法两者不是相互依赖的关系，而是单方面依赖的关系。句法重点研究句子成分的顺序，因为成分是有语义的，所以句法依赖于语义。相对而言，语义学本身就研究语言成分的语义，因此语义不依赖于句法。比如，"*He speaked English."虽然此句句法形式上不通，但是语义上是可以理解的。因此，针对语素序列这样的现象，有研究者使用"形态句法学"（morphosyntax）进行研究。但是，这一概念在过去的 100 多年里，主要用于语素形态语义的历时演变研究。比如，古代汉语中语素缺乏，但在现代汉语中这一情况有了很大变化，产生了诸多语法功能。

关于词汇语义和句法结构之间关系的分析研究，多专注于动词研究，包括述谓结构研究、配价理论、动词语义学和论元结构理论等。研究者很早就发现，动词的语义本身就预设了一定的句法结构，即事件结构（event structure）。比如，动词"打"的语义自身就包含"打者"和"被打者"这两个基本论元，因此，动词"打"所在的句法结构，通常表示打者与被打者之间的关系。在后来的句法语义的关系研究中，人们又发现了一些句法与语义的错配现象。这一错配主要是指句子的表层形式与语义的理想表征之间的偏差。

关于语义的来源，不同的哲学基础往往指向不同的解释。唯物主义者将语义视为人们认识自然、社会和自身的结果和内容；唯心主义者则将语义视为人们天生就有的知识。语言学研究中，语义研究一直是核心，语言学研究的几个主要分支——语音学、音系学、形态学、句法学、语义学和语用学都与语义研究有着直接或间接的关系。

相比于其他的语言学研究分支与语义之间存在的互动关系，句法语义互动研究主要考察语言学理论与认知科学理论之间的相互关系，旨在揭示人类语言行为的认知操作过程和方式，可以扩展语言学研究的领域和视野，并能广泛吸收相关学科和研究领域的最新研究成果和研究方法。因此，语义句法互动研究可以成为语言学中其他分支之间互动研究的基础，在不同程度上影响着其他分支的互动研究（郭纯洁，2017：14）。

本书主要从类型学视角探讨句法语义现象。从语言类型学的视角看，语言中及物动词的主语和宾语与不及物动词的主语等不同，导致形态句法配列不同。常用 S（subject of an intransitive verb）指代一价动词（不及物动词）的变元，在主宾格语言中常作主语；用 A（agent of a transitive verb）指代二价动词（及物动词）或三价动词（双及物动词）的施事论元，在主宾格语言中常作主语；用 P（patient）或 O（object）指代及物动词的受事论元，在主宾格语言中常作宾语。综合语倾向于用不同的屈折形态表示名词的不同格，而分析语则倾向于用语序和介词。

本书主要针对作格现象的核心概念致使交替（causative alternation）展开研究。致使交替句式的突出特征是谓语动词既有及物用法，又有不及物用法。其中，不及物动词的典型用法是表示某实体（entity）所承受的状态变化事件（change-of-state event）；及物用法表示这一状态变化事件是由另一不同实体带来的（Schäfer，2009），及物用法常可解读为"致使 V-i"（cause to intransitive），如（1.1）：

（1.1）a. Hans zergrach das Fenster.

　　　　Hans broke the window.

　　　b. Das Fenster zerbrach.

　　　　The window broke.

　　及物句表示"汉斯致使窗户破"，此类被称为"致使句"（causative sentence）；不及物句仅表示主语名词组"窗"的简单状态变化事件，此类被称为"反致使句"（anticausative sentence）或"非宾格句"（unaccusative sentence）。这种致使交替的中心特点是不及物用法的主语和及物用法中的宾语与动词之间的语义关系一样。这类句式与以下四类有所不同。

　　（1）致使非交替，如（1.2）：

（1.2）a. They killed the thief.

　　　　b. *The thief killed.

　　（2）非致使交替，如（1.3）：

（1.3）a. 淮阴市井笑韩信。

　　　　b. 一骑红尘妃子笑。

　　（3）非致使非交替，如（1.4）：

（1.4）a. He played the piano.

　　　　b. *The piano played.

　　（4）分裂致使交替，如（1.5）：

（1.5）a. He broke the window/his promise.

　　　　b. The window/*His promise broke.

（1.2）中动词 kill 虽然具有致使义，但并不能参与交替。例（1.3）中动词"笑"出现两次，但其含义却有所不同：a 中表示"讥笑，耻笑"，b 中则表示"表情愉快，声音欢喜"。（1.4）中动词 play 无致使义，也不适于交替。（1.5）中动词 break 在某些场合可以用以致使交替，另一些场合却不能参与交替。

1.2　语义句法互动研究理论与研究模式

目前语言学界有诸多描述语义与句法互动关系的理论。诺姆·乔姆斯基（Noam Chomsky）（Chomsky，1995）的最简方案（minimalist program）是其中重要的流派。最简方案认为句法生成机制从词库获取原料，通过句法操作连接生成，然后分别输入语音形式和逻辑形式这两个与外部的感觉和概念系统相联系的接口。所以句法是语法体系中联系语义和语音的机制，是一个遵照经济原则运作的计算系统。其他的理论还有蒙塔古语法（Montague，1970，1973）、范畴语法（Ades and Steedman，1982）、组合范畴语法（Steedman，1996）、广义短语结构语法（GPSG）（Gazdar et al.，1989）、中心语驱动短语结构语法（HPSG）（Pollard and Sag，1994）、概念语义模块表征论（Jackendoff，1983，1990，1997）、角色参照语法（van Valin，1992；van Valin and LaPolla，1997）、系统功能语法（Halliday，1994）、词语法（Hudson，1984）、功能语法（Dik，1989）、构式语法和认知语法（Croft，2001；Croft and Cruse，2004；Fillmore，1988；Goldberg，1995，2006；Lakoff，1987；Langacker，1987，1991）、拓扑依存语法（Duchier and Debusmann，2001）。以上理论通过不同的视角对句法语义展开了研究，取得了相当丰富的成果，推动了句法语义研究的进一步发展。

刘宇红（2013）根据研究者或研究内容之间的关系，把句法语义互动研究概括为三个阵营：一是具有亲缘关系的同质互补的乔姆斯基阵营，包括生成语法、广义短语结构语法、中心语驱动短语结构语法、生成语义学、格语法；二是具有异质互补特点的以社会学、认知神经科学为理论起点的阵营；三是具有自身互补特点的构式语法。孙道功（2018）认为，就理论来源来看，主要涉及三种类型：投射理论（projection theory）、谓词分解理论（predicate decomposition theory）和构式理论（construction theory）。

语言学中的投射，指从动词的词汇语义角度考察句法和语义的关系，考察动词的词汇语义对其句法组合的制约。其核心观点认为动词的句法表现是语义投射的结果，如史蒂芬·平克（Steven Pinker）（Pinker，1989）、简·格里姆肖（Jane Grimshaw）（Grimshaw，1990）、贝丝·莱文（Beth Levin）和马尔卡·霍瓦夫（Malka Hovav）（Levin and Hovav，1995）等。投射理论的研究内容主要包括：①动词语义中哪一部分与句法相关；②与句法相关的那部分语义如何表征；③语义角色到句法成分的映射机制。实际上这几个问题互有关联，譬如影响句法的语义因素能够通过语义表征得到呈现，而语义表征的不同会影响到语义角色到句法成分的映射。通常认为，动词语义可以区分为两个方面：一是与句法结构相关的，一是与之无关的。格里姆肖（Grimshaw，1993）把动词词汇语义分为"语义结构"（semantic structure）和"语义内容"（semantic content），并认为前者与句法相关，在句法层面表现活跃，能够影响该词语的句法表现形式。莱文和霍瓦夫（Levin and Hovav，1995）使用的术语不同，但是内涵基本一致。她们将句法层面表现活跃的部分称为"语义变量"，不活跃的部分称为"语义常量"。通常认为，只有"语义结构"或"语义变量"才会影响句法表现。但是如何表征影响句法表现的那部分动词语义，各家观点莫衷一是，目前最常用方法就是语义角色清单。该方法把动词语义和句法结构相关的部分用一系列的语义角色表示出来。众所周知，语义角色是动词与相关体词性成分的及物性（transitivity）语义关系的体现。用语义角色清单来表征动词语义不失为一种好的方法，但是目前学界在语义角色成员的数量上分歧较大。因此，动词语义对语义角色和句法结构实现的制约条件、语义角色的显著性序列条件、语义角色与论元的内在关联条件、语义角色同现的制约条件才应该是投射理论的研究重点。

与投射理论通过语义角色清单沟通词汇语义和句法结构的表征方法相比，谓词分解理论并不是以其在句法层面的投射为其直接目标，而是着眼于动词语义内部，把词汇意义分解为词根义和结构义，通过分析内部的结构义即词汇语义模板，挖掘该动词在组合层面所形成的可能组合结构形式，构建其在组合层面的语义模型，以此与句法结构建立关联。谓词分解理论研究以大卫·道蒂（David Dowty）（Dowty，1979）、雷·杰肯多夫（Ray Jackendoff）（Jackendoff，1990）、莱文和霍瓦夫（Levin and Hovav，1995）等为代表。尤其是莱文和霍瓦夫（Levin and Hovav，1995）提出的分解方法影响最大。谓词分解理论不足之处表现为没有说明动词结构义模板中各种角色实现的具体制约条件。同时，分解对象仅限于动词，也并不完全符合汉语事实。

根据投射理论，一个动词的多重论元实现必须和多重语义表征相联系，其结果必然会导致词库中出现大量的多义动词。这必然与语言的经济性原则背道而驰。如阿黛尔·戈德堡（Adele Goldberg）（Goldberg，1995）提出论元结构的形式与意义在很大程度上不能归结于动词意义，应该从论元结构的整体形式和意义之间存在的系统对应关系中去寻找答案。由此，戈德堡指出投射理论假定的动词的"多重意义"实际上是句法结构即构式赋予的。与投射理论相比，构式理论有两大特点：①句法结构本身可以像词一样表示某种独立的意义，这种意义不能由结构中组成构件的意义进行推导，且结构意义独立于动词意义而存在；②论元结构及其句法实现并不是动词语义的直接投射，而是动词意义和构式意义相互作用的结果。

基于上述不同的理论来源所展开的不同研究，产生了不同的观点和模式。

（1）词汇决定句法。此类观点认为词汇表现对句法表现产生影响，具体分为名词词汇语义决定论和动词词汇结构决定论。名词词汇语义决定论认为名词的词汇语义对句法表现产生影响。持有该观点的学者有查尔斯·菲尔莫尔（Charles Fillmore）（Fillmore，1968）、杰肯多夫

（Jackendoff，1990）、威廉·福利（William Foley）和罗伯特·范瓦林（Robert van Valin）（Foley and van Valin，1984；van Valin，1990，1992）等。动词词汇结构决定论认为动词结构对句法表现产生影响。持有该观点的学者有马克·贝克（Mark Baker）（Baker，1988）、莱文和霍瓦夫（Levin and Hovav，1995）、格里姆肖（Grimshaw，1990）等。

（2）句法决定词汇。此类观点认为句法表现对词汇表现产生影响，具体分为句法语义决定论和句法结构决定论。句法语义决定论认为句法表征会影响某些概念内容。持有此观点的学者主要有威廉·克罗夫特（William Croft）（Croft，1991）等。句法结构决定论认为句法的内部结构表征影响词汇内容。持有此观点的学者有特恩·霍克斯特拉（Teun Hoekstra）和勒内·穆尔德（René Mulder）（Hoekstra and Mulder，1990），肯·黑尔（Ken Hale）和塞缪尔·凯泽（Samuel Keyser）（Hale and Keyser，2002）等。

（3）词汇句法互动论。无论是词汇决定句法还是句法决定词汇，上述观点的总体特点都表现为单向性，而构式语法提出了词汇句法的双向互动关系，有效修补了单向性这一研究缺陷。

孙道功（2018）认为，当前语义句法界面研究主要存在以下问题。

（1）忽视词汇单位的语义角色实现。无论是投射理论还是构式理论都未能回答词汇单位如何实现为语义角色。语义句法互动研究需要明晰语义角色的实现条件和制约条件，进而揭示词汇单位实现为语义角色的规律或机制。

（2）忽视汉语词汇语义的互动研究。国外互动理论或模式的研究对象大都是印欧语系的语言。汉语是孤立语的代表，与屈折语和综合语不同，因此基于印欧语系所提出的互动理论或模型对汉语并不完全适合。在解释汉语语言现象时，不能机械地套用印欧语系的形态语法观来削足适履，而应勇于摆脱印欧语系的眼光，建构适合阐释汉语现象的语法体系。

（3）忽视大规模语义知识库。先行研究多依赖内省语料，而忽视大规模语义知识库的运用，仅仅依据内省语料就做出主观判断会导致对非典型用例的忽略，因此即便判断无误，也往往只能回答“是与否”的问题，难以回答"多与少"的问题。目前对于同一角色投射所形成优先序列模型的分歧，与各位学者选取的句例以及没有大规模语义知识库的支撑不无关系。

（4）忽视双向互动研究。词汇语义影响句法结构以及角色的句法实现。但句法结构也会对词汇单位进行反制约。构式语法中强调这种互动关系，但是大多数界面研究仅仅强调单向衍推关系，而忽视词汇语义与构式意义的互动。

（5）忽视词汇语义变化。词汇单位进入句法结构层面后，受到组合结构，或者前后词语所形成的言语词围的制约，语义自然会发生变化，通常表现为语义的凸显、强化、弱化或指称范围的改变等。要探讨词汇语义与句法结构的互动关系，不仅要关注词汇语义如何影响或制约句法结构，还要考虑句法结构对词汇单位的反制约。

1.3　语义句法互动研究的基本假设

本书结合认知语言学和功能语言学作格研究的理论优势，以语言类型学的研究发现为参照，提出以下基本假设：①不存在纯粹的作格语言，作/通格和主/宾格不是黑白二分的语言现象，语言一般都存在两种范式，区别只是程度而已。②作格受制于多种因素，在语言内部存在一定的认知规律性，但是在跨语言中，这种规律性不明显。③作格现象可以用作格致使交替事件域进行认知解释，认知构式语法需要赋动词义以足够的语法地位。④及物性和作格性压制研究可以为汉英语研究的"把"字句、动结句、中动句、领主属宾句、存现句（existential sentence）等老大难问题提供新的思路。

本书的意义主要体现在三方面。首先，有助于探求作格强度的认知规律，进而探求作格研究的普遍性地位。本书将通过类型学研究成果，就心理动词的致使交替现象在跨语言中的表现，特别是在英语、汉语中的表现展开调查，以期得出致使交替特性与人们的认知体验的相关性特点。

其次，有助于解决语义句法研究的关键问题。作格问题既涉及形态，也涉及句法，而且绕不开致使句式与反致使句式之间的相关性问题，因此成为语义句法界面研究的牛耳。承认作格的合法性，就意味着及物致使句和反致使句之间存在着合理的联系，根据戈德堡（Goldberg，1995），如果两构式句法形式有所不同，那么它们必定不同义。显然，作格的合法性与认知构式语法的核心观点构成了对立。换言之，此研究要么会证伪作格的语内和语际的合法地位，要么将对认知构式语法的语义句法理论进行丰富和改进。前者将使自 20 世纪 70 年代起一直是语法研究热点的作格研究的必要性大打折扣，后者将对引领认知语言学前沿 20 年之久的认知构式语法进行改进。

最后，文献中关于作格的研究主要依赖语感的判断，对作格强度无法给予客观的测量，因此难以开展跨语言的作格认知规律性的比较和对比研究。本书关于语料的处理将主要通过对语料库中的语言材料定量分析展开，对相关动词用法做穷尽性分析，从方法上为作格研究提供新的思路，具有较高的应用价值。所反映的语法事实包括致使交替的分布特征、功能语用特点以及这方面跨语言的异同等对于语言教学、词典编纂等都具有实用价值。

在研究方法方面，本书将在综合分析有关德语、高加索语（Caucasian）、巴斯克语（Basque）、爱斯基摩语（Eskimo）、藏语、日语等语言作格现象的文献的基础上，调查并分析汉英语作格现象语义特征和句法分布规律。利用配式分析（collostructional analysis）①的统计分析方法，观察致使交替现象在各语言中的分布频率和表现，研究致使交替动词与论元之间的关系。

在研究思路方面，拟将安德鲁·切斯特曼（Andrew Chesterman）（Chesterman，1998）所提出的"对比功能分析法"（CFA）应用于考察

---

① 配式分析是缩合译法（郭印，2015a，2015b），又译为"构式搭配分析法"（胡健和张佳易，2012；田臻等，2015）和"组配-构式分析法"（吕文茜，2015）等。

跨语言现象的异同。拟从两部分对语料进行对比功能分析：分析典型作格语言的分布特点和语义特征；参照类型学的研究成果，对比汉英作格交替动词的交替行为，并通过限制动词的语义范围，探讨致使交替行为与认知的相关性。对比讨论分四步：确定基本语料和可比标准；提出初始假设，通过语言实例的分析进行验证，并说明初始假设的成立与不成立之处；提出修正假设，并通过配式分析的统计分析方法进一步验证；综合讨论作格致使交替现象的基本特点及其认知规律。

本书共分 7 章。

第 1 章为绪论。主要介绍作格语义句法互动研究的相关概念、研究对象、研究理论、研究模式、研究目的、研究假设、研究意义等。

第 2 章为国内外作格语义句法研究文献综述。主要从作格研究的多元研究对象出发，探讨作格研究的目标困境、理论困境、方法困境和突破路径。

第 3 章从类型学的视角，分析作格现象在动词、论元、时体、篇章等方面的表现，通过跨语言的分布特征，为汉语和英语的相关研究提供参照。

第 4 章和第 5 章将配式分析的研究方法运用于测量交替倾向、交替强度、客体语义分布，考察汉英语作格动词的构式偏好，分析致使交替强度和动词及论元语义分布规律。

第 6 章考察汉英致使交替现象的对比及应用，重点介绍汉英经典交替句式翻译策略、致使交替构式习得规律和两维参照下的致使交替性考察。

第 7 章是结语。总结本书的主要发现和创新点，指出本书的局限性，为进一步研究指明方向和前景。

第2章

作格研究的困境与突围

语言学家很早就注意到，仅仅将动词简单划分为及物动词和不及物动词，难以解释跨语言中的诸多现象，于是在针对跨语言的研究中，产生了作格的概念。

学界对于作格这一术语的来源众说纷纭。亚历克西·马纳斯特·拉默（Alexis Manaster-Ramer）（Manaster-Ramer，1994）认为该术语的使用始于西德尼·雷（Sidney Ray）和阿尔弗雷德·哈登（Alfred Haddon）（Ray and Haddon，1893）对澳大利亚米里亚姆语（Miriam）中方位格/伴随格（locative case/comitative case）的研究，雷和哈登基于拉丁语介词 ergā（"正对、挨靠"）使用了这一术语。雨果·舒哈特（Hugo Schuchardt）（Schuchardt，1895）观察到了高加索语中的作通格格局，后来又对巴斯克语中的作通格格局进行讨讨论。威廉·施密特（Wilhelm Schmidt）（Schmidt，1902）误将 ergā 与希腊语 ergátēs（"劳动者"）相关联，并用 ergativus 以表达及物主语上的格。随后，阿尔弗雷多·特隆贝蒂（Alfredo Trombetti）（Trombetti，1903）使用 ergativo 以研究高加索诸语言。阿道夫·迪尔（Adolf Dirr）（Dirr，1911）在讨论达吉斯坦的卢塔语中的作格现象时，首次使用了 ergative 这一术语。

自 20 世纪 70 年代起，在迈克尔·西尔弗斯坦（Michael Silverstein）（Silverstein，1976）、罗伯特·迪克森（Robert Dixon）（Dixon，1979）、伯纳德·科姆里（Bernard Comrie）（Comrie，1978）等的影响下，作格引起了类型学家和语言学家的广泛关注。类型学家根据巴斯克语和爱斯基摩语中的及物动词与不及物动词的主语格标记的不同，归纳出人类语言的主宾格（nominative-accusative）和作通格（ergative-absolutive）两大系统。在典型的作通格语言中，及物动词主语带有作格标记，及物动词的宾语与一些不及物动词的主语一样，带有通格标记。一般将澳大利亚土著语言、库尔德语（Kurdish）、藏语、高加索诸语言、印度-雅利安语支（Indo-Aryan languages）、巴斯克语、楚科奇语、因纽特语（Inuktitut）、玛雅语系（Mayan language family）等视为作通格语言。在典型的主宾语语言中，及物动词的主语和一些不及物动词的主语一样，带有主格（nominative case）标记，及物动词的宾语带有宾格（accusative case）标记。戴维·珀尔马特（David Perlmutter）（Perlmutter，1978）提出了"非宾格假设"（unaccusative hypothesis），认为不及物动词可分为两类，即非作格动词（unergative verb）和非宾格动词（unaccusative verb）。前者的主语与及物动词的主语位置相同，后者的主语与及物动词的宾语位置相同。路易吉·布尔齐奥（Luigi Burzio）（Burzio，1986）从生成语法的视角，提出了"布尔齐奥定律"（Burzio's generalization），认为没有外论元的动词不能授宾格，不能授宾格的动词没有外论元。

汉语界对相关现象的讨论始于 20 世纪 50 年代，如亨利·弗赖（Henri Frei）（Frei，1956）针对把字句作格性的讨论，以及徐重人（1956）对于"王冕死了父亲"等句式的讨论。20 世纪 80 年代，朱德熙（1980）对处所名词变换句式展开讨论，吕叔湘（1987）对汉语动词"胜"和"败"的两种句法格局展开讨论。此后，国内外句法和语义研究中关于作格和致使交替现象的研究多了起来（Fillmore，1968；Dixon，1979，2022；DeLancey，1981；Langacker，1987；van Valin，1990；Grimshaw，1990；Lemmens，1998，2009；Levin and Hovav，1995；Alexiadou and Anagnostopoulou，2004；Schäfer，2008，2009；Huang，1987，2006；顾阳，1999；徐杰，1999；杨素英，1999；张楠，2021）。

笔者于 2020 年 2 月 3 日搜索谷歌学术①，以 ergative 为关键词逐年检索 1970～2019 年的国外学术成果，得出如下数据：53，34，62，66，

---

① 网址为：https://ccc.glgoo.top/scholar?q=ergative+&hl=zh-CN&as_sdt=0,5。

65，74，149，126，142，186，155，151，177，183，225，268，300，
297，353，293，397，378，380，394，462，470，456，526，528，634，
643，674，751，828，818，942，1060，1040，1200，1250，1190，
1250，1360，1340，1360，1390，1310，1480，1420，1260。以"作格"
为关键词在中国知网①对 1970～2019 年的国内学术成果进行"全文"逐年
检索，得出如下数据：0，1，2，5，0，1，4，1，11，8，17，19，13，
21，22，35，24，31，34，38，38，36，29，31，50，44，45，45，59，
49，59，70，94，100，151，162，225，263，272，283，317，378，
395，492，421，399，415，416，410，427。

用线状图表示如下（图 2.1）。

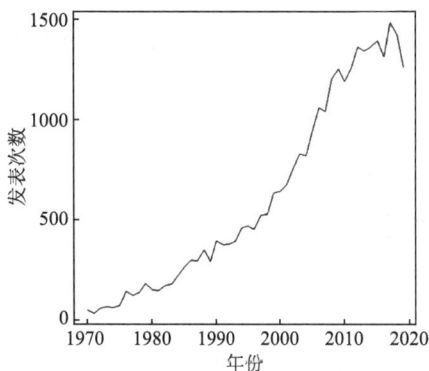

（a）国外作格研究 50 年发展趋势　　　（b）国内作格研究 50 年发展趋势

图 2.1　国内外作格研究 50 年发展趋势对比

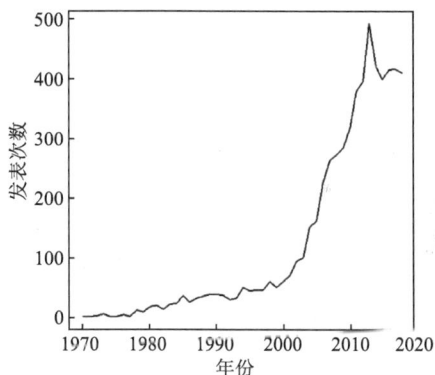

从数据可以看出，国外的作格研究从 20 世纪 70 年代到 20 世纪末，
稳步发展，2000 年至今，属于快速发展期。相比较国外研究，国内的作
格研究存在如下趋势：20 世纪 70 年代到 80 年代中期，是作格研究的引
介期；20 世纪 80 年代中期至 90 年代末，学界尝试将作格研究理论与方
法运用于汉语研究，并获得一定发现；2000 年至今，作格研究急剧增
加，属于繁荣发展期。

---

① 网址为：http://epub.cnki.net/kns/brief/default_result.aspx。

2.1　作格研究的目标困境

20 世纪 70 年代以来作格研究成果浩瀚，但是研究对象似乎从一开始就没能达成共识。随着作格研究不断推进，早期讨论较多的形态作格（morphological ergativity）也逐渐延伸到句法、语义、语用等层面，目前分歧较多的主要体现在形态作格、句法作格（syntactic ergativity）、语义作格三个方面。

2.1.1　形态作格

形态作格是指在小句内部具有作格形态标记（morphological marker）的作格现象，也被称为 "句内作格"（intra-clausal ergativity）。与此相对的宾格形态标记现象称为句内宾格（intra-clausal accusativity）。世界上约 3/4 的语言属于形态宾格语言，而 1/4 的语言是形态作格语言（Dixon，1994：2）。一般认为，格最早被用来表现名词性成分语法角色的显性编码特征，而作格用来指称事件的施事参与者所带的形态标记。迪克森（Dixon，1994：57）认为，作格除了用来标记施事论元外，在跨语言中，也被用来标记旁格，如处所格、工具格、属格等。朱莉·莱格特（Julie Legate）（Legate，2014）对名词类分裂作格现象做了研究，认为基于名词类的分裂作格是形态现象，而不是句法现象。

2.1.2　句法作格

句法作格是指体现在小句之间句法操作上的作格现象，如并列小句中同指删略（co-referential deletion）、关系化操作或反身代词的指代等，因此也被称为句间作格（inter-clausal ergativity）。迪克森（Dixon，1972：59）通过对迪尔巴尔语（Dyirbal）的考察发现，不及物动词主语 S 与及物动词宾语 O 的匹配并不局限于形态层面，也体现在句法层面。宾格语言将 S 和及物动词的主语或施事 A 进行相同的句法处理，而作格语言将 S 和 O 进行相同的句法操作。这些形态与句法上的作格性/宾格性对立已经被学界熟知并广为讨论（McGregor，2010）。作格、通格开始被用于指代通过小品词或附置词、动词或助动词上的代词互指标记、成分语序来标记句法功能的现象。后来它们又进一步被用于指代通过并列和从属连接操作形成复杂句时涉及的同指关系的约束条件（coreferentiality constraint）。

世界上几乎所有的形态宾格语言都具有宾格句法特征，呈现句法作格特征的语言也会呈现形态作格的特征，而只有少数具有形态作格特征的语言具有句法作格特征。理论上，句法作通型配列可以在语序（尤其是论元与动词的前后关系）、句法枢纽、关系子句、主从复合、指称转换等方面呈现，但是句法作格语言很少，只有迪尔巴尔语（Dixon，1972，2022）、巴斯克语（Dixon，1994）和胡里安语（Hurrian）（Anderson，1976：17）等少数语言呈现作格句法现象。其他的语言多兼有宾格句法和作格句法现象，如伊帝尼语（Dixon，1977）、楚科奇语（Chukchi）（Comrie，1978）、哈卡尔特克语（Jacaltec）（van Valin，1981）、喀克其奎语（Kaqchikel）（Heaton et al.，2016）、吉尔吉特希纳语（Gilgiti Shina）（Radloff and Liljegren，2022）等。

2.1.3　语义作格

语言研究者将作格研究应用在本族语研究中发现，有的语言形态并不发达，在中枢词选取上的表现也各有不同，难以从形态或句法上讨论语言的作格性。于是，语言研究者转而从语义视角展开研究，探讨作格语言的共性语义特征。

语义作格研究大致可分三类。一是词汇作格性研究，从不及物动词的非作格和非宾格分类的角度解读作格现象。二是句式作格性研究，从特殊句式入手，考察及物小句与作格小句的语义对比关系以及特殊句式所表现出的作格性特征，比如把字句、方位倒装句（locative inversion）、动结式等。三是篇章作格性研究，考察论元成分在信息流动模式中的组织方式所表现出的作格性特征。

在词汇作格性方面，在有些语言中，动词通过严格的显性标记区分及物与不及物。例如，在斐济语（Fijian）中，几乎所有动词都有及物和不及物两种用法，通过及物动词显性后缀加以区分（Dixon，1987：6）。在一些形态欠发达语言中，部分动词在没有显性标记的情况下既可以做及物动词也可以做不及物动词，比如英语和汉语。词汇作格主要指同一动词既可以做及物动词也可以做不及物动词，其中不及物动词主语与及物动词宾语存在语义关联。沃南语（Wounan）存在作通格经验者分裂作格，语法格标记和语义角色之间的不对称现象是系统性的（Arboleda and Dieck，2019）。

在句式作格性方面，在及物句式和不及物句式孰主孰次的问题上存在不同意见。根据珀尔马特和保罗·波斯塔尔（Paul Postal）（Perlmutter and Postal，1984）的普遍联系假说，动词语义预设了论元的句法实现方式。珀尔马特（Perlmutter，1978）认为，不及物用法是作格动词的基本用法，作格化过程是在底层不及物结构中增加带致使特征的致事，进而变为及物用法的及物化过程。邓思颖（2004：291）认为，存在一种让动词由及物动词变为不及物动词的作格化的句法过程。动词的主语不再是施事，动词的内部宾语论元的宾格性被删除。可见，这一观点与珀尔马特观点相左，即及物用法是作格动词的基本用法，作格化过程是将及物用法变为不及物用法的不及物化过程。刘晓林（2006：253）对作格化在句法和语用层面的特征归纳如下：①受事宾语倾向于脱离谓语动词前移；②句子倾向于使用过去时或完成体；③句子视点由动作主体向动作对象转变；④句子从叙述事件的起因、主体的控制程度向动作过程、结果和状态转变；⑤句子中心动作主体转向受影响者和受影响的程度；⑥谓语动词倾向去及物化。

在篇章作格性方面，迪克森（Dixon，1994：208）认为，语篇组织方式的考察主要涉及小句连接的方式和信息的引入方式这两种方式。就信息的引入方式来说，语篇已知信息和新信息可通过 S、A、P 论元或是以间接格的形式引入句中，规律性的信息引入方式也可以表现语言的宾格性或作格性（王遥，2019：92）。苗兴伟和梁海英（2020）认为，一方面，语言使用者在作格系统中的选择应服务于语篇的信息组织方式；另一方面，语言使用者在作格系统中的选择也体现了不同的语篇意图。语篇中的话题往往出现在 S 或 A 的位置，具体来说，特定话题往往在 S 位置上首次出现，然后在 A 的位置上得以延续，而在 S/P 中枢词类型的语言中，随后的句子需要进行逆被动转换来满足语篇衔接的需要。不同的是，事件结构的新信息则很少通过 A 来实现，而是倾向于通过 S 或 P 论元引入语篇。迪克森（Dixon，1987：5）将这一现象归为语篇作格性（discourse ergativity），即如果在语篇中 S 与 P 而不是 A 有相似的表现形式，那么该语言在语篇结构和组织方式上就具有作格性。就已知信息来说，S 与 A 有着明显的一致性，二者共同制约着语篇话题的延续；就新信息而言，S 与 P 则更容易形成相关性，二者共同作用于新信息的引入。S 与 A 在已知信息处理方式上有一致性，这要求 S 与 A 在形态标记上也有统一的编码形式，这就构成了宾格格局语言的基础。S 与 P 在新信息处理方式上的一致性，要求 S 与 P 在形态标记上有统一的编码方式，这就构成了作通格格局语言的基础。

2.2　作格研究的理论困境

从前文统计数据可以看出，作格研究目前仍方兴未艾，但是 2010 年以来，作格研究出现了一些困境，已经有学者对作格研究的价值持怀疑态度，其原因之一在于围绕作格研究存在的理论之争。

对于作格研究的切入，国内外主要有四种框架。

一是词汇语义观。塔尼娅·莱因哈特（Tanya Reinhart）提出了去及物化（detransitivization）词汇运作方式，认为所有非宾格动词都是由及物形式派生而来的（Reinhart，2002）。杰纳罗·基耶奇亚（Gennaro Chierchia）认为非宾格变体是由反身化过程派生得来的（Chierchia，2004）。词汇致使化理论认为及物形式是由基础反致使/非宾格词条通过致使化过程派生而来的（Lakoff，1970；Williams，1981 等）。莱文（Levin，1993：2）从词汇投射理论的视角，将同一动词出现在不同的次范畴化框架（subcategorization frame）或带不同配价的现象称为潜质交替（diathesis alternation），所以认为宾语省略也是一种潜质交替。动词以其特殊的语法形式表达其所包含的语义内容。潜质交替有时会带来论元表达形式的变化，有时会带来语义的变化。说话人能够基于自己对动词义所掌握的知识演绎出动词会出现在哪一论元结构型式中。这部分语言知识因而肯定包括关于不同动词义的知识、决定动词句法行为的意义成分，以及动词义决定行为的一般原则。所以，莱文（Levin，1993）认为，交替自身是个体动词义的一部分，也就是说，动词义包括使用动词所需的所有的句法信息。

李文超（Li，2020）对致使交替动词的形态进行统计分析，主要分析了日语和 13 种阿尔泰语，即土耳其语、土库曼语、纳奈语、哈卡斯语、乌迪赫语、乌兹别克语、萨哈语、满语、吉尔吉斯语、蒙古语、哈萨克语、鄂温语和阿塞拜疆语。他发现致使交替可以通过以下方面来实现。①可以通过插入中缀（-uul-、-e-、-g-等）来实现交替；②可以通过在起动动词（inchoative verb）词根上附加后缀（-dur、-t、-ir、-dyr、-wəən、-buəən、-r、-wənə、-nar、-ier、-er、-bu、-ʊkan）派生出及物动词；③可以通过在致使动词（causative verb）词根上附加后缀派生出起动动词（-p、-n、-ul、-il）；④可以通过辅音交替实现［-r-（及物）/-n-（不及物）；-t-（及物）/-n-（不及物）］。

二是句法派生论。一种观点假设致使交替的两个变体都是由某共同基础派生而来的（Davis and Demirdache，2000；Piñón，2001）。另一种观点是句法致使化观点（Larson，1988；Ramchand，2008），认为具有复杂事件结构的动词可以通过句法分解成不同的动词层，来表达更基本的原子事件并引入论元。致使动词和反致使动词（anticausative verb）的区别就在于是否存在由表达致使义并引入外论元的中心语投射的动词层。反致使句中，open 的内部论元 the door 在深层结构处于宾语位置，在表层结构上移至主语位置。致使句中，作为 VP 中心语的 open 受到位于上一级 vP 中心语位置而无语音形式的致使成分的吸引，移位到该位置并合并为致使动词。非宾格动词的句法结构是 VP，而由其转化而来的致使动词的句法结构是 VP 壳（图 2.2）。

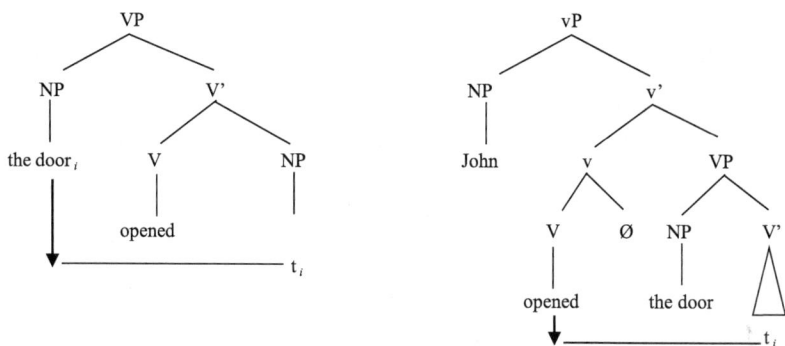

图 2.2 句法致使化的形式表征

三是功能作格观。功能主义学派对致使交替现象的讨论，侧重于作格关系，认为作格分析法是及物性分析的一个补充方案（Halliday and Matthiessen，2014：336-355）。作格性的视角认为小句的核心是由动词词组体现的过程（process），是一种或由于外驱或由于内趋而发生的现象，该现象的承担者是"中介"（medium）。过程与中介是小句的基本配列，小句可以只有这两个成分，也可以吸纳动作的发起者（instigator）。曾立英（2009）从功能主义的角度研究了作格动词的判断标准。

四是认知构式观。克罗夫特（Croft，1991）将事件之间、个体与事件之间、个体与个体之间的关系分析称为使因链。罗纳德·兰艾克（Ronald Langacker）（Langacker，1987：298-309）进而提出作格性分析的自治-依存观（autonomy and dependence），认为自治成分 A（autonomous element A）详述（elaborate）了依存成分 D（dependent element D）而形成高层的自治结构[D（A）]。认知构式语法（Goldberg，2002）提出了表层概括假设（surface generalization hypothesis）。其从致使交替现象中抽离出来，认为存在比转换或派生更具广泛性、更具解释力的语法概括，动词的多种用法和意义是构式所赋予的。戈德堡（Goldberg，2002）从构式语法的视角提出不同的见解。但是，她同时也没有否认语言构件（linguistic construct）的语义解释往往受到其可能的交替形式的影响，并认同上述结构主义的语义观察得到了不少实证研究的支持。比较以上观点，不难发现，莱文始终关注动词，动词既是其研究的出发点，也是其研究的目的。戈德堡则对论元结构更感兴趣，致力于从构式出现的不同成分（动词和论元）的意义来获得构式义。

近年来，认知构式观突出表现在对构式语法的理论解释。20 世纪 90 年代中期以来，构式语法的影响力日益凸显，其解释范围也逐渐扩大。研究者一直认为作格语对之间存在紧密联系，不少研究者认为致使句与反致使句中的动词词义相同，还有学者尝试将作格语对视为统一事件域（郭印，2015a）。但是，认知构式语法"形异则构式异"的核心观点使得作格语对现象的研究价值受到质疑。作格语对存在形离现象，难以归结为统一句式。例如，戈德堡（Goldberg，2002）认为，尽管在不少语言中，往往存在若干与作格较为相似的特点，但是这些由及物和不及物句共享的客体（theme）①所带来的作格规律性，与及物句和不及物句所代表的两种构式所呈现的规律性相比，后者更具研究价值。

由此可见，作格现象的研究价值并不被认知构式主义看好。随着构式主义的影响力逐渐扩大，作格现象的研究受到越来越大的挑战。

---

① 本书采用了兰艾克（Langacker，1991：287-289）的相关界定，将仅涉及一个客体的概念自治的简单关系称为"客体关系"（thematic relationship），将该参与者称为"客体"。

2.3　作格研究的方法困境

20 世纪 70 年代起，研究者（如 Fillmore，1970；Carter，1976）逐渐认识到语义（特别是动词语义）与句法之间的规律性，揭示了许多有趣的跨语言现象。近 20 年来，句法语义研究呈现出更加多样化的特征，由早期的不重视实证方法，转变为越来越多的实证主义倾向，很多研究都不同程度地使用了心理语言学常用的实验数据或者语料库语言学常用的观察数据。进入 21 世纪，特别是 2010 年以来，国内关于作格和致使交替现象的研究也逐渐多了起来。尽管如此，对于作格句法语义界面的定量研究方法的必要性和可操作性，还存在很多争议（张艳和郭印，2020）。比如：①如何处理符合语感但在语料库中并未出现或出现频率过低的句法现象？如 bake 的双及物用法是英语本族语使用者都能接受的现象，但是笔者在杨百翰大学（Brigham Young University，BYU）开发的英国国家语料库（British National Corpus，BNC）在线版本——杨百翰大学英国国家语料库（BYU-BNC）中却查不到 bake 一词的双及物用法。②如何确定语料库中的构式数和构式的具体层面？有哪些具体原则？③如何评价基于不同方面得出的词项与构式的关联指数？

句法语义界面的诸多定量分析研究方法及其所带来的问题，引起了研究者的极大关注，特别是 2003 年以来，围绕该问题出现了系列论争。比如，琼·拜比（Joan Bybee）（Bybee，2010）等人首先对配式分析提出疑问，斯蒂芬·格里斯（Stefan Gries）在 2010 年布拉格第六届国际构式语法研讨会上做了反驳，汉斯-约尔格·施密德（Hans-Jörg Schmid）和赫尔穆特·库琴霍夫（Helmut Küchenhoff）（Schmid and Küchenhoff，2013）提出进一步的质疑，格里斯（Gries，2015）一一做出答复，而库琴霍夫和施密德（Küchenhoff and Schmid，2015）再次从多方面发起挑战。他们在认知语言学的理论基础、针对语料的标准化（normalization）

处理、关于搭配联系度的测量方法、语料分析是否可穷尽等方面展开了持续数年的学术争鸣。

下面就四种代表性定量分析方法的理论发展及其在句法语义界面的应用展开分析，它们分别是配式分析、吸引-依存法（attraction and reliance）、Δ P（Delta P）和比值比（odds ratio，OR）。

2.3.1 配式分析

受到构式主义（Goldberg，1995，2006）的影响，有学者（Stefanowitsch and Gries，2003）对认知语言学的语料库研究法做了改良，即不再只是利用统计相联测量（association measure）来研究词与词的搭配，还是用来研究词和构式的共现关系。为此，阿纳托尔·斯特凡诺维奇（Anatol Stefanowitsch）和格里斯（Stefanowitsch and Gries，2003）提出了配式分析的方法。配式分析能够较客观地确定构式空槽（slot）对某词项的优选或限制的程度，对于研究词项和句法结构的互动关系尤其适用。

配式分析的基本思路是，设 L 为配词，C 为构式，为求 L 和 C 的构式搭配强度，需要得知四个频率：①L 配词出现在 C 构式的频率；②L 配词出现在除 C 构式外的其他构式的频率；③不含 L 配词的 C 构式的频率；④除 C 构式外且不含 L 配词的其他构式的频率。

根据以上数据，研究者即可考察词项在构式中的表现，斯特凡诺维奇和格里斯（Stefanowitsch and Gries，2003）对 accident 与构式[N waiting to happen]的紧密度作了调查（表 2.1）。

表 2.1　accident 与构式[N waiting to happen]的紧密度调查（单位：个）

项目	accident	¬ accident	合计
[N waiting to happen]	*14*	21	*35*
¬[N waiting to happen]	8606	10 197 659	10 206 265
合计	*8620*	10 197 680	*10 206 300*

斯特凡诺维奇和格里斯（Stefanowitsch and Gries，2003）认为，斜体

数据从语料库可直接得到，其他数据通过减法运算得出。因为处理的是具体动词（wait）在小句层面的构式，所以总构式数可通过语料库标注的动词总数得出。基于以上信息，通过费希尔精确检验得出 p 值为 2.1216e-34，意味着 accident 与该构式相关度较高。

在随后的一系列研究中（Stefanowitsch and Gries，2003；Gries and Stefanowitsch，2004a，2004b；Gries et al.，2010；Gries，2015；Yoon and Gries，2016 等），研究者运用并发展了配式分析，针对多种语言做了示范研究[①]。当前，配式分析已成为由配词分析（collexeme analysis，CA）、区别性配词分析（distinctive collexeme analysis，DCA）、共变配词分析（co-varying collexeme analysis，CCA）构成的系统分析方法（图 2.3），其中区别性配词分析又分为简单区别性配词分析（simple DCA）和多重区别性配词分析（multiple DCA）；共变配词分析又分为基于词项（item-based）和基于系统（system-based）的共变配词分析。

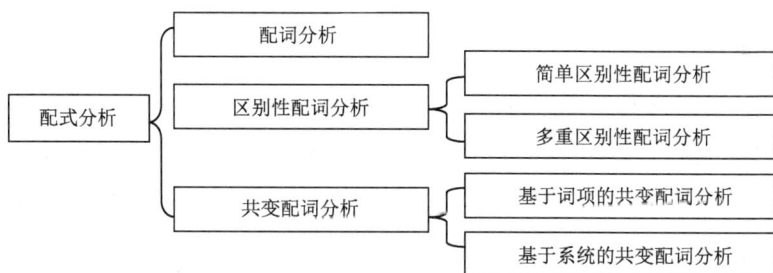

图 2.3　配式分析方法体系

配式分析为研究词与构式的联系紧密度提供了测量工具，在句法语义界面研究方面有着划时代意义。其优势之一是能够计算出动词和句式之间的相吸度，而先前对于相吸度的处理（特别是致使交替强度）多出于研究者的母语语感判断，这样的处理往往带有认知偏见，会影响研究的客观性。优势之二是对于语料的正态化处理。在此之前的传统搭配分析法对包

---

① 格里斯开发了在开源软件工具 R 语言上运行的配式分析教程，并建了配式分析网站，见：https://www.stgries.info/teaching/groningen/index.html。

含搭配词和检索词的构式整体性重视不够，没有考虑检索词所在语料库的总频率，所以很多高频搭配词都是功能词，意义不大。优势之三是有助于在语料中确认和区分某些用传统搭配法难以操作的构式，比如有些难以用具体句法或词汇形态表示的抽象构式（如时、体、气等），以及有些代表多个构式的构型（如[V-ing]既可表示动名词构式，也可表示现在分词构式）等。

但是该系列方法也存在某些弊端，最严重的应该是 4 号单元格（即 d 单元格）所需要的数据，即"除 C 构式外且不含 L 配词的其他构式的频率"，由于构式已经发展为一个相对开放的概念，按照戈德堡（Goldberg，2006）的观点，构式是"学得的形式与语义或话语功能的配对，包括了语素、词、熟语、部分有词汇填充的短语格式和完全没有词汇填充的短语格式"，这使得要在语料库中得出除了既定构式以外的所有构式的数量几乎成了不可能完成的任务。

2.3.2　吸引-依存法

吸引-依存法由施密德提出（Schmid，2000：54-55），该方法区分了构式对词项的吸引度和词项对构式的依存度，试图从两个方面解决问题。吸引度和依存度的计算方法如下：①吸引度计算——词项在构式中的出现频次除以该构式在语料库中的出现频次；②依存度计算——词项在构式中的出现频次除以词项在语料库中的出现频次；③为了将结果转成百分制，被除数在两除式中均乘以 100。

吸引-依存法具有以下三方面优势：一是不必借用问题较多的 4 号单元格内容来计算吸引度和依存度；二是吸引度和依存度是直接的描述性测量，信息解读得较为清楚；三是不需要以语料库数据的随机结构（stochastic structure）和随机分布（random distribution）为前提假设。

笔者尝试将该方法应用于汉语研究。以现代汉语中典型作格动词"改善"[①]为例。经过对该词用法的初步观察，发现无论在及物致使句还

---

① 至于对该单词为作格动词的论证，可参阅曾立英（2009：116）。

是不及物句（即反致使句）中，名词"关系"和"环境"都是能够与"改善"构成搭配的高频词，见（2.1）：

（2.1）a. 关系改善了。

　　　　b. 他们改善了关系。

　　　　c. 环境改善了。

　　　　d. 他们改善了环境。

但是，对于两者与动词的搭配紧密度，似乎无法做具体比较。为进一步探求"关系"和"环境"在致使句和反致使句的依存度，通过查找"改善"在北京大学中国语言学研究中心（Center for Chinese Linguistics，CCL）现代汉语语料库中的运用，发现该词在语料库中共出现 44285 条，经过对所有句式逐条分析，排除不相关句式，不难得出"改善"在致使句和反致使句中的出现频次，也就是说，可以算出依存度。但是要统计吸引度所要求的构式频次，即算出及物致使句和反致使句在 CCL 中的出现频次，难度较大，所得结果也难以做到精确。

因此，为方便操作，有必要进一步限定范围。此处为说明问题，取含动词关键词"改善"的前 500 条句例，来探讨"改善"致使交替句式中的共享客体（shared theme）——"关系"和"环境"在两句式中的吸引度和依存度。经过对句例逐条分析，经排除歧义句和不相关句式，得出 268 条致使句和 169 条反致使句，其中"关系"共出现 85 次，作为客体出现在致使句 33 次，反致使句 11 次；"环境"共出现 225 次，作为客体出现在致使句 53 次，反致使句 25 次。设致使句为 C1，反致使句为 C2，500 例语料库为 Cp，得出如下数据（表 2.2）。

表 2.2　"改善"的客体与构式吸引度与依存度

共享客体	C1/频次	C2/频次	Cp/频次	C1 吸引度/%	C2 吸引度/%	C1 依存度/%	C2 依存度/%
关系	33	11	85	12.3	6.5	38.8	12.9
环境	53	25	225	19.8	14.8	23.6	11.1

统计显示，"关系"对"改善"致使句的吸引度（12.3%）比对反致使句高（6.5%），低于"环境"对致使句的吸引度。但是对于"改善"致使句的依存度（38.8%）远高于反致使句（12.9%），也高于"环境"对致使句的吸引度。

2.3.3　ΔP

通过上文论证可见，吸引-依存法避开了 4 号单元格的问题，同时也无法观察 4 号单元格要求的其他构式中的无关词项数。这一缺陷可以通过 ΔP 得到弥补（Ellis and Ferreira-Junior，2009）。在测量构式与词项的双向联系度时，两种测量方法可以起到相辅相成的效果。从技术的角度说，ΔP 测量某构式吸引某词项的列联概率（contingency probability）（ΔP 构式→词，即 ΔP 吸引度），以及某词项依赖某构式的列联概率（ΔP 词→构式，即 ΔP 依存度）。想要做到这一点，需要超越依存和吸引的范畴，考虑一下与其他概率相关的附加信息，见（2.2）：

（2.2）ΔP 吸引度的计算需三步：
（1）1 号单元格除以 1 号和 3 号之和；
（2）2 号单元格除以 2 号和 4 号之和；
（3）第 1 步减去第 2 步。

由此类推，见（2.3）：

（2.3）ΔP 依存度的计算也需三步：
（1）1 号单元格除以 1 号和 2 号之和；
（2）3 号单元格除以 3 号和 4 号之和；
（3）第 1 步减去第 2 步。

当然，ΔP 测量法的问题与配式分析一样，都是需要 4 号单元格的数据。

2.3.4　比值比

比值比是比较某事件对两个群组的概率的方式。一个群组分类为行，另一个群组分类为列，通过列联表可观察两个群组所代表的属性因素之间的相互联系。当比值比为 1，意味着事件出现在两群组的概率相等；大于 1，意味着出现在第一组的概率大于第二组；小于 1，意味着出现在第一组的概率小于第二组（详见表 2.3）。

表 2.3　比值比相关数据列表

组类	X–	X+	合计
Y–	a	b	$a+b$
Y+	c	d	$c+d$
合计	$a+c$	$b+d$	$n=a+b+c+d$

注：X、Y 分别代表两个群组，X–、X+代表 X 群组的具体类别，Y–、Y+代表 Y 群组的具体类别，a、b、c、d 分别代表出现的频次，n 代表所有频次之和。

要理解比值比，首先看每行比值，Y–比值是 a/b，Y+比值是 c/d，比值比（OR）是两个比值的比，见（2.4）：

$$（2.4）\ OR = \frac{a/b}{c/d}，\text{亦可简为}\ OR = \frac{ad}{bc}$$

用在词项与构式的研究中，比值比将其他词项和其他构式也纳入考虑范围。比如，如要寻求"改善"及物致使句的客体"关系"的分布规律，需要四组数据：①"关系"在"改善"及物致使句的出现频次；②"关系"在其他句式中的出现频次；③其他客体词在及物致使句的出现频次；④其他客体词在其他句式中的出现频次。

不难看出，数据④是最难得出的。变通的办法是缩小数据，比如，我们可以考察不同论元在作格交替句中的表现。假如我们要考察经典作格动词"展开"与不同论元的黏合度，语感告诉我们，"展开工作""展开合作"与"工作展开""合作展开"都是可以接受的，那么两者在作格交替句对中有何偏好呢？我们可以考察"展开"在 CCL 中的表现，为说明问题，取前 500 句为例，发现"工作"在致使句出现 14 次，在反致使句出现 16 次，"合作"在致使句出现 11 次，在反致使句出现 5 次（详见表 2.4）。

表 2.4　"展开"的客体与构式相关度比值比　（单位：次）

共享客体	致使句	反致使句	小计
工作	14	16	30
合作	11	5	16
合计	25	21	46

根据公式，能够算出 OR 约等于 0.40，这说明就作格动词"展开"的论元来说，"合作"一词出现在反致使句的概率约为"工作"一词的 40%，出现在致使句的概率约为"工作"的 2.5 倍。"工作"出现在反致使句的概率约为 53%（16/30），高于"合作"出现在反致使句 31%（5/16）的概率。

库琴霍夫和施密德（Küchenhoff and Schmid, 2015）认为，比值比既可以随频次调整，也是双向的，在这方面优于吸引-依存法。和 ΔP 一样，比值比可以得出效应量（effect size）而不是测量吸引度的 p 值，而且不依赖于数据的随机性特征和随机性假设，这一点也优于费希尔精确检验。但正如前文所说，与 ΔP 和费希尔精确检验一样，比值比也存在 4 号单元格的问题。

2.3.5　挑战与走向

句法语义界面的诸多定量分析研究方法引起了研究者的极大关注，特别是 2003 年以来，围绕该问题出现了系列论争。正如上文所述，随着学界逐渐意识到定量分析的方法对句法语义研究的重要性，大家对定量分析的具体方法也存在一些分歧（Bybee, 2010；Schmid and Küchenhoff, 2013；Gries, 2015；Küchenhoff and Schmid, 2015）。综合起来看，分歧主要有以下几点。

2.3.5.1　关于理论基础

批评者认为难以对配式分析的理论背景假设和认知基础做出评价，因此也很难将其与其他的词汇语法关联度研究方法作比较（Schmid and Küchenhoff，2013；Küchenhoff and Schmid，2015）。格里斯（Gries，2012）针对所谓的认知机制讨论缺失的问题，重申配式分析所涉及的条件概率、线索效度（cue validity）和信度（reliability）、联想学习措施（associative learning measure），以及固化（entrenchment）等均具有认知语言学的理论基础。

2.3.5.2　关于标准化处理

配式分析旗帜鲜明地指出，不应该像传统的搭配分析法那样把语法和词汇视为性质迥异的语言现象，语法包含抽象规则，词汇包含具体词项，而介于其间的语言表达形式往往遭到忽视。语料库研究者不应只重视词项的线性共现倾向，这种只关注形式的语料库语言研究不符合构式语法强调的语言形义配对体的概念，因此配式分析提出将语料库中的整体频率作标准化处理。拜比（Bybee，2010）认为配式分析将词项/构式共现在语料库中的整体频率作标准化处理的方法有问题。词项能够在语料库中高频出现，一定不是纯偶然的现象，而是说明词项应该成为构式空槽所要求的词项范畴的核心成员。如果某词项在构式中的出现频率很高，那么我们的认知机制就不会降低其价值，所以对数据进行标准化处理是缺少认知机制的。对此，格里斯（Gries，2015）认为，语境信息和语义信息与语言成分用法是相联系的，这意味着我们能够从用法的角度推知语义信息。将所观察的词项/构式共现频率作标准化处理，不仅是语料库语言学的标准方法，而且能将有价值的频繁共现与无价值的频繁共现分开。如（2.5）：

（2.5）a. V NPdo as complement

　　　b. I never saw myself as a costume designer.

　　　c. Politicians regard themselves as being close to actors. （转引自 Gries and Schönefeld，2010）

在国际英语语料库英国英语分库（International Corpus of English, Great Britain，ICE-GB）中频率最高的是 see，但配词强度最高的是 regard。对这一现象，需要考虑三个因素：①see 的一般频率比 regard 高；②see 与 regard 能够参与多种构式的构式混杂度不同；③regard 动词语义与 as-结构使用目的之间的高匹配度。这样看来，似乎将 regard 视为 as-结构的原型动词更为合适，这一点是简单频率分析所不能揭示的（但是用区别性和共变配词分析可以）。

2.3.5.3　关于测量工具的争论

斯特凡诺维奇和格里斯（Stefanowitsch and Gries，2003）对能够用以确定联系紧密度的统计方法，如 t 检验、z 值、MI 值（mutual information score，互信息值）、对数似然系数（log-likelihood coefficient）、费希尔精确检验等，做了对比。他们认为这些统计方法各有问题：其中 z 值和 t 值往往涉及方差齐性检验和正态分布，这种假设在自然语言中很难证实。MI 值常被用来衡量一词的出现频率所预示的另一词的共现概率，在调查罕见搭配时，往往高估联系紧密度和/或低估误差概率。对数似然系数在显著性检验方面依赖卡方分布，这在处理系数数据时往往不可靠。费希尔精确检验既没有样本量要求，也不需做分布假设，因此受到配式分析使用者的青睐。

对此，批评者认为，费希尔精确检验存在单向性问题，它测量的是单词与构式的相吸度有多高，但无法区分词对构式的偏好度和构式与词的偏好度。格里斯（Gries，2015）承认这种批评有一定道理，同时认为这只是针对费希尔精确检验的批评意见，并不能动摇配式分析的理论根基。除了费希尔精确检验之外，配式分析也并不排斥另外四种不同的配词强度测量工具。虽然费希尔精确检验属于默认推荐的工具，但 G^2、MI 值、卡方检验、对数比值比（Log Odds Ratio）也是可以用的，研究者如果有必要，完全可以不局限于费希尔精确检验这一测量工具。

2.3.5.4　共现表格中 4 号单元格问题

按照配式分析的设计，此单元格是不含 L 的其他构式数。拜比（Bybee，2010）认为，根据认知构式语法的新界定（Goldberg，2006），小句可能会例示多重构式，因此，目前尚没有办法可以算清语料库中的构式数。如此一来，4 号单元格的数据就是无效的。

结合我们的研究，发现 4 号单元格所要求的语料库中所有构式数，确实成了句法语义的量化分析工具必须面对的焦点问题。对此，格里斯（Gries，2012：488）提出了一个解决方案，即先选择一具体层面，在该层面计算出研究对象相对应的构式数。比如如果针对论元结构构式作配式分析，只需统计动词数目，而没有必要计算语料库中的其他构式。

定量分析方法是句法语义界面研究必须要解决的问题。由于构式是形式和语义的配对，构式语法形义兼顾，这一理论基础对针对构式语法的定量分析构成了挑战。论争仍在继续，但是学界思路越来越清晰，越来越多研究者认为（包括 Küchenhoff and Schmid，2015）配式分析和 R 等统计软件对于语言学实证研究具有积极有效的作用。但是至此，以下问题还没能得到满意解答：客体在两构式的重叠性强度的测量方法及其与作格性的关联性问题。所谓客体，是指在交替语对中不及物构式的主语位置和及物构式的宾语位置的参与者。格里斯和斯特凡诺维奇（Gries and Stefanowitsch，2004a）在关于区别性配词分析的研究中，发现有些动词仅仅偏好两构式中的一个，而有些动词在两构式间均匀分布。但是经过仔细分析发现，很少有客体在两构式真正重叠（Romain，2018）。每一个构式对于客体的允准有哪些限制条件？同一客体参与两构式的交替程度是否构成说话人的内在语言知识？以上问题有待在第 3 章解答。

2.4　作格研究的突破路径

要实现作格研究从困境中突围，需要在以下几个方面有所突破：①厘清研究边界；②开展跨语言类型学考察；③增加语料支持；④摒除理论禁锢，加强理论整合。

2.4.1　厘清研究边界

长期以来，有关汉英作格现象的研究一直存在界定模糊和概念混淆的现象，加上翻译风格各异，为该现象的研究带来了诸多不便。在进一步研究之前，有必要厘清有关概念和术语。

2.4.1.1　宾格与作格

宾格性（accusativity）和作格性（ergativity）最初用来描述不同语言间或同一语言中的一种形态现象，宾格性是指及物动词的主语和不及物动词的主语具有相同的格标记，即主格，而及物动词的宾语与之不同，标为宾格。作格性描述相反的形态现象，即不及物动词的主语和及物动词的宾语格标记相同，称为通格（absolutive case），而及物动词的主语标注与之不同，标为作格（Perlmutter，1978；Langacker，1991）。

斯蒂芬·安德森（Stephen Anderson）（Anderson，1976）以东北高加索的阿瓦尔语（Avar language）为例，说明了作格语的句法配列形式，如（2.6）：

（2.6）a. vas v-eker-ula

Boy M-run-Pres

The boy runs.

b. jas j-eker-ula

girl F-run-Pres

The girl runs.

c. vas-al r-eker-ula

boy-Pl -run-Pres

The boys run.

d. ins:u-c:a jas j-ec:-ula

father-Erg girl F-praise-Pres

The father praises the daughter.

e. vas-as: šiša b-ek-ana

boy-Erg bottle N-break-Pst

The boy broke the bottle.

f. vas-as: šušbi r-ek-ana

boy-Erg bottles Pl-break-Pst

The boy broke the bottles.

　　a～c 均为不及物句，主语没有格标记。d～f 为及物句，所有主语均带有格标记。

　　由此，作格性或非宾格性（unaccusativity）也被用来表示动词兼有及物和不及物用法，并且及物用法的宾语论元也可以用作不及物用法的主语论元。例如，"Jack closed the door." 和 "The door closed." 两句中的 door。从语言系统上看，汉英语中多数语言现象可以归为"宾格语言"一类，而不是"作格语言"（Dixon，1994；吕叔湘，1987）。但是就作格现象而言，这两种语言都是很常见的，其重要性不容忽视。

2.4.1.2　非宾格与非作格

　　本章开头已经介绍，珀尔马特（Perlmutter，1978）提出了非宾格动词假设。该假设的主要内容为：不及物动词应分为非宾格动词和非作格动词两类，这两类动词分别与某些句法结构相联系。珀尔马特用关系语法（relational grammar）中一些普遍规则来说明非作格动词的论元是外论元（external argument），即深层主语，而非宾格动词的论元是内论元（internal argument），即深层宾语。珀尔马特考察了非作格动词及非宾格动词的语义特征，指出了两者的语义区别。非宾格性进一步发展为专指非宾格动词的特性，其原因主要是非宾格动词不指派宾格，因此虽然唯一论元是深层宾语，却常常必须出现在表层主语的位置（杨素英，1999）。非作格性与此相对，当不及物动词的唯一论元为深层主语时，此类不及物动词为非作格动词。

珀尔马特（Perlmutter，1978：162-163）从语义的角度对英语中非作格动词和非宾格动词（和形容词）做了区分（又见 Perlmutter and Postal，1984：98-99）。简要列举如下。

1. 非作格动词

非作格动词的主要语义元素为意愿或自主，带施事主语，包括：①所有自主的动词，如 whisper、shout、mumble、grumble、growl、bellow 等，汉语如"说、喊、工作、敲、学习、爬、想、跳、玩、笑、哭"等；②描述动物发声的、自主或可以受意愿控制的动词，如 bark、neigh、whinny、quack、roar（voluntary）、chirp、oink、meow，汉语如"喵、汪、咩"等；③描述身体功能的、非意愿体验过程的、带主语经验者的动词，如 cough、sneeze、hiccough、belch、burp、vomit、defecate、urinate、sleep、cry、breathe 等，汉语如"咳嗽、睡、吐"等。

2. 非宾格动词

非宾格动词的语义元素主要是非自主和无意愿控制，包括：①表示大小、形状、重量、颜色、味道、心态等的形容词，如"大、小、红、黑、香、干"等；②谓词主语是语义上的受事，如 burn、fall、drop、sink、float、slide、slip、glide、soar、flow、ooze、seep、trickle、drip、gush、hang、dangle、sway、wave、tremble、shake、languish、flourish、thrive、drown、stumble、trip、roll、succumb、dry、blow away、boil、seethe、lie（非自主）、sit（非自主）、bend（非自主）等，这一类也包括起动动词，如 melt、freeze、evaporate、vaporize、solidify、crystallize、dim、brighten、redden、darken、yellow、rot、decompose、germinate、sprout、bud、wilt、wither、increase、decrease、reduce、grow、collapse、dissolve、disintegrate、die、perish、choke、suffocate、blush、open、close、break、shatter、crumble、crack、split、burst、explode、 burn up、burn down、dry up、dry out、scatter、disperse、fill、vanish、disappear 等，汉语主语为语义受事的动词有"烧、沉、漂、流、挂、升"等，表形态变化的动词有"溶化、蒸发、减少"等；③存现类动词，如 exist、happen、transpire、occur、take place 等，其中还有一些是起动动词，如 arise、ensue、result、show up、end up、turn up、pop up、vanish、disappear 等，汉语如"悬挂、存在、发生、出现、消失、死"等；④刺激感官无意生发的动词（光、声、味等），如 shine、sparkle、glitter、glisten、glow、jingle、clink、clang、snap（involuntary）、crackle、pop、smell、stink 等，汉语有"臭、闪"等；⑤体貌动词，如 begin、start、stop、cease、continue、end 等，汉语如"开始、停止"等；⑥持续性动词（或可归为第三类），如 last、remain、stay、survive 等。

粗略来说，非作格动词通常以人或动物为主语，描述主语所指的意愿行为，可被识解为 do-类型表达；非宾格动词多数以无生命事物作为主语，描述主语所指的状态变化，所以通常被识解为 become-类型表达（Ikegami，1985；Kuno et al.，2004）。

顾阳（1996）举例讨论了非宾格动词和不及物动词（此处指非作格动词——笔者）的区别，如（2.7）和（2.8）：

（2.7）a. The boat sank quickly.

b. The door opened behind him.

（2.8）a. John ran away.

b. The baby cried loudly.

两组中作主语的名词的题元角色不同。（2.7）的动词是非宾格动词，其主语名词担当的是客体角色；（2.8）的动词是非作格动词，主语名词是施事角色。

在前人的研究基础上，可以将两种动词的特征归纳如下。

非宾格动词只有内论元，有深层宾语，由外部动因引起，具有非意志性/非自主性，论元与及物动词的宾语相同，具有相关联的及物致使动词。与此相对，非作格动词只有外论元，有深层主语，由内在动因引起，具有意志性/自主性，其论元与及物动词的宾语无关，没有相关联的及物致使动词。

与非宾格-非作格区分相关的分裂形态句法行为在语义研究中也被称为分裂不及物性（split intransitivity）。范瓦林（van Valin，1990）在其关于意大利语（Italian）、格鲁吉亚语（Georgian）、阿济语（Acehnese）的研究中故意回避了非宾格的说法，因为他反对像管辖与约束（government and binding，GB）理论中深层结构（deep structure）那样的深层句法表征和关系语法中的初始语法层次（initial grammatical strata）。他认为分裂不及物现象可以通过不及物动词的概括化语义角色和词汇特征进行解释，没有必要对语法表征的隐性层面做出假设。

尽管范瓦林（van Valin，1990）反对在不同语言中对分裂不及物现象进行深层句法处理，但他并不反对对不及物动词进行非宾格和非作格的区分。也就是说，他认同句法学家研究的非宾格句式只选择非宾格动词，而非作格句式仅选择非作格动词。但是在意大利语、格鲁吉亚语和阿济语中的非宾格和非作格动词有所不同，因为这三种语言中调整分裂现象的语义参数不同。这一点为非宾格性是类型学上的普遍现象的观点提供了不利证据。

事实上，作格语言中的不及物动词主语的分裂格标记现象早已引起学界关注。上文提到的作格/通格的区分是过度简化版，因为大多数作格语在整体论元配列系统中，并不总能显示其作格性。即使在作格现象较为突出的语言中，有时不及物主语和及物主语也可以归为一类，按迪克森的说法，A 和 S 在某些情况下可做相似的作格处理。这种现象也被称为作格语中的分裂不及物现象，即分裂作格性（split ergativity）（Langacker，1991：396；Croft，2001：167）。

2.4.1.3　及物性与作格性

珀尔马特（Perlmutter，1978）在关系语法框架下的研究采用了"非宾格动词"这一术语，而布尔齐奥（Burzio，1986）在管辖与约束理论框架下的研究则使用了"作格动词"这一术语。自此，文献中常有将"非宾格动词"与"作格动词"等同的现象。如不明确两者所指，并厘清边界，则无法深入研究作格交替（ergative alternation）和致使交替之间的联系。

首先看两者等同观。顾阳（1996）将动词分成及物动词、非作格动词、非宾格动词三大类，同时认为，非宾格动词也可以称为作格动词或起动动词。可见，她是将非宾格动词、非作格动词和及物动词视为平行关系。徐杰（1999）将不及物动词分成两类：一类是"夺格动词"（即"作格动词"或"非宾格动词"）；另一类是普通的不及物动词。这实际上也是将作格动词与非宾格动词视为等同。王文斌等（2009）认为作格动词也称非宾格动词，是指既可做及物又可做不及物使用的动词。做不及物使用时其主语相应于其做及物使用时的宾语。及物句式和不及物句式在语义和句法上表现出的紧密关系称为"作格关系"。

也有观点认为非宾格动词与作格动词属于不同的概念。安德鲁·雷德福（Andrew Radford）（Radford，1997）等认为，以下三句属于不同的 SV 句式，见（2.9）：

（2.9）a. The baby cried.（非作格）

　　　 b. An earthquake occurred.（非宾格）

　　　 c. The door closed.（作格）

可以将雷德福关于上述三类 SV 句式中动词的句法和语义特性的观点归纳如下：①作格动词的唯一论元是深层宾语，既可做及物动词，也可做不及物动词；②非作格动词的唯一论元是深层主语，不可做及物动词；③非宾格动词的唯一论元是深层宾语，不可做及物动词。

影山太郎（2001）认为非宾格动词和作格动词在句法上具有共性，但在语义结构上有所不同。他将不改变形式直接转用为及物动词的不及物动词称为"作格动词"（如 break、open 等），将无对应及物动词的不及物动词称为"非宾格动词"（如 occur、happen 等）。

综上所述，笔者认为非宾格动词和作格动词在语义结构上有所不同，属于不同的概念。作格动词是跨及物和不及物动词两界的兼类动词，非宾格动词是不及物动词的一类，与非作格动词相对。我们可以将作格及物动词称为及物致使动词，将作格不及物动词称为非宾格动词。然而这样的说法似乎也并不严谨。曾立英（2009）指出，并非所有的含致使义的及物动词都可以进行交替。同样，并非所有的非宾格动词都可以进行致使交替。因此严格说来，它们应分别称为"及物致使交替动词"和"交替非宾格动词"，而这样的说法又太过冗赘，出于行文考虑，在不造成歧义的情况下，本书采用"及物致使动词"和"非宾格动词"的说法。郭印（2015b）认为，作格动词是指既可做及物又可做不及物使用的动词；非宾格动词是具有唯一内论元，不能参与致使交替的动词。

下面解释为何有些非宾格动词和及物致使动词不能参与交替。核心的原因是语义中的"致使性"问题。有些非宾格动词（如 occur、appear）不能交替是因为核心动词义不含"致使性"，而有些及物致使动词不能参与交替是因为对"致使性"的界定问题。曾立英（2009）指出，有致使义的及物动词并非一定可以交替，即并非都是作格动词，如"困扰""制造""拉拢""杀""吃"等词，虽有致使义，但都不能用于交替。

对此，笔者赞同格里姆肖（Grimshaw，1993）的观点，认为有必要区分在词汇表征层面上的"致使性"和现实世界事件描述层面上的"致使性"，即应区分"语义结构"和"语义内容"。比如，尽管从认知概念上我们可以把 eat 理解为"致使食物进入消化系统"之意，但由于 eat 在句法表征层面上并不具备"致使性"，其在认知层面上的"致使性"并不能在句法层面上得到实现，所以*The apple ate 就显得不合语法。

简言之，尽管按照格里姆肖的说法，最终的句法实现需要看动词中与句法表现相联系的词汇意义，"制造""拉拢""杀""吃"的语义内容有致使义，但并不含有"使制造/拉拢/杀/吃"的语义结构，因此不能交替。

唯一有问题的是"困扰"，见（2.10）：

（2.10）a. 生活有时候带来某种情绪的波流，使人激动，也使人困扰。（王蒙《组织部来了个年轻人》）

b. 学习效率问题一直困扰着他。

c. *他困扰了。

　　既然（2.10）a 可以接受，说明"使困扰"也可以接受，即"困扰"具有词汇表征层面的致使义，那为何（2.10）c 不成立呢？笔者的解答是"困扰"一词的致使义之所以有模糊性，是因为该词语义的历时发展。反致使用法在现代汉语中可接受性不强，似乎仅见于欠规范用法，如（2.11）a，但在古代汉语中却毫无问题，如（2.11）b：

　　（2.11）a.（？）父母反对我读市场营销，我困扰啊。
　　　　　　b. 百姓困扰，甘乱者多。（晋 郭璞《皇孙生请布泽疏》）

　　以上说明，语义结构（而非语义内容）带有"致使性"的及物致使动词可以等同于作格及物动词。

　　由于对上述概念的理解不一，学界对作格交替和致使交替的理解也不一致。一般认为，致使交替等同于作格交替，也称起动-致使交替（causative-inchoative alternation）或反致使交替（anticausative alternation）。但是，也有研究者认为两者有所不同。朱琳（2007：64）认为起动-致使交替与作格结构对交替（即"致使交替"与"作格交替"——笔者）不同，后者语义包含前者，范围更广。

　　杰夫·汤普森（Geoff Thompson）和罗辛达·拉莫斯（Rosinda Ramos）（Thompson and Ramos，1994）将作格的概念进一步延伸，引入了语义作格（semantic ergativity）的概念，提出两个小句中不同动词或动词组只要能够将同一中介从不同的角度加以表现，这两个动词或动词组就存在作格关系。这样，在一定条件下，以下动词出现的句式也构成了作格句对：kill/die、remove/disappear、kick/hit。为了避免陷入争议，本书采用了汉英两界理解较一致的"致使交替"这一术语，指同一动词既能出现在直接致使句也能出现在反致使句中的情况。另外，选择"致使交替"这一术语也有其他的考虑。范瓦林（van Valin，1990：222）认为，用作格来指称这种用作及物动词时的宾语和它们用作不及物动词时的主语具有相同的形式的动词并不恰当，容易引起误解，因为这里的致使交替现象涉及的是所谓的"通格"，并非是指用作及物动词时的主语所处的格位，因此并不涉及所谓的"作格"。

承受致使交替的不及物动词被称为反致使动词或起动动词，而及物动词用法被称为及物致使动词或（词汇）致使动词［（lexical）causative］。总之，对于宾格和作格现象的研究，生成语法、关系语法、系统功能语法、认知语法都有所介入，但使用的术语有所不同。

2.4.2　跨语言类型学考察

研究一种语言的特征，需要放到不同的维度下面观照才能看清楚它的本质特征。就作格特点而言，至少应该关注三个方面：①语言内部作格分布规律；②语言作格特点的历时演变；③跨语言特别是亲属语言的作格特点。本小节以汉语作格研究为例，探讨跨语言类型学考察研究的必要性。

首先要选择合适的理论视角对对象语言的作格分布规律展开深入研究。语言类型学根据 S、A、O 之间的关系考察主语系统的选择情况，把语言分为"主宾格"、"作通格"和"分裂系统"三种类型。按照这一分类，英语是 SVO 型语言，属于主宾格型语言，或称为中心语前置（head-initial）型语言。在作通格型语言中，作为核心论元的名词短语 A、S、P 三者与动词之间语法关系的编码方式呈现出如下特征：①A 上的标记不同于 S、P；②A 独用一个标记，多为显性形式；③S、P 共用同一标记，多为零形式。

罗天华（2021）从类型学的角度对作格加以界定，认为作格是动词与核心论元之间语法关系的编码方式，作通格格局有两种落实形式：①从属语标记（dependent-marking）方式，主要通过在名词或代词上添加格标志、附置词等语法形式；②核心标记（head-marking）方式，主要通过在动词上添加表示论元人称信息的标志。罗天华（2021）认为，汉语中论元 A、S、P 均无标记，既不是作格语言，也不是宾格语言，而是一种中性语言；汉语的主语问题不能在作格/宾格框架下得到合理的处理。

当然现代汉语缺乏形态标记，这是不争的事实，既然连"形态标记语言"都不是，形态标记的作格语言就无从谈起了。因此，如果仅在形态标记的范围内界定作格语言，并探讨汉语是否符合这一界定，这就陷入了循环论证。要研究汉语的作格性，不能仅局限于形态标记，还可以从语义作格、句法作格、篇章作格等角度研究作格现象。我们其实不用讨论作格语言，只需要讨论作格现象。

现代汉语缺乏形态作格，并不意味着古代汉语也是如此，不少研究者试图从古代汉语中找出形态标记，并有了一些有趣的发现。古代汉语的主要形态标记有三：①变读去声；②清浊交替；③增加前缀*-s（例证见第 3 章）。

常见的变调构词有"趋、号、争、沈、解"等（王月婷，2017）。如"走"有上声、去声两读，见（2.12）：

（2.12）a. 田中有株，兔 S 走 上声，触株折颈而死。（《韩非子·五蠹》）

b. [A] 奉君以走 去声 固宫 P，必无害也。（《左传·襄公二十三年》）。

a 句"走"读上声，为不及物动词，意思是"跑"或"逃跑"[①]。b 句"走"读去声，是及物动词，多带处所宾语，意思是"奔向/趋向目的地"。

清浊交替的情况在古代汉语中并不罕见（见第 3 章），清浊别义的来源与使动态前缀*-s 相关，该前缀将后面的浊音清化（杨作玲，2014：366-367）。清浊别义区分使动与自动关系的现象，不只在上古汉语中存在，在一些藏缅语如藏语、景颇语、缅彝语、西夏语（Tangut）、哈由语（Hayu）中也广泛存在。在缺乏形态标记的情况下研究汉语的作格性，容易盲人摸象、以偏概全，研究亲属语言的特点有利于客观、全面地探索汉语特点。参照汉藏语系，特别是藏缅语族（Tibeto-Burman languages）的亲属语言，会给汉语作格研究带来启发。

在汉语和英语这样形态不发达的语言中研究作格现象，通常通过动词语义来展开。通过语义开展研究需要关注三方面内容。一是语义相似的

---

① 根据《尔雅·释宫》"门外谓之趋，中庭谓之走，大路谓之奔"，另据《释名·释姿容》（汉代刘熙著）"徐行曰步，疾行曰趋，疾趋曰走"可见，慢走称"步"，快走或疾行称"趋"，跑称"走"。

动词有时属于不同的句法类别。比如，在意大利语中，如 russare（snore）和 arrossire（blush）都属于非自主生理活动动词，但前者是非作格范畴，而后者属于非宾格范畴。

二是有些非作格动词在不同的语境中，可能会有非宾格动词的用法。如汉语中有些非作格动词加上趋向词素就可以转换为非宾格动词。如"飞来"与"飞行"语义特征相似，但是前者是非宾格动词，而后者是非作格动词。再如有些非作格动词加上助词"了"就可以有非宾格用法。

三是能够出现在不同的句法类别的同一动词，有时会有不同的语义侧面，如（2.13）：

（2.13）a. 那名运动员跑了（，现在不用跑了）。

b. 那名运动员跑了（，现在操场上没人了）。

c. 跑了一个人。

"S+V+了"结构中"跑"有两个意思，一是"跑步"，二是"离开"；在"V+了+后置论元"中，"跑"仅仅表达"离开"这一地点变化义。也就是说，"S+V+了"结构中，"跑"既可表示施事活动终止，也可表示地点变化的完成；在"V+了+后置论元"结构中，"跑"只能表达地点变化之义（鲁雅乔和李行德，2020）。

类型学研究发现，分裂作格系统与时体有关。在南亚的不同语系中，许多西印度-雅利安语（如印地语-乌尔都语）和藏缅语往往具有基于时态/体的分裂作格系统，而南亚语、德拉威语和孤立语库松达语（Kusunda）中没有作格系统（Montaut，2004；DeLancey，1980）。

在尼泊尔语（Nepali）中，当动词形态为过去时或完成体时，A 呈现作格配列；但是当动词形态为非完成体时，A 可能带作格标记，也可能带主格标记，如（2.14）。

（2.14）a. Mahes=le upanyās lekh-yo

Mahesh=Erg novel write-Pst 3Sg

Mahesh wrote a novel.

    b. mahes=le upanyās lekh-cha

    Mahesh=Erg novel write-Npst.3Sg

    Mahesh writes novels.

  c. mahes upanyās lekh-tai cha

    Mahesh novel write-Ipfv Aux Npst 3Sg

    Mahesh is writing a novel.　　　　　（Poudel，2020：6）

关于时体的研究对汉语作格研究启发较大。比如，现代汉语中动结式的交替性较强，这与结果状态和完成体的对应性有较大关系。

从篇章话语角度来研究作格，对汉语作格研究也有一定启发。一般认为是以话语功能语言学家约翰·杜波依斯（John Du Bois）（Du Bois，1987）等为代表。话语功能语言学派认为句法并非语言固有的结构，而是从话语中产生，由语用规则固化塑造出来的，语言表层所表现出的"形态格"对齐模式与名词指称形式、新旧信息之间的分布模式具有某种同构（isomorfismo）关系（Du Bois，1987），因此可以从信息流的分布、话语中不同指称形式（如词汇形式、代词形式或零形式等）易于出现的位置找出表层格标记的深层动因。杜波依斯（Du Bois，1987）对中美洲一种具有"形态作格"的玛雅语言中萨卡普尔特克语（Sacapultec）的口语材料进行了详尽的分析。他发现，在该语言中，三种论元（S、A、O）不仅在形态标记上体现出作格型语言的对齐模式（即 S=O $_{通格格标}$ vs.A $_{作格格标}$），在语用特征和编码形式上，S 与 O 跟 A 表现出很大的不同。在萨卡普尔特克语的自然语流中，一个语调单位（intonation unit）大致与一个小句相对应，一个小句通常只传递一个新信息，而承载新信息的论元一般以词汇形式编码，因此一个小句通常最多只有一个词汇性名词性成分，一般出现在 S 或 O 的位置上，而极少出现在 A 位置上；A 位置上出现的论元一般都以代词或黏着语素的形式出现。因此，杜波依斯提出这种语言在话语层面也呈现出 S 与 O 的对齐模式（S=O $_{完全词汇形式\&新信息}$ vs.A $_{缩减的名词形式\&旧信息}$）。杜波依斯（Du Bois，1987）将这条规律称作"优势论元结构"（preferred argument structure，PAS）。杜波依斯（Du Bois，1987）认为正是这种深层次的话语动因，使该语言在表层上显示出作格形态。换句话说，名词性成分外显的格标记的选择与其本身在语流中的语用特征密切相关。汉语没有外显的"格标记"，与此同时，汉语的语序很大程度上是由语用规则驱动制约的。

基于这些考虑，有学者认为，汉语既有作格型语言特点，又有宾格型语言特点，因此可视为"作格-宾格混合型语言"。对此，周士宏和崔亚冲（2019）认为，汉语及物动词的施事（A）与不及物动词的唯一论元（S）倾向于用代词或零形式编码，主要用于表达旧信息，具有统一的话语功能。A 与 S 的对齐配列促发了主格范畴。同时，在跨小句回指联系中，S/A 的联系远远超过 S/O 的联系。因此，在话语层面，汉语更倾向于宾格型语言。在话语中，有两种相互竞争性的话语动因：保持话题连续性（守旧）与引进新所指、新信息（纳新）；作格型语言和宾格型语言形成的动因是"纳新"和"守旧"两种话语力量竞争的结果。

2.4.3　增加语料支持

为了探究动词语义和表层句法之间存在的规律性联系，并考察语义相同的动词在句法表现上是否具有跨语言共性，不少研究基于语料库展开。比如，杨玲（2017）对核心作格动词即汉英状态变化动词的语义-句法界面进行了基于语料库的比较分析。

语料库对于语义句法研究具有如下优势：①提供客观语言事实。语义句法研究需要语言事实支持佐证，如果仅凭研究者语感，或者按照语法规则演绎生成，那么这些句例可能与实际语言事实不完全相符。如果语言事实的客观性存疑，那么语义句法研究的科学性和理据性也就无从谈起了。语料库恰恰能够提高此类研究所需要的客观语言事实。②词频统计有助于发现语言的规则特征。毋庸置疑，对于语言现象进行穷尽性研究只是研究者一厢情愿的学术理想，在这一前提下，选取典型语料研究语言现象进而探索语言规律是更为可行的方法，而语料库所提供的词频统计功能有助于我们选取典型的语言事实。③有助于验证已经发现的语言规律并修正基于该语言规律的语言理论。基于研究者语感得出的语言规律受到研究者个人方言（idiolect）的影响，未必能反映语言事实，基于此得出的语言归纳也具有较大的风险，语料库研究恰恰能弥补这一缺憾。

当然，语料库研究还存在一些亟待解决的问题。比如：①语料库检索难以做到所取尽需和尽取所需。语料检索方法要与研究目的和研究对象一致，针对研究目的和研究对象，选取适合的正则表达式，确定单次检索还是多次检索。自动检索具有快速经济的优势，但也有真伪不辨、鱼目混珠的现象。要排除无效语料，常常需要手工逐例筛查。②语料加工软件有待完善。尽管可以采用分词软件和词性标注软件高效率完成语料标注，但是鉴于汉语划分词界和甄别词性所面临的复杂因素，此类软件还无法做到尽善尽美，很多情况下，也需要人工介入，逐句筛查。

2.4.4　加强理论整合

作格语言现象几乎是所有语言学理论都无法回避的语言学现象，但是研究方法和结论却存在明显的理论分野。有的理论将作格研究视为重要的研究内容，但有的理论却认为作格现象可以被其他更广的理论概括所覆盖。随着研究的逐渐深入，研究者逐渐认识到，要充分了解跨语言中作格语义句法现象并解释其背后的机理，需要融合各理论所长。理论融合主要体现在广义的功能语言学内部的融合及功能主义和形式主义之间的融合。

广义的功能语言学与形式语言学相对，包括狭义的功能语法、语用学、语言类型学、语法化研究、认知语法、篇章分析以及互动语言学等（沈家煊，2019）。因此，此处的融合也包括功能语言学和狭义的认知语言学的研究。沈家煊认为，融合的途径应以问题为导向，立足母语和汉外语比较。功能语言学不能忽视语言的形式，要了解形式语言学的进展。从方法论上讲，"简单原则"凌驾于不同学派之上。要回答汉语究竟通过哪些形式手段来实现传情达意的问题，需要用现代语言学的眼光对中国传统语言研究中的一些概念加以重新阐释。

功能主义和形式主义之间也开展了融合对话。弗雷德里克·纽迈尔

（Frederick Newmeyer）（Newmeyer，1998）的《语言形式和语言功能》（*Language Form and Language Function*）一书，尝试将形式主义和功能主义的方法用于语言现象并加以解释，旨在通过介绍功能主义在语言功能对语言形式影响方面做出的诸多概括，以及功能主义对语言现象的有效解释，增加形式主义和功能主义之间的了解。徐烈炯（2002）的《功能主义与形式主义》一文，介绍了国际语言学界形式主义与功能主义（包括认知语言学与语言类型学）之间的对话。许余龙（2018）指出，不同的语言学理论流派之间需加强对话交流，相互学习借鉴，合力推进语言学的创新发展，这一点我国学界已经逐渐达成了共识。虽然对于语法核心内容和语言本质方面，形式派和功能派由于研究的侧重性和方法有所不同，会提供不同的答案，但是这恰恰说明两派之间的研究具有很大的互补性。因此，许余龙（2018）指出，两派之间要借鉴融通，需要结合具体语言学问题探讨。在语言哲学基础方面，应该互相尊重对方的立场信仰，而在对具体语言学问题的探讨方面，则可各抒己见，提出自己的解决方案，并看看是否可以在某些地方借鉴对方的一些处理方式。沈家煊（2019）也认为，功能语言学不是只讲功能和意义，语言的形式和意义是一体的，在语言学领域里如果不依据形式的区别，讲意义或概念的区别是没有多大意义的，语言学不是哲学，研究意义离不开研究语言的形式，甚至可以说语言研究就是语言形式的研究。毕竟，不管是形式主义还是功能主义，语言研究的目的是了解并解释语言运作的规律。这一规律便是最抽象层面上的语法，这一语法应适用于所有具体的人类语言。脱离了这一语言实践基础的语言学理论如同无本之木、无源之水，是难以长久的。

第3章

作格语义句法研究的类型学参照

任何语言可能都或多或少用到"主格/宾格"和"作格/通格"两种模式，尽管经常是一种模式更占优势（Langacker，1991：381）。关于作格语的特征，学界争议较大，较能引起共识的有以下几大特征（Trask，1979：385-386）：①作格语几乎总是有基本的 SOV 特征，有时有 VSO，罕有 SVO。②似乎所有显示作格性的语言都显示形态作格性，罕有显示句法作格性的。③带作格标记的语言中，作格总是显性标记的，而通格通常是形态无标记的。④作格语言通常标记直接宾语。⑤作格性通常仅限于动词的某些时态或体；在这种情况下，作格性总是体现为过去时或者完成体，而动词的非过去时或非完成体显示宾格结构。⑥很少有作格语言具有发展完备的被动语气。⑦在格标记语言里，作格常与另外的格标记同形，最常见于所有格或工具格，有时也见于方位格或与格。⑧作格句式常出现在当某些名词词组（noun phrase，NP）做主语和宾语时。

多数语言在⑤和⑧方面都呈现分裂作格现象。藏缅语族中的吉尔语（Jirel）和夏尔巴语（Sherpa）以及澳大利亚语言中的尤库塔语（Yukulta）可能是少数的例外。这三种语言既有 NP 分裂，也有时态和体的作格分裂。

以下从动词特征、论元特征、时体特征、篇章特征等角度展开分析。

3.1 动 词 特 征

在格标记不够发达的语言中，往往借助 NP 格标记之外的手段体现作格关系，比如通过一致模式构建不同的格范畴。例如，在阿巴扎语（Abaza）中，格标记缺失，但动词会与一些不同的 NP 一致，通过一致模式构建作格和通格范畴；在阿瓦尔语中，格标记与动词一致一起作用，构建作格和通格范畴；在巴斯克语中，不同的格标记和一致原则也可以一起作用，形成更复杂的系统。

在格标记更为贫乏的语言中，如汉语和英语，通过考察动词语义来分析作格现象就显得尤为重要。非宾格动词和作格动词是开展此类研究的两个基本概念和研究对象。

非宾格动词的概念是从句法特征方面对单论元不及物动词的观照，即这类动词的句法主语实际上是深层语义中的受事。有人称其为作格动词、起动动词、夺格动词等，细究起来，非宾格动词和作格动词这两个术语是"浑言则同，析言则异"（关于两者的区别，可参见第 2 章）。要而言之，非宾格动词主要着眼于动词的句法特征，即该类动词不能指派宾格，作格研究主要是从句法上的形式变换着手，着重于动词的分类。

史曼（2020）对汉日同形的双字致使交替动词做了比较研究。一方面，通过字典词性标注及释义来提取自他两用动词 57 个；另一方面，利用语料库调查自动词与他动词用法的句法和语义对应关系。得到如下 36 个致使交替动词：

（3.1）日语致使交替双字动词：
实现、完成、展開、移動、恢復、拡大、露出、解决、改善、再生、終了、接続、再現、復活、進行、加速、優先、普及、増加、確立、混合、減少、振興、破壊、開業、消耗、駆動、停止、開演、継続、分解、決定、開始、上下、集中、緩和

相较而言，同形的汉语致使交替双字动词要更多一些，共有 61 个，见（3.2）：

（3.2）开发、发表、实现、完成、展开、出版、调整、交换、变

更、满足、移动、恢复、流行、扩大、露出、解决、设立、分割、改革、改善、感动、统一、再生、终了、达成、再现、复活、进行、缓和、成立、发散、加速、出现、变动、优先、普及、增加、开设、消化、确立、混合、延长、改良、减少、解放、公开、开放、振兴、创立、扩张、消耗、调和、停止、继续、分解、发展、活跃、平均、安定、充实、集中

史曼（2020）认为，日语动词的语义变化和动词词汇化程度差异是导致汉日同形双字致使交替动词数量不同的原因。从构词结构看，两种语言中的并列式、动补式、动宾式、偏正式四类双字动词都有致使交替潜势，都以并列式为最多。不同的是，有些并列式（如"变更、发展"等）和动补式双字动词（如"延长、改良"）在日语中无法实现致使交替。在日语中可以实现为致使交替，在汉语中却无法实现的动词多为动宾式双字动词。如汉语动词"开业、开演"仅有反致使用法，而日语对应词"開業、開演"在日语中可以自他两用，可以交替，这说明动宾式双字动词在日语中的词汇化程度比汉语高。

郑杰和陈楠楠（2019）对韩国语作格动词进行了梳理，共得出 909 个作格动词。他们将其按照形态分为三类，分别为"움직이다类"、"拟声拟态거리다类"和"汉字词하다类"。其中"움직이다类"共 50 个，仅占 5.5%；"拟声拟态거리다类"共 458 个，占 50.4%；"汉字词하다类"共 401 个，占 44.1%。

在形态发达的语言中，不同场合下的动词往往有不同的身份标记。在罗马尼亚语和波兰语中，致使动词的反致使变体有反身形态标记。在希腊语中用非主动形态，心理动词使用高能产性的致使形态标记。现代英语和现代汉语中不存在上述标记，但是在古代英语和古代汉语中，却能找到一些形态标记。

在古英语中，有些心理动词在不同场合下会有不同标记。在现代英语中，心理动词有些源自其他语言，有些源自英语其他动词类别。如

anger 源自古挪威语（Norse），而 worry 源自古英语，本义是"杀死"（kill），直到 19 世纪才有了"使担心"之义。根据《牛津英语词典》（*The Oxford English Dictionary*，*OED*）[①]，古英语动词 fœran（fear）源自致使形式 fœrjan，这是源自名词 fœr 的弱动词，意思是"恐吓"（to terrify），该动词具有词缀-j，这是古日耳曼语和古英语中的一个能产性致使化词缀，后来该词缀消失了。

上古汉语中存在一种特殊的非宾格动词异读现象。徐通锵（1998：21，20）提出"自动和使动是汉语语义句法的两种基本句式"，并猜想"汉语的使动式早期也应该有一定的形式标志，主要通过声母复辅音中的前置辅音表示"。动词异读现象未和动词的研究有机结合，从而不能很好地揭示上古汉语的句法-形态面貌。

王月婷（2017）讨论了古代汉语动词的三种变读方式——变读去声、清浊交替、增加*s-前缀，并认为其与作通格格局有关。先秦汉语动词"走"有上声、去声两读（参见第 2 章）。孙玉文（2007：63）对"走"的音义作了系统的说明：上读为不及物动词，即"跑"或"逃跑"；去读是及物动词，多带处所宾语，即"奔向/趋向目的地"。类似的变调构词还有很多，如"趋、号、争、沈、解"等。

"败"有帮母去声、并母去声清浊异读（*p-/*b-），清去有致使义，义为"使败"，浊去描述"败"的状态，是"败貌"。

笔者对古代汉语中清浊异读现象进行了梳理（表 3.1）[②]。

表 3.1 古代汉语中"败"类动词的异读现象

动词	古韵浊声	古韵清声
败	自破，薄迈切，古韵 baejH	破他，补迈切，古韵 paejH
断	绝也，徒管切，古韵 dwanX	断绝，都管切，古韵 twanX

① 《牛津英语词典》（第二版），1989 年由牛津大学出版社（Oxford University Press）出版。

② 主要依据《广韵》（ https://ytenx.org/kyonh/ ），古音构拟采用白一平（William H. Baxter）上古汉语构拟系统。

续表

动词	古韵浊声	古韵清声
折	断而又连，常列切，古韵 dzyet	折断也，旨热切，古韵 tsyet
尽	竭也终也，慈忍切，古韵 dzinX	极也，即忍切，古韵 tsinX
坏	自破也，胡怪切，古韵 hweajH	毁也，古坏切，古韵 kweajH
见	露也，胡甸切，古韵 henH	视也，古电切，古韵 kenH

　　"败"类动词的共同特征是浊声母为不及物动词中的非宾格动词，而清声母为及物动词。杨作玲（2014：44）由此推测，上古汉语非宾格动词可能的判断式是：①最小成句均为 NP V，NP 是直接内在论元；②在某些义项上可以和清声母的及物动词构成自动使动的句法结构配对，后者的宾语可以转化为前者的主语而承担的语义角色相同；③可以形成领主属宾句；④形容词化做定语时，相当于英语中的过去分词形式，具有"完成"或"被动"义。她认为，早期的汉语类型应该是语义作格型语言。

　　下文通过实例探讨"败""断""见"的异读现象。

　　"败"有清浊之分。《广韵》"颇他曰败，补迈切。又薄迈切，自败曰败"。《群经音辨》"毁它曰败（音拜）"，"自毁曰败，薄迈切"。《说文》释"败"为"毁"也。《释文》对《诗经》《左传》中加以注音的全为清声母的"败"，作及物动词，是浊声母"败"的使动词形式。

　　浊声母"败"主要出现在当事主语句中，也可出现在领主属宾句或用作定语，见（3.3）：

（3.3）a. 吴师大败，吴子乃归。（《左传·定公》）

　　　　b. 今军败亡二万人，臣有斧质之罪，请自归于吏以戮。（《战国策·燕二》）

　　　　c. 于人为言，败言为谗。（《左传·昭公》）

　　清声母"败"主要出现在使事主语句中，也可出现在"可败""为败"结构中，如（3.4）：

（3.4）惠公之季年，败宋师于黄。(《左传·隐公元年》)

又如"断"。《说文》："断，截也。"段玉裁注："引申之义为决断。"《广韵》："都管切，断绝也。又丁贯切，决断。"《群经音辨》："断，绝也，都管切；既绝曰断，徒管切。"断有清浊两读，清声母"断"为及物动词，浊声母"断"为不及物动词，如（3.5）：

（3.5）a. 切肉肉断而发不断，臣之罪一也。(《韩非子·内储说下六微》)

　　　 b. 大子抽剑断鞅，乃止。(《左传·襄公》)

　　　 c. 宾孟适郊，见雄鸡自断其尾。(《左传·昭公》)

再如"见"。《说文》："视也。"《广韵》："视也，古电切；露也，胡甸切。"《群经音辨》："视之曰见，古甸切；示之曰见，胡甸切。"杨作玲（2014：44）介绍，"见"有清浊两读，在《释文》中，浊声母注音为"贤遍反"，清声母则是"如字"或不注音。

施事主语句多为清声母，如（3.6）：

（3.6）子曰："隐者也。"使子路反见之。(《论语·微子》)

当事主语句、领主属宾句、致使句多为浊声母，如（3.7）：

（3.7）a. 及著雍，疾。卜，桑林见。(《左传·襄公十年》)

　　　 b. 天见其明，地见其光，君子贵其全也。(《荀子·劝学》)

　　　 c. 止子路宿，杀鸡为黍而食之，见其二子焉。(《论语·微子》)

　　　 d. 诸侯将见子臧于王而立之。(《左传·成公十五年》)

动词的非致使与致使之间的转换也通过清浊交替来实现。读浊辅音声母的动词是读清辅音声母的动词完成之后所产生的结果，是其完成形式。上古汉语一些动词可添加*s-前缀，表示致使、启动、持续等义，其中表致使是最常见的功能，如"顺"*bm-lun-s > zywinH 和"驯"*bs-lun > zwin（罗天华，2021）。

本节主要论证双音作格动词在现代汉语、古代汉语、英语、日语、韩语等语言及语言变体中的形态及语音等方面的标记表现及语义特征。

3.2 论 元 特 征

按照理想的作通格和主宾格二分格局系统，在主宾格格局中，及物句主语 NP 与不及物句主语 NP 格标记相同，带有主格标记，及物句宾语 NP 带有宾格标记；在作通格格局中，作格语言中的及物动词的主语 NP 形态范畴带有作格标记，及物句宾语 NP 和不及物句的主语 NP 带有通格标记。

汤加语①（英语：Tongan/汤加语：Faka-Tonga）的作格性就是通过格标记显示的（Anderson，1976：3），如（3.8）和（3.9）：

（3.8）na'e lea'a etalavou
    Pst speak Abs young man
    The young man spoke.

（3.9）na'e alu'a tevita ki fisi
    Pst go Abs David to Fiji
    David went to Fiji.

致事论元的施事性和有生性是没有强制性要求的，从（3.10）两例可见，工具和事件都可以做反致使句的致事论元。

（3.10）a. The hammer broke the window.

     b. The swinging of the hammer broke the window.

---

① 汤加语，属于南岛语系马来—波利尼西亚语族，主要用于汤加王国，亦使用于美属萨摩亚、澳大利亚、加拿大、斐济、新西兰、纽埃、美国和瓦努阿图，基本语序为 VSO。使用人口约 10 万。

多数语言都不是这种理想化的语言，并不容易在类型学上清晰归类。这主要有两种情况：①语言的形态标记不明显；②形态标记的分裂现象明显。

对于形态标记不明显的语言，语义分析是语言研究的一种有效补充。但是，语义分析以形态分析作为参照，往往会出现有争议的结论。比如，一般认为上古汉语应该是一种语义作格性语言。一种可能是上古汉语并没有通过形态标记来反映所谓的作格和通格之别；另一种可能是上古汉语与藏语类似，主语带有作格标记，但受到语义的限制，与动词的语义有关，并不是严格的句法格。杨作玲（2014：389）认为，上古汉语很有可能属于后一种，这是因为趋向动词内部句法表现不一致，具有非宾格性的趋向动词出现在意愿性弱的存现句语义环境里。她推测，很有可能强意愿性主语在远古汉语时期带有作格标记。

在宾格语言中，我们至少可以判断出两类基本的语法关系：主语和（直接）宾语。同样的概念难以在作格语言中进行形态建构，无法对作格语言主语赋予固定的形态基础。如果说，小句由动词和一个 NP 集组成，那么在作格语言的句法层面，这些 NP 之间无结构性差异。这一点可以从跨语言中大量存在的分裂作格现象中看出。

要进一步了解作格论元特征，需要关注以下四种情况下的论元表现。第一种情况是 NP 三个可能的角色均有形态区别，也就是说，语言中及物动词的主词 A（作格）、及物动词的受词 O（宾格），以及不及物动词的主词 S（光杆通格），分别以不同的格标记来标示，这种格局被称为施受格（tripartite 或 ergative-accusative，日语称为"三立型"）。该语言类型数量不多，能够体现这一格局的语言有西伯利亚地区汉特语（Khanty）的瓦赫方言（Vakh）、马来亚地区塞梅莱语（Semelai）、北美爱达荷地区内兹佩尔策语（Nez Percé）、澳大利亚汪库马拉语（Wangkumara）、马来-波利尼西亚语系的毛图语（Motu）等。（3.11）（3.12）是内兹佩尔策语中的例子（Deal，2016）：

（3.11）'Áayat   wáaqo'   hi-kúu-Ø-ye.

woman Nom already 3Subj-go-Perf-Rem Pst

The woman already went.

（3.11）例中，不及物谓语动词的主词 Áayat（女人）以零标记的光杆通格（bare absolutive）加以体现。

（3.12）'Áayato-nm pée-kiwyek-Ø-e　sik'éem-ne.

woman-Erg 3/3-feed-Perf-Rem Pst horse-Acc

The woman fed the horse.

（3.12）例中，及物谓语动词的两个论元分别以作格显性标记标示施事 Áayat（女人），以宾格显性标记标示受事 sik'éem（马）。

第二种情况是有些语言中，施事主语与受事看起来更接近于作格模式，如达科他语（Dakota）和已经失传的威奇托语（Wichita）（Poolaw，2016）。高加索东北部的巴茨语（Bats）也显示相似特征（Anderson，1976）。

第三种情况是有些语言呈现多人称性的特点。多人称一致或多人称性是指动词不只和一个论元一致（常可达四个），具备这一特性的语言可称为多人称语（polypersonal language）。动词可与主语、直宾、间宾、益事（beneficiary）等角色一致。这种多人称标记既可以是强制性的，也可以是选择性的。选择性是指如果一致性已经得到完全表达，有些一致语素可以省略。语言的多人称性往往与作格性相关联，此类语言有巴斯克语、格鲁吉亚语、马加伊语（Magahi）、匈牙利语（Hungarian）、乌拉尔语（Uralic）、曼西语（Mansi）、莫尔多瓦语（Mordvinic）、涅涅茨语（Nenets）、班图语（Bantu）、莫霍克语（Mohawk）、因纽特语以及很多美洲土著语等。其中，格鲁吉亚语多人称动词系统允许相应动词带有主语、直宾、间宾、所属、方位、致使等角色。

对多人称一致性的考察，可以超越词法形态，转向句法规则。人称的不同有时会带来主被动的不同。如在瓦卡什语系（Wakashan language family）中的马考语（Makah）和努特卡语（Nootka）有如下特征：①如果施事是第一或第二人称，就做主语，动词是主动的。②如果施事是第三人称，受事是第一或第二人称，那么受事是主语；动词是被动的。③如果施事和受事都是第三人称，均有可能做主语；动词可主动也可被动。在霍卡语系（Hokan language family）中的亚纳语（Yana）①中，当受事是第一或第二人称时，被动是强制性的。

第四种情况是作格特征随句式特征的不同而产生变化。比如，一般作格语中不及物句的主语和及物句的宾语在语法标记上会有相同表现，而及物句的主语与此不同。在芬兰语②中，区别并非主要体现在及物句主语的标记上，而是在于"非存在句"或正常句的主语和存在句的主宾语之间，主要体现为限定动词的形式不同（Itkonen，1979）。简言之，不管及物句还是不及物句，只要预设了主语的存在，就视为非存在句。典型的情况是，主语构成主位，总是出现在主格单数或复数中（加词尾-t），而及物非存在句的宾语要么带部分格（词尾-a/-ä，-ta/-tä），要么带宾格。其中，宾格出现在肯定结果句中，表达不可分离的整体或者可分离的宾语的有限数量；部分格主语出现在其他的情况下，如在肯定结果句中，宾语表达可分离的不定数量，或者在肯定非结果句中，或者在否定句中［（3.13）～（3.18）均引自 Itkonen（1979）］。

（1）不及物句。

（3.13）Talo oli hyvässä kunnossa

　　　　house+Ø be+praet. +Ø　good+iness.　condition+iness.

　　　　(=Nom Sg)　(=3Sg)

　　　　The house was in good condition.

---

① 随着最后一位说该语言的人于 1916 年去世，该语言已失传。参阅：http://www.native-languages.org/yana.htm。

② 芬兰语（Finnish）是芬兰的两种官方语言之一（另一种是瑞典语），也是大多数芬兰人所说的语言，芬兰语也是欧盟和瑞典的官方语言之一，属于芬兰语系（Finnic language family）。从类型学的角度，它属于屈折语（inflectional language）和黏着语（agglutinative language）。

（2）肯定结果及物句。

（3.14）Tyttö　　　　　silitti　　　　　　　paidan/paidat/paitoja

girl+Ø　　　　　stroke+praet.+Ø　　shirt+Acc Sg/Acc Pl/Pl+Partit

(=Nom Sg)　　　(=2Sg)

The girl ironed a (the) shirt/the shirts/(some) shirts.

（3）肯定非结果及物句。

（3.15）(Me)　　　　　inhoamme　　　　　　häntä/homejuustoa

we+Ø (=Nom Sg)　detest+1Pl　　　　　he+Partit/bue

cheese+Partit

We detest him (her)/blue cheese.

（4）否定及物句。

（3.16）Tyttö　　　　　ei　　　　　silittänyt　　　　　paitaa/paitoja

(=Nom Sg)　　Neg Verb(3Sg)　stroke+2Partic.

shirt+Partit/Pl+Partit

The girl did not iron/was not ironing a (the) shirt/(the) shirts.

（5）肯定存在句。

（3.17）Kissalle　　　syntyi　　　　　　pentu/pennut/pentuja

Cat+allat be born+Praet+Ø kitten+Ø (=Nom Sg)/Nom Pl/Pl

Partit(=3Sg)

The cat had a kitten/kittens (i.e. a litter as a whole)/kittens (i.e.

some).

（6）否定存在句。

（3.18）Kissalle　　　ei　　　　　syntynyt　　　　pentua/ pentuja

cat+allat Neg Verb (3Sg)　be born+2Partic

kitten+Partit/Pl+Partit

The cat had no kitten/no kittens.

存在句是不及物句的标签，通常表达主语的存在、出现、消失或状态变化，典型的情况是，方位副词构成句子的主位，而主语处在述位的位置上。在肯定句中，用主格表达不可分离的整体的主语，用部分格表达可分离事物的有限数量；在否定句中总是用部分格，而限定动词总是用第三人称单数。

在芬兰语中主格与部分格/宾格相对，与作格语中作格与通格相对的情况相似，然而这种相对应的情况并不完全相同。作格通常有标记，通格通常无标记；在芬兰语中，主格没有标记，宾格有时有标记，有时没有标记，部分格总是有标记。在这个意义上说，芬兰语主宾格系统是逆向作格系统（inverted ergative system），见图 3.1。

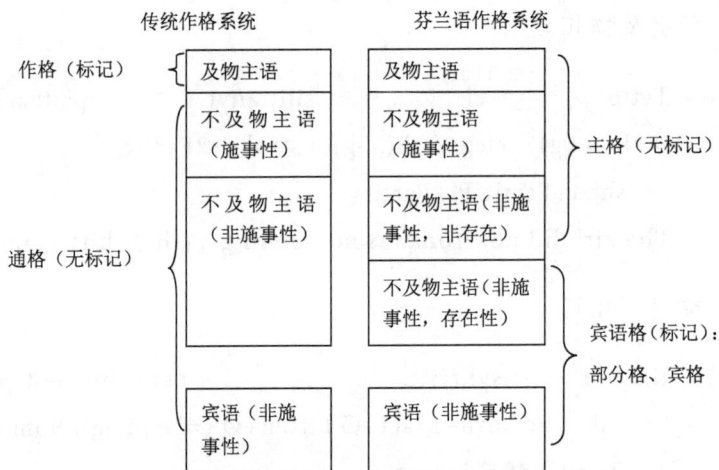

图 3.1　传统作格系统与逆向作格系统

3.3　时体特征

关于句子的时体特征，学界很早就有过讨论。斯科特·德兰西（Scott DeLancey）（DeLancey, 1981）认为，有三种格标记分裂模式：及物动词主语带作格标记或无标记的分裂模式；受句子时态、体、情态影响的分裂模式；表示活动或状态的分裂模式。其中，受句子时态、体、情态影响的分裂模式与作格相关度较高。他认为，完成体或过去时往往引发作格配列，而非完成体则会引发宾格配列。

关于英语和汉语的语料似乎也可以验证上述结论。刘晓林（2008：31）指出，汉英作格动词在及物性结构和不及物性结构中均具有明显的时体标记，两种结构都表示时间的终结（telicity）。英语作格交替的终结性体现在句法标记为 V+-ed 或 have+V+-ed 的过去时或完成体上；汉语作格交替的终结性体现在"了"或"过"等词具有的完成体上，如（3.19）～（3.22）：

（3.19）a. John sold the car.

　　　　b. The car sold.

（3.20）a. Mary has cracked the plate.

　　　　b. The plate has cracked.

（3.21）a. 艾迪曾将罐子装满了水。

　　　　b. 罐子曾装满了水。

（3.22）a. 这种制度削弱了他们的战斗力。

　　　　b. 他们的战斗力削弱了。

从句例可见，在作格交替过程中，这种动词的终结性时体特征得到延续和保留，无论是及物性结构还是不及物性结构都传承了这一特点。

在事件表征中，某些语义条件可能会引发时体态分裂（TAM-split，简称 TAM 分裂）现象。角田太作（Tsunoda Tasaku）（Tasaku，1981）通过效果参数进行解释，将其称为效果条件（effect-condition），主要指在二元谓词事件或情景中施事对宾语所施加的效果及动作的实现。如效果达成，会出现作通格格局；反之，如效果未达成，则不会出现作通格格局。效果条件由 13 个相互联系又各有不同的参数组成，这些参数通过综合作用构成不同的分裂等级：①是表动作还是表状态；②对宾语是否影响；③宾语是否实现预期目的；④宾语是完全还是部分受影响；⑤事件是否已完成；⑥瞬时还是持续；⑦是否有内在终点；⑧是否有结果；⑨是孤立事件或状态还是惯常事件或状态；⑩宾语是有定还是无定；⑪是现实的还是可能的；⑫是否已经实现；⑬是肯定还是否定的。

保罗·霍珀（Paul Hopper）和桑德拉·汤普森（Sandra Thompson）（Hopper and Thompson，1980）通过及物性参数进行解释。NP 格标记的功能之一是标记施事语义角色，而表示受事 NP 的格标记的功能是角色标记受事。主语有时标记为施事，有时标记为受事，其原因是主语的语义角色有时与施事相似，有时与受事相似。及物性参数同样包括 10 个组成部分，其中每一部分都涉及效果参数的不同方面。这些参数的强弱不同而形成的阶层使得动作行为被从一个事件参与者传送到另一个事件参与者，这些参数共同作用以加强或减弱语句的及物性。比如，具有两个事件参与者的语句就比只有一个事件参与者的语句的及物性强，因为后者情况下不会有"传送"发生，除非整个事件涉及至少两个事件参与者。再比如，就受动者角度来说，一个受动者完全受到影响的语句，其及物性就比受动者只受到部分影响的语句的及物性低。霍珀和汤普森还注意到，在其他条件相同的情形之下，完成体的句子比非完成体的句子及物性高，因为动作行为从施动者到受动者的传送已经完成。动词语法体的差异在概念上与完全受影响的宾语和部分受影响的宾语之间的区别密切相关，完成了的事件表示已经将动作行为完全传送到了受动者，而这对于非完成体或进行体来说，则并非如此。可见，传统观点认为，及物性是动作行为从施事"传输"给受事，而霍珀和汤普森根据这个思想建立起来的参数等级有助于了解小句的不同部分之间"传输"的具体语义侧面。他们进而运用这一参数等级来解释作格语言中作格的分裂现象。

霍珀和汤普森似乎能够解释 TAM 条件引发的作格分裂。但是，笔者认为霍珀和汤普森的分析还是无法解释为什么标记为主格的施事与标记为作格的施事之间存在施动性差异，以及标记为宾格的受事与标记为通格的受事之间存在什么差异。而且，人们对体的研究发现，完成体的性质并不一定表示动作的完成（实现了事件固有的终点），一个用完成体标记的事件可以是完结的（completed），也可以是终止的（terminated）。动作的终止并不能保证该动作行为已完全传送给受事。此外，我们无法根据参数理论来区分施事和受事，比如在 John met Mary in the street.这个句子中我们根本无法将施动者和受动者区分开来，自然也就无法去区分他们之间的及物性。

德兰西（DeLancey，1981）提出，作格的分裂是基于两个心理概念：视点（point of view）和注意流（attention flow）。注意流指的是感官的策略，而视点是一种语言机制。句中 NP 的顺序是注意流的反映。该顺序表明说话人希望听话者根据注意流来关注话语。任何事件具有内在的注意流，对说话人来说它是指事件如何在时间和空间上被展开。视点和注意流是基本的参数。它们决定事件中各参与实体的受关注程度。换句话说，语言结构再现人类认知结构（即线性顺序）。这些概念以语义为基础，在人类语言的语义结构中占重要的一部分。可以将它们看作是事件的原型。在实际的言语交流过程中，并不是所有的原型事件都引起人们同样的兴趣，所有的语言都有各自的机制来标记话语中重要的事件或重要的实体。注意流和自然视点有时偶然会重合，而在其他时候也可能不会。

根据德兰西的观点，作格分裂模式是解决注意流和自然视点二者之间冲突的办法。如果二者一致，所描述的就是一个自然的事件；如果二者相互不一致，所描述的事件就不是一个按自然顺序展开的事件。二者之间的区别就在于对事件参与者的格标记不一样。（3.23）和（3.24）可以说明这一点。

（3.23）ɲurra-ø　　　bayi　　yaɽa-ø　　balga-n
　　　　you all-Nom Clf$_1$ Abs man Abs hit-Nfut
　　　　你们都打了那个人。

（3.24）ɲurra-na　　　baŋgul　　yaɽa-ŋgu balga-n
　　　　you all-Acc Clf$_1$ Erg man-Erg hit-Nfut
　　　　那个人打了你们所有人。

3.4 篇章特征

作格研究起源于以形态为主的语法研究，随着研究的逐渐深入，研究者发现，有时难以在小句层面将语言的格标记归类。比如传统语法分析认为，菲律宾宿务语（Cebuano）[1]的宾语焦点小句可视为被动语态（Walters，1994：130），见（3.25）：

（3.25）gi-sulat ni Inday ang sulat.

　　　　Obj-write Gen Foc letter

　　　　The letter was written by Inday.

但是，也有研究者认为作通格格局也可以用以解释该现象，见（3.26）：

（3.26）gi-putul sa amuq ang saging.

　　　　Obj-divide Erg monkey Abs banana plant

　　　　The monkey divided the banana plant.

鉴于此，丹尼斯·沃尔特斯（Dennis Walters）（Walters，1994）认为，在小句层面难以将该语言的格标记系统归为主宾格或作通格，可以从语篇层面来考察。迪克森（Dixon，1994：208）也持类似观点，他认为，语篇组织方式的考察主要涉及小句的连接方式和信息的引入方式这两个方面。如果在语篇中 S 与 P 而不是 A 有相似的表现形式，那么该语言在语篇结构和组织方式上就具有作格性，这一现象归为语篇作格性（详见2.1.3 节）。

有两种识别小句类型的篇章分析手段。一是考察话题连续性（topic continuity），主动及物小句的施事往往话题连续性水平较高，而被动小句

---

① 宿务语主要在菲律宾中南部使用，使用者约 1700 万人。

施事的话题连续性水平较低。方法有二：指称距离（referential distance，RD）；话题持续力（topic persistence，TP）。指称距离主要是计算小句中上一次提到该参与者的距离，如果是前一句提到，那么其 RD 为 1。可见，1 为 RD 的最小值，显示最大话题延续性。塔尔米·吉文（Talmy Givón）（Givón，1984）将 RD 最大值设定为 20，也就是说，话题持续性的最小值为 20。话题持续力是指同一参与者继续作为语义论元被提及的小句总数。最小值为 0，最大值不限，数值越大，持续力越强。RD 与话题延续性呈逆相关，TP 与话题延续性呈正相关。

　　二是测算由不同的小句类型编码的及物命题（transitive proposition）比例。一般来说，主格分析将宾语焦点小句列为被动语态，作格分析将其列为主动语态。主动语态小句将连续性最强的话题编码为语义施事，被动语态小句将连续性最强的话题编码为语义受事。可以将文本中所有及物命题及其小句类型列出，考察宾语焦点小句、行为者焦点小句等在表达及物命题的小句总数中的占比。

　　如果通格受事在宾语焦点小句中话题性更强，这些小句应被视为被动句，那么作格分析得不到支持。如果作格分析得到支持，那么宾语焦点小句即可编码大多及物命题，如果行为者焦点小句编码大多及物命题，作格分析则得不到支持。

　　沃尔特斯（Walters，1994）研究发现，在宿务语的宾语焦点方面，施事比受事更具有延续性。施事平均 RD 为 1.3 个小句，而受事平均为 5.5 个小句；施事平均 TP 为 2.7 个小句，而受事平均为 0.5 个小句。所以从这两个标准看，宾语焦点小句都可视为主动语态，因此可以做作格性解读。

　　不同类型的语言标记可以通过篇章背景与前景化理论进行解释。一般而言，零标记表达的应该是处于前提状态的默认背景，显性标记则是作为前景的焦点表现。所以，在主宾格型语言中，不及物动词的单一论元和及物动词的施事论元因其零标记而成为显性标记的受事论元的表现背景，反映的是人类施展主观能动性的活动对象。在作通格型语言中，不及物动词的单一论元和及物动词的受事论元因其零标记而成为显性标记的施事论元的表现背景，反映的是人类自身的活动因为有无对象而呈现不同的痕迹。那么，施受格模式看似直接衍生自作通格型语言，实际上却是以零标记的不及物动词单一论元作为背景衬托及物动词的两个显性标记论元，反映的是人类动作行为以其活动对象的"无"来衬托活动对象的"有"。唐均（2016）认为，施受格模式是句法语义层面的人类认知世界模式向着人类行为相互参照模式的转化苗头，不是语言思维发展的正常渠道，这可能是施受格模式在跨语言中始终都没有成为主流表现的原因。

3.5 格标记分裂

跨语言中存在格标记分裂现象，主要指主宾格语言凸显作通格配列，作通格语言凸显主宾格配列的现象。科姆里（Comrie，2013）根据格标记配列情况，将世界语言分成三类：主宾格、作通格、中性。根据这一分类，俄语多有主宾格现象，楚科奇语[1]多有作通格现象，而汉语则属于中性语言。先行研究对于不及物分裂现象关注较多，而对于及物分裂现象关注较少。实际上，很多语言存在兼具主宾格及物句和作通格及物句的现象（于秀金等，2021）。于秀金等（2021）认为，英语的分裂与意大利语相似，只有不及物分裂，而没有及物分裂。汉语与格鲁吉亚语相似，具有不及物分裂和及物分裂。就不及物分裂来说，汉英语都发生在主格不及物句和通格不及物句之间，汉语及物分裂则发生在主宾格和作通格及物之间，"把"字句是作通格及物句。

3.5.1 作格错配现象

研究表明，非宾格动词自身具有复杂性：一是先行研究中提出来的非

---

① Chukchi，楚科奇语，主要分布在西伯利亚最东端，英语中又译为 Chukchee 或 Chukot，译自俄语 Chukcha（复数 Chukchi），俄语译自通古斯语（Tungus）Čävča，而通古斯语又译自楚科奇语的 чавчыв[tʃawtʃəw]，本义为"多有驯鹿之人"。

宾格判断式多是必要条件，而非充分条件，并不能把通过某一条判断式的动词就断定为非宾格动词；二是无论在一种语言内部还是跨语言间，同类动词不能一致通过非宾格判断式，即"非宾格的错配现象"（unaccusativity mismatch）（杨作玲，2014）。

如在丹麦语中（Alexiadou and Anagnostopoulou，2004：9），见（3.27）：

（3.27）a. de gevallen/ *gewerkte// *gebleven/ *gebloede jongen

　　　　　　 the fallen/　 worked/　　 stayed/　　　 bled　　　 boy

　　　 b. De jongen is gevallen/ *gewerkt// gebleven/ gebloed

　　　　　　 the boy　　 is fallen/　　 worked/　 stayed/　　 bled

　　　 c. Er wordt *gevellen/ gewerkt// *gebleven/ *gebloed

　　　　　　 there is　　　 fallen/　　 worked/　 stayed/　　 bled

在修饰 jongen（boy）时，在 gevallen、gewerkte、gebleven、gebloede 中，只有 gevallen 合法。在做表语时，只有 gewerkt 不合法，其他都可以。（3.27）c 中只有 gewerkt 合法，其他都不可以。只有 vallen 的过去分词形式可以作名词的前置修饰语，vallen 能够带 BE，werken 要带HAVE；只有 werken 能够用于无人称被动句。可见，vallen（fall）是非宾格动词，werken（work）是非作格动词。

个体特征标记在分裂现象中充当关键角色，标记性在数、性、格方面存在优先层级，如（3.28）：

（3.28）a. 双数>复数>单数

　　　 b. 包括>排他

　　　 c. 阴性>阳性（>中性）

　　　 d. 人>有生>无生

以下通过人称与代词、数、性等角度考察分裂作格现象。

3.5.1.1 人称与代词

在印度–雅利安人（Indo-Aryan）所使用的旁遮普语（Punjabi）中，作格限定词短语（determiner phrase，DP）标记为 ne，描述为后置词（postposition）。ne 可以出现在名词或第三人称代词上，但并不出现在第一和第二人称代词上，见（3.29）[①]：

（3.29）a. Ó   ne   kamm   kiitaa.

　　　　　she Erg   work.Msg do.Pst.Msg

　　　　　She did the work. 　　　　　　　　（Bhatia，1993：169）

　　　 b. mãi (*ne) kamm   kiitaa.

　　　　　I.Fsg Erg work.Msg do.PstMsg

　　　　　I (feminine) did the work. 　　　　　（Bhatia，1993：170）

在有些语言中，真正的第三人称代词是缺失的，比如分布在阿塞拜疆东高加索地区的察库尔语（Tsakhur）（Schulze，1997），属于藏缅语分支的康巴语（Kham）和迪尔巴尔语（Watters，2002；Dixon，1972）。名词与代词之间也有糅合现象。下面是澳大利亚阿纳姆地（Arnhem Land）的礼塔古语（Ritharngu）中的例子（Heath，1980）。（3.30）显示名词 rdaramu（"man"）的作格–主格–宾格标记，而（3.31）显示第三人称复数代词 dhali 的主格–宾格标记。

（3.30）a. bu-maṛa ŋara- ṇa ŋay ḍaramu-ḍu

　　　　　hit-Past   1Sg-Acc   3Sg man-Erg

　　　　　The man hit me. 　　　　　　　（Heath，1980：35）

　　　 b. baṭa-wani-na ŋay   ḍaramu   gaḍayka?

　　　　　Com-go-Past   he   man   harpoon

　　　　　The man went with a harpoon. 　　　（Heath，1980：82）

　　　 c. gurupa-laṛa ña   ra   ḍaṛpa   ḍaramu-ṇa

———————————

① 此处例句在原例句的基础上稍做修改。

give-Past   3Sg Acc 1Sg stick   man-Acc

I gavethe stick to the man.   （Heath，1980：37）

（3.31）a. maːra-ma ḍali,   milkir-gu ya, milipa?

get-Pres   they   eye-Dat   tree Sp

They get milipa? tree for (afflictions of) the eye.   （Heath，

1980：116）

b. ŋaṭa-ŋaṛa ḍali   ṇiːna-Ø

food-Loc   3Pl   sit-Pres

They are (sitting) in the food area.

（Heath，1980：38）

3.5.1.2 数

基于名词类的分裂作通格格局在数的标记性方面也有影响，这种影响是和其他特征糅合在一起的。例如，在有些语言中，数的标记只体现在有标记的人称代词上。在迪亚里语（Diyari）中[1]，第一、第二人称双数和复数缺少作格形式（与主格一致），而第一、第二人称单数却与其他代词和名词一样显示作格标记。（3.32）a～c 句例显示第一人称复数排他式代词的主-宾格屈折变化，d～f 句例显示第一人称单数代词的作格-主格-宾格屈折变化（Austin，2021）[2]。

（3.32）a. minha-nhi ngayani ngarnikuti thika-lka-ipa-rnanthu nhangkarni

what-Loc 1Pl Excl Erg goat Acc return Tr Ben-Implds 3Sgf Dat

Why must we bring the goats back for her?

（Austin，2021：88）

b. piṟa-nthu ngayani wapa-yi

moon-prop Nom 1Pl Exc Nom go-Pres

---

① 迪亚里语属于澳大利亚南部帕马-努干（Pama-Nyungan）语系。

② 考虑到全书缩写术语一致的原因，在例句分析时对有些缩写形式作了改动。

We go in the moonlight. （Austin，2021：149）

c. ngayani-nha

1Pl Excl Acc

us (exclusive) （Austin，2021：68）

d. ngathu kupa-kupa nhayi-nhayi-ipa-rna wanthi-yi walpala-ya

1Sg-Erg redup-child.Acc redup-see-Ben Ptcple Aux-Pres white

man-Dat

I looked after the children for the white man. （Austin，

2021：85）

e. [nganhi wapa-rna kurra-yi] nhawu ngakangu wapa-nthi-yi

ngarda-nhi-ldra-matha

1Sg Nom go-Ptcple go.away-Pres 3Sgnf Nom 1Sg Lo go-

ConPres then-Loc Addinf Idenf

[I go away.] He comes after me then. （Austin，2021：86）

f. mankarra-li nganha nhayi-rna wara-yi　parlpa-li

girl-Erg 1Sg Acc see-Ptcple Aux Pres some-Erg

Some girls saw me. （Austin，2021：99）

这一模式在瓦加梅语（Wargamay）中也有发现（Dixon，1981）。瓦加梅语是迪尔巴尔语的分支，分布在澳大利亚昆士兰地区。古吉拉特语（Gujarati）的代词系统在数标记和人称标记结合在一起时，也缺少作格形态，也就是说，第一人称复数（包括式和排他式）和第二人称复数缺少作格形式。

巴茨比语（Batsbi）属于东高加索语分支，分布在格鲁吉亚（Georgia）卡赫季州（Kakheti），主要使用者是格鲁吉亚的特索瓦图士部落（Tsova-Tush）（Holisky and Gagua，1994）。该语言中，只有第一人称复数包括式标记和数标记相结合时，才缺少作格。同样，分布在澳大利亚新南威尔士的东北部的班贾朗语（Bandjalang）（Crowley，1978）中，只有第一人称复数才缺少作格形式。

还有些语言与此不同。在西格陵兰语（West Greenlandic）中（Fortescue，1984），所有第三人称代词的单复数都显示作格屈折变化，而疑问代词 kina（who）和 suna（what）与其他名词一样，只在单数时有作格标记。分布在阿拉斯加中部的属于爱斯基摩-阿留申语系爱斯基摩语族的尤皮克语（Yup'ik）中（Woodbury，1981），第三人称代词单数、双数、复数都有明显的作格形式。也就是说，非单数名词在层级上位于非单数第三人称代词前面。

图龙雷伊语（Thulung Rai）是分布在尼泊尔东部的一种藏缅语，在该语言中，语言的单复数变化一定程度上会带来标记性影响。此处以该语言的目克里（Mukli）方言为例加以说明。语言的基本模式是有标记的人称代词缺少作格：所有第一人称代词和第二人称单数和双数代词都使用无标记主格。意外的是，第二人称复数与第三人称代词和其他名词一样，都带有作格标记-ka（Lahaussois，2002，2004），如（3.33）中主格 go（I）和作格 ganimim-ka（you 的复数）。

（3.33）a. go mag djo-uto

　　　　1Sg mug drop-1Sg/3Sg Pst

　　　　I dropped the mug. 　　　　　　　　　（Lahaussois，2002）

　　　b. ganimim-ka go-lai jal-ŋini

　　　　2Pl-Erg 1Sg-Dat hit-2Pl/1Sg

　　　　You hit me. 　　　　　　　　　　　　（Lahaussois，2003）

尼古拉斯·艾伦（Nicholas Allen）（Allen，1976）对该语言之前的语言状况做过记录，第一与第二人称代词之间和第三人称代词与名词之间有简单的分裂现象。相应地，第二人称复数和第三人称复数被重新分析为礼貌的单数代词，新的第二和第三人称复数代词是新创的，使用复数词尾-mim（Lahaussois，2003），见（3.34）和（3.35）：

（3.34）旧系统（Allen，1976）

　　　　单数　　双数　　复数

1. go 排外：gutsuku guku

　　　　包括：gutsi　　gui

2. gana　　　　gatsi　　gani

3. gu　　　　　gutsi　　gumi

（3.35）新系统（Lahaussois，2003）

单数　　单数礼貌　　双数　　复数

1. go 排外：gutsuku guku

　　　　包括：gutsi　　gui

2. gana　gani　　　　gatsi　　ganimim

3. gu　　gumi　　　　gutsi　　gumimim

该复数词尾在其他的名词上也会出现，见（3.36）：

（3.36）u-je-mim　　　　iki-beppap-mim　　　　ku-ku paip-mim

3Poss-field-Pl　　1Poss-ancestor-Pl　　water-Gen pipe-Pl

his fields　　　　　my ancestors　　　　　water pipes

名词复数后缀-mim 在相应的历史时期在形态上与作格是兼容的，有一段时间，该词尾落在第二人称代词上，作格后缀自动落在该代词上。所以，问题不在于代词是第二人称，而是代词自身不能带作格形态，而-mim可以；-mim落在哪里则不重要了。

3.5.1.3　性

根据西尔弗斯坦所提出的层级论，似乎能够预测存在一种只有无生命名词才带格标记的格系统，但是目前并没有发现拥有此类例子的系统。然而，形态标记理论可以做出另一种预测，只有最无标记的性类别才带格标记。

在迪亚里语中，阳性人称专有名词和单数普通名词做及物主语时具有作格形式，做不及物主语和及物宾语时具有通格。阴性人称专有名词和非单数普通名词有三种格，分别是作格、主格和宾格。阴性词标记性更强，所以阴性人称名词出现在阳性人称名词的左边，也就是说，出现在层级中部的双重标记部分。第一和第二人称非单数形式（non-singular form）具有 P 功能形式（宾格）和 S 与 A 功能形式（主格），而所有其他代词（第一和第二人称单数以及所有第三人称代词）都有三种功能形式：A、S 和 P。

　　希泰语（Hittite）属于印欧语系安纳托利亚语分支（Anatolian，Indo-European languages）。在该语言中，名词有数和格的屈折变化，而形容词有性的屈折变化。性呈现普通性（有生）和中性（或无生）两类形态。这种分类反映语法性而不是自然性，没有阳性和阴性的对立分布。近年来，希泰语在形态句法方面呈现了分裂作格特征。哈罗德·梅尔彻特（Harold Melchert）（Melchert，2011：164）认为，普通性显示主宾格分布，中性显示作通格分布。语法中性名词不能直接做及物动词的主语，必须用替换形式，单数名词附加-anza(/-ants/)，复数名词附加 ā ntes （一说附加-anteš，见 Melchert，2011）。（3.37）显示中性名词 words 是不及物主语带通格，及物主语带作格 āntes。

（3.37）[ammel]　uddār　[mass]-a-aai　n=at=za　ammel uddan-āntes
　　　　tar[hu]-ēr

　　　　1Sg Gen word Abs Pl resist-3Sgn Pst Con=3Abs=Ptc 1Sg Gen
　　　　　　word Erg Pl conquer-3Pl Pst

　　　　[My] words [endu]re, my words have conquered them.

　　　　　　　　　　　　　　　　　　（Goedegebuure，2012：291）

　　（3.38）例子显示，希泰语普通性名词作不及物和及物动词的主语时带主格。

（3.38）a. ᵈTelipinuš　　　　lēlaniyanza　　　　uet
　　　　Anim Nom Sg　Anim Nom Sg　Pret 3Sg
　　　　Telipinu came in a fury.　　　　（Melchert，2011：165）
　　　　b. nu=za ᴸᵁpatiliš　wātar　ì.DÙG.GA dāi

Conj=Refl Anim Nom Sg Neut Abs Sg Neut Abs Sg Pres 3Sg
The patili-priest takes water (and) fine oil for himself.

（Melchert，2011：165）

曼加拉伊语（Mangarrayi）是分布在澳大利亚阿纳姆地的冈温古人（Gunwingguan）使用的语言（Merlan，1982），该语言也显示了类似的分布。名词类分成三种形态类别：阳性、阴性、中性。中性包括无生命名词和低生命度名词。这一类别标志显示明显的格标记：阳性显示有标记的主格和零形宾格，阴性显示有标记的主格和有标记的宾格，中性显示有标记的作格和零形通格。所以，作格标记再一次证明是基于形态类别的，至少只有有标记的形态类别显示作格标记。

在希泰语中，有标记的形态类别包括无生命名词的子类，而在曼加拉伊语中，有标记的形态类别是无生命名词的上位类别。

3.5.2　形态合并论

关于作格分裂的原因，学界众说纷纭，一种观点认为 NP 分裂作格现象来自形态合并。莱格特（Legate，2014）尝试通过采用三种手段进行测量，来证明名词的分裂作格是一种形态现象，而不是句法现象：①格一致；②并列；③句法作格。

第一种测量手段是格一致。除了 DP 上的主要格标记形式外，其他的成分，特别是修饰语也必须带有相同格，这就是格一致现象。

跨语言中的基本语序是 SVO，比如英语 the father loves the son 和 the son loves the father，这两句中的 father 虽形式没有区别，但分别做主语和宾语，这是基本语序决定的。但是，在格一致的语言中，我们通过格来判断主宾语，而不是语序。这在形态较丰富的语言中较为显著，如俄语、德语、韩语、日语、拉丁语等，屈折或粘着形态直接标示成分的语法意义。如日语句例"橋本が田中を襲った"中，が是主格形态标记，を是宾格形态标记（金立鑫，2019）。

　　格一致现象曾被用来区分拉丁语中的相同形式的歧义现象（Calabrese，1998）。如把 the father loves the son 和 the son loves the father 这两句译成拉丁语，见（3.39）：

（3.39）a. Pater filium amat. （the father loves his son）
　　　　b. Patrem filius amat. （the son loves his father）

　　pater 是主格，patrem 是宾格，filius 是主格，filium 是宾格，因此，格一致能使语言超越语序，具有较多的语言表现。上述语序还可以随意交换（金立鑫，2019），见（3.40）：

（3.40）a. Pater filium amat.
　　　　b. Pater amat filium.
　　　　c. Amat pater filium.
　　　　d. Amat filium pater.
　　　　e. Filium pater amat.
　　　　f. Filium amat pater.

　　格一致还可以用来区分其他相同语序的歧义情况，如（Legate，2014），见（3.41）：

（3.41）tristis　　puellae　/　regis　　/dieī　versus
　　　　sad Gen girl Gen　king Gen　day Gen
　　　　tristī　　puellae　regī　/　dieī
　　　　sad Dst girl Dat　king Dat　day Dat
　　　　"of the sad girl/king/day" versus "to the sad girl/king/day"

　　在（3.41）中，可以看到拉丁语中的形容词 tristis 第三变位上的格一致可以区分 puellae 和 dieī 的属格和与格，regis 和 regī 自带属格和与格。
　　在有些语言中，格一致导致格标记叠加（case stacking），内格标记 DP 的自身功能，而外格与 DP 所修饰的成分一致，比如分布在澳大利亚昆士兰地区的卡雅迪尔德语（Kayardild）（Legate，2014），见（3.42）：

（3.42）Maku-ntha yalawu-jarra-ntha yakuri-naa-ntha dangka-karra-nguni-naa-ntha mijil-nguni-naa-nth

woman-Cobl catch-Pst-Cobl fish-Mabl-Cobl man-Gen-Instr-Mabl-Cobl net-Instr-Mabl-Cobl

The woman must have caught fish with the man's net.

从句法分析的角度，不带作格的 DP 会触发非作格一致，因为 DP 未被指派作格，所以不能触发作格一致；从形态分析的角度，不带作格的 DP 也可以触发作格一致，因为 DP 也可能被指派作格，只不过该作格未得到形态实现而已。在格一致的语言中，我们可以用修饰语来考察指派到 DP 上的格。

第二种测量手段是并列。在有些语言中，每一个附加语指派该位置非并列 DP（non-coordinated DP）所带的格。比如，带作格标记的 DP 与不带作格标记的 DP 在有些语言中构成并列关系，如词组"我的同学和我"在跨语言对应语中，有的语言中"我的同学"的对应语带作格语素，而第一人称代词"我"则不带。对这一现象，可以从句法和形态两个角度考察。如果作格标记的有无是句法现象，那么就可以说：①并列是不合语法的，因为两个附加语有着不同的句法要求；②句法整体上与第一人称相关，所以附加语有着不同的句法要求；③句法整体上与非第一人称相关，所以两个附加语都带作格。这就需要并列的一部分使用与另一部分不同的句法解释。如果视为形态现象，那么就可以说：作格在"我的同学"的对应语上面实现为作格，在"我"的对应语上面实现为非作格。

第三种测量手段是句法作格。在作格语言中，句法过程（典型的句法过程是关系化）对 DP 的格比较敏感，能够将作格与主/通格区分开来，如汤加语。按照分裂作格的句法解释，及物主语位置上不带作格的 DP 具有主/通格句法，而不是作格句法。所以，应该与句法作格性测量中的其他主/通格格局一致。

按照形态解释，及物主语位置不带作格的 DP，在句法上具有作格句法，但不能实现为作格标记，所以与句法作格性测量中的其他作通格格局一致。

　　根据迪克森的研究，迪尔巴尔语（分布于澳大利亚昆士兰东北部）中第一、第二人称代词显示主-宾格标记系统，who 一词必须用宾格，人称代词和专有名词则是可选的，其他名词不能用宾格。该语言既适用于格一致测量，也适用于句法作格性测量。

　　迪尔巴尔语几种结构里都显示了句法作格性，但通格能够实现关系化，作格却不可以，作格可以进行删除（deletion）操作。在（3.43）a 中，通格不及物动词 banaga（return）的主语 ŋuma（father）同时充当通格及物动词 buṛa（see）实施删除宾语操作的先行词。及物动词可以进行反被动化（antipassivization）操作，将施事转为不及物动词的通格主语。这个通格主语可以参与主题链，做删除操作的先行词，或经历删除操作。在 b 中，内嵌动词（embedded verb）buṛal（see）是反被动化的，将施事变为不及物动词的通格主语。也就是说，不及物动词 banaga（return）的通格主语作不及物动词 buṛal-ŋa（see）实施删除操作的先行词（反被动化）。

（3.43）a. ŋuma　banaga-nʸu　yabu-ŋgu　bura-n
　　　　　　Father+Abs return-Nonfut mother-Erg see-Nonfut
　　　　　　Father(S) returned and mother(A) saw him(O).

（Dixon，1994：12）

　　　　b. ŋuma　banaga-nʸu bural-ŋa-nʸu yabu-gu
　　　　　　Father+Abs return-Nonfut see-Antipass-Nonfut mother-Dat
　　　　　　Father(S) returned and he(S) saw mother.

（Dixon，1994：13）

　　也可以将这一测量运用到缺少显性作格形态的句例中，以考察此类名词在缺乏作格形态的情况下，是否具有句法作格性。从下面的例子中，可以看出，当第一人称代词单数在及物主语位置上时，尽管带主-宾格标记，但是与作通格格局一致。在（3.44）a 中，不及物动词 bani（come）的主语并不能作及物动词 balga（hit）主语删除操作的先行词，尽管第一

人称代词 ŋaḍa 在形式上一样。hit 必须是反被动化的（见 b），而这一反被动化对于主语代词 ŋaḍa 的形式并没有任何影响。

（3.44）a. *ŋaḍa   bani-ɲu balan   ḍugumbil   balga-n

　　　　I. Nom come-NFut Ncll.there.Abs woman-Abs hit-NFut

　　b. ŋaḍa bani-ɲu bagun ḍugumbil-gu balgal-ŋa-ɲu

　　　　I. NOM come-NFut Ncll.there.Dat woman-Dat hit-APass-

　　NFut   （Legate，2014）

所以，对于句法作格性来说，名词性代词位于及物动词主语位置上时，具有作格性；位于不及物动词主语位置时，具有非作格性。

共时语言的形态不同的原因很多，还包括语言的历时变化、语言功能等，标记性特征往往是一种糅合（syncretism）的结果。比如，由于性与人称之间以及性与数之间的相互作用，在人称（第一、第二人称）和数（双数、复数）得到标记的语言里，性之间的形态区别往往较少。但是，这只是趋势，并非普遍共项。

莱格特的形态合并论产生了一定的影响，相比于句法推导视角，对于标记性较强的语言分裂作格现象具有较强的解释力。但是，必须承认，对于缺乏作格标记的语言来说，分裂作格现象就更为复杂，仅靠形态视角解释勉为其难。研究者不得不借助其他的理论展开阐释，当然也包括句法推导。对于汉语中呈现的分裂现象，研究者尝试在不同的句式结构里进行不同的句法推导。例如汉语中的动词"坐"，一般在句法生成时以非作格动词进行句法推导，如许歆媛和潘海华（2019）对"台上坐着主席团"的句法分析。但是韩景泉（2021）认为，处所倒装结构中动词不能以传统的非作格动词或及物动词参与句法运算和推导，而应该以非宾格动词的性质参与。之所以在处所倒装结构中会出现这种作格分裂现象，是因为"主席团"是动词语义选择的内论元，其基础位置为 Spec-VP，处所词"台上"经过话题化，合并在标志语 Spec-Top 位置，构成 TopP。受信息结构的驱动，该论元被冻结在其基础生成的句末位置，作为信息焦点，而处所词语则基础生成于句首的话题位置，为句末焦点的呈现提供背景（韩景泉，

2021）。可见，这种线性语序是信息结构语用原则与句法结构相互制约的结果。

3.5.3　论元层级论

针对人称/生命度层级导致的分裂现象，西尔弗斯坦（Silverstein，1976）总结了人称/生命度层级，见（3.45）：

（3.45）人>有生>无生

层级位置越高（如第一、第二人称代词），越有可能标记宾格，而位置越低（如无生命名词），越有可能标记作格。在马拉尼语（Maragny）中，代词的屈折变化符合主-宾格标记格局，而名词的屈折变化符合作-通格标记格局。

西尔弗斯坦的层级论产生了较大的影响。研究者逐渐意识到，分裂作格标记模式能够反映名词类型的层级。迪克森（Dixon，1979）认为，层级越高的成分越可能是及物施事，最自然经济的做法是将标记赋予异常角色的参与者。共时的语法编码与历时或功能解释或有不同。安德鲁·加勒特（Andrew Garrett）（Garrett，1990）认为，作格在某些语言中，仅出现在无生命实体上，因为从历时的角度，作格源自工具。

迪克森（Dixon，1994：84）发现，如果代词和名词在格屈折标记方面具有不同的系统，那么代词系统将是主宾格系统，而名词系统将是作格系统，不会有相反的情况。他进而对及物动词主语的名词层级进行了总结（Dixon，1994：85），见（3.46）：

（3.46）第一人称代词>第二人称代词>指示词和第三人称代词>专有
　　　　名词>普通名词（人>有生名词>无生名词）

迪克森（1994：85）指出：层次结构左端的参与者最有可能是施事，具有 A 功能，而右端的参与者最有可能是受事，具有 O 功能。

然而，这一解释在很多情形下并不适用，因为几乎所有的分裂作格语言都会在第一、第二人称代词代指言语行为参与者（speech act participant，SAP）和其他论元之间形成"分裂"（Dixon，1994：88），即前者不区分施事（A）和主语（S），而后者则有这种区分。因此，分裂作格标记中，SAP 具有特殊地位，总是以相同的方式得到特殊处理：其 A 论元通常没有标记，但是第三人称 A 具有形态标记。这种分裂现象在澳大利亚土著语言中非常常见，在分布在北美洲、西伯利亚的一些语言以及一些藏缅语中也得到了证实（DeLancey，2001：125）。比如，阿泰米斯·阿莱克西杜（Artemis Alexiadou）和埃琳娜·阿娜诺斯托普洛（Elena Anagnostopoulou）（Alexiadou and Anagnostopoulou，2006）对分布在澳大利亚东北部的迪尔巴尔语的作格标记做了记录，第一、第二人称作致使句主语，呈现主格，第三人称论元是代词 NP，呈现作通格格局，见（3.47）：

（3.47）a. nʸurra　　　　ŋana-na　　　bura-n
　　　　　 You all Nom we all-Acc see-Nonfut
　　　　　 You all saw us.

　　　　b. yabu　　　　　ŋuma-ŋgu　　bura-n
　　　　　 mother Abs father-Erg see-Nonfut
　　　　　 The father saw the mother.

在尼泊尔使用的藏缅语族基兰特语支（Mahakiranti）的桑瓦尔语（Sunwar）中，词汇名词和第三人称代词（指示词 méko "that" 和 mére "yon"）在 S 功能上没有标记，在 A 功能上有作格标记（-ᵛm）。另外一种分布在尼泊尔的卡姆语（Kham）[①]中，分裂作格也呈现类似的特征（Haspelmath，2021），在 NP killed a leopard 里，第一人称作致使句主语无标记，动词与它一致也没有标记；当做第三人称代词论元时，带作格标记，同样，动词也与其一致，带作格标记，见（3.48）：

---

① 卡姆语属于汉藏语系，主要分布在尼泊尔。

（3.48）a. ŋa: la:-Ø　　　ŋa-səih-ke

　　　　　I leopard-Abs 1S-kill-Pfv

　　　　　I killed a leopard.（第一人称 A）

　　　 b. no:-ye la:-Ø　　səih-ke-o

　　　　　he-Erg leopard-Abs kill-Pfv-3Sg

　　　　　He killed a leopard.（第三人称 A）(Watters，2002：67)

朱迪思·艾森（Judith Aissen）（Aissen，2003）提出了有定性层级（definiteness hierarchy），见（3.49）：

（3.49）第一/二人称代词>第三人称代词>专有名词（PN）>有定（def）/确指（spec）>不定（indef）/确指（spec）>不定（indef）/非确指（nspec）

总体而言，基于名词的分裂现象会出现在该层级的某一点上，如主语高于某一点会显示主格标记，低于某一点会显示作格标记。同理，如宾语高于某一点会显示宾格标记，低于某一点会显示通格标记。在以上两种情况下，主格和通格都倾向于不显示格标记，而作格和宾格都具有显性格标记，这也具有相似性的效果（Merchant，2006），见（3.50）：

（3.50）主格（NOM）→　　　　←作格（ERG）

　　　　第一/二人称代词>第三人称代词>专有名词>有定/确指>不定/确指>
　　　　不定非确指

　　　　宾格（ACC）→　　　　←通格（ABS）

比如在卡姆语中，第一、第二人称及物主语是无标记的主格，而第三人称及物主语出现作格标记。卡姆语还有区别性的宾语标记系统，第三人称不定宾语是无标记的通格，而第一、二、三人称有定宾语必须出现宾格。系统之间或有交叉，呈现主格-通格模式和作格-宾格模式（Watters，2002：68）。见（3.51）和（3.52）：

（3.51）ge:-Ø　　　em-tə　　mi:-rə-Ø　　　ge-ma-ra-dəi-ye

we-Nom road-on person-Pl-Abs 1P-Neg-3P-find-Impfv

We met no people on the way.

（3.52）gē:h-ye ŋa-lai　duhp-na-ke-o

ox-Erg I-Obj butt-1S-Pfv-3S

The ox butted me.

　　包括人称标记、数标记、性标记在内的各类语言标记很重要，对此作出的理论归纳有助于我们了解语言本质。但是跨语言中还存在很多分布现象与此不一致，有的甚至截然相反。如塔尔加里语（Thargari）与迪亚里语、瓦加梅语、尼亚瓦基语（Nyawaygi）不同程度上都有所不同。笔者认为，把第一、第二人称列为一边，把其他名词类列为另一边的二分法不利于深入探究所测量语言格局的复杂性。

　　在有些语言中，还存在一种逆向标记系统。这种语法系统表现出完全相同的人称层级结构，SAP 高于所有第三人称，但 SAP 内部（即第一人称和第二人称言语行为参与者）的层级随语言而变化。及物动词标记能够反映 O 论元在层级结构上是否高于 A。O 比 A 高的配列称为逆配列，A 比 O 高的配列称为正配列。长久以来，关系语法比较关注这一现象，通过不同语种的语料，对不同主语与不同论元相关联的形态句法特征展开了探讨（Comrie，1980；DeLancey，1980，1981）。

　　德兰西（DeLancey，2001：128）对诺克特语（Nocte）的逆向标记系统做了记录。诺克特语显示了如下特征，见（3.53）—（3.56）：

（3.53）aa-mE @¹te¹-n@@² vaat-@¹

I-Erg　he-Acc　　　　　　beat-1Sg

I beat him.

我打了他。

（3.54）@¹te¹-mE4。t him² vaat-h-@¹

he-Erg　I-Acc　beat-Inv-1Sg

He beat me.

他打了我。

（3.55）n@55。at ¹te¹-n@5² vaat-o?

　　you-Erg he-Acc beat-2Sg

　　You beat him.

　　你打了他。

（3.56）@¹te¹-mE n@at hi² vaat-h-o?

　　he-Erg　you-Acc　beat-2Sg

　　He beat you.

　　他打了你。

需要指出的是，并非所有的相同的语法角色都一致。（3.53）和（3.54）中的动词标记都与第一人称一致，尽管第一人称参与者在（3.53）中标记为作格，在（3.54）中标记为宾格。（3.55）和（3.56）显示了相同的模式，无论第二人称论元的语法功能是主语还是宾语，动词标记都与其一致。该系统的另一特性是在（3.54）和（3.56）中发现了-h后缀。这两个特征具有相关性，该后缀只有当动词与主语不一致时才出现。

这些形式说明了逆向标记系统的基本结构。相比于第三人称，不管SAP语法角色如何，动词总是优先与 SAP 一致。当动词指向一个非主语论元时，动词会附加特殊的逆向语素。因此，虽然诺克特语"我打了他"和"他打了我"中的动词都与第一人称保持一致，但动词的形式是可以通过是否存在逆向后缀-h来区分的。（3.53）和（3.55）中动词形式缺少-h，是正向标记，在诺克特语中采用零形式。

当两个论元都是 SAP 时，诺克特语动词的行为有所不同（DeLancey，2001：128-129），见（3.57）和（3.58）：

（3.57）aa-mE n@ -n@² vaat-E¹

　　I-Erg you-Acc　　beat-1↓2

　　I beat you.

　　我打了你。

（3.58）n@-mE　aa-n@² vaat-h-@¹

　　you-Erg I-Acc　　beat-1Sg

You beat me.

你打了我。

（3.57）中第一人称为 A，第二人称为 O，此时动词不存在逆标记形式，而（3.58）中第一人称为 O，第二人称为 A，此时动词就出现了标记形式。

因此，逆向标记分布有两个特点：一是遵循人称等级 1>2>3，即第一人称优先于第二人称，第二人称优先于第三人称；二是 O 论元优先于 A 论元。

与诺克特语不同，克里语（Cree）[①]显示了一种经典正向系统，带两个单数论元的动词，其标记系统如表 3.2 所示。

表 3.2　克里语标记系统

人称论元	第一人称 O	第二人称 O	第三人称 O
第一人称 A	—	ki-V-i-n	ni-V-aa-wa
第二人称 A	ki-V-eti-n	—	ki-V-aa-wa
第三人称 A	ni-V-ekw	ki-V-ekw	V-ekw/V-ee-wa

前缀和第二位置后缀是人称指示：ki-第二人称，ni-第一人称，-wa 类似于第三人称，-n 第一或第二人称。第一位置后缀是方向标记：-ekw 标记逆向配列，-aa 标记正向配列，而两个局部范畴各自有方向标记，-i 用在第一人称 A 和第二人称 O 时（1↓2）和-eti 用在第二人称 A 和第一人称 O 时（2↓1）。

人称前缀的分布清楚地反映了第二人称>第一人称>第三人称的层次结构。可见，在克里语中，SAP 之间的语言层级排序和诺克特语不同。

我们一般认为动词一致性与语法关系相关联，如果一种语言存在动

---

① 克里语是属于阿尔吉克语系阿尔冈昆语族的一种方言连续体，主要分布在加拿大北部，是加拿大使用人数最多的土著语言之一。克里语有五种可以互相沟通的主要方言，此处语料依据的平原克里语（Plains Cree）是西部克里语。

词一致性，通常与主语一致；有些语言一致性既指向主语也指向宾语；个别语言只与宾语一致（如 Keenan，1976：316）。在有些语言中，动词的标记变化反映的不是语法关系，而是人称等级，不管语法作用如何，动词总是与 SAP 的参数一致。

层次一致模式不像分裂作格标记或方向标记那样受学界关注，但在藏缅语中是相当普遍的，如西夏语、独龙语（Dulong）[①]（Comrie，1980；DeLancey，1981）等。独龙语标记系统如表 3.3 所示。

表 3.3　独龙语标记系统

人称论元	第一人称 O	第二人称 O	第三人称 O
第一人称 A	—	-	-
第二人称 A	n@--	—	n@-
第三人称 A	n@--	n@-	--

只要动词带第一人称论元，该动词就需要第一人称前缀"-"；只要不及物动词带第二人称主语论元，该动词就需要前缀 n@-；及物动词带第二人称论元时，除了 1↓2 形式（第一人称 A 和第二人称 O）外，该动词也需要前缀 n@-。

内兹珀斯语（Nez Perce）中不及物动词的名词主语不带格标记，及物动词的名词主语带作格标记 nm 或其变体形式，而及物动词的宾语带宾语标记 ne 或其变体形式。在大多数情况下，作格标记与宾格标记相伴而生。但是有些名词从不因某种格标记而发生屈折变化，如 iwéepne（妻子），单数形式 iwéepne 用于不及物主语和及物宾语（Deal，2010）。人称主语也会呈现分裂现象：第一人称主语和第二人称主语不管是否出现在及物句中都呈现主格，而第三人称主语在及物句中呈现作格（Deal，2016）。另外，第一人称代词和第二人称代词格范式配列不统一。这些代词的应用出现两种分布：一种会因宾语格标记而发生屈折变化，例如'iin

---

① 独龙语属于汉藏语系藏缅语族景颇语支，主要分布在云南省傈僳族自治州贡山独龙族怒族自治县，国外主要分布在缅甸北部。

（1SG）在用作 S 和 A 时，使用'iin，而用作 O 时，使用'íine；'iim（2SG）在用作 S 和 A 时，使用'iim，而用作 O 时，使用'imenế。另一种则不管何种情况都无变化，例如'ee（2SG）无论用作 S、A，还是 O 时，都使用'ee；包含式第一人称复数 kíye（1PL. INCL）无论用作 S、A，还是 O 时，都使用 kíye。

恩加拉语（Ngarla）是一种分布在澳大利亚西海岸的土著语言，属于帕马-努干语系。该语言中，也发现存在与层级相反的现象。在代词内部，所有人称代词的双数、复数和第三人称单数都缺少作格形态。所以，第三人称单数在层级上位于第一和第二人称单数之上。主格标记形式为 S，作格标记形式为 A，既做主格也做作格的没有标记（Legate，2014）。恩加拉语作格标记如表 3.4 所示。

表 3.4　恩加拉语作格标记

人称代词	单数	双数	复数
第一人称（包括式）	Ngaya（S）	ngali	nganyjarra
第一人称（排他式）	Ngaja（A）	ngaliya	nganarna
第二人称	nyinpa（S）、nyinta（A）	nyumpalu	nyurra
第三人称	palura	piyalu	panalu

阿兰达语（Aranda）是一种分布在澳大利亚北部的语言。在该语言中，与名词一样显示作格形态的并不是层级上标记最不明显的代词，而是第一人称单数。吉瓦尔利语（Jiwarli）曾是分布在西澳大利亚西南部的一种土著语言，在 20 世纪 80 年代消亡。在该语言中，第一人称单数代词 ngatha 是唯一缺少作格形态的代词，其他的代词和名词都显示明显的作格和主格形态。这种格局与层级也不一致，因为第一人称单数在层级上位于第一人称非单数代词之上（Austin，2021）。

冈贝恩格语（Gumbaynggir）是一种分布在澳大利亚新南威尔士州的语言（Eades，1979）。该语言基本与层级所示的一致，但是有一例外。具有标记最明显的数（双数）的标记最明显的第一人称（包括式和排他式）

缺乏作格形式，第二人称单数也一样（Legate，2014），见（3.59）：

（3.59）a. nga:dya　biyambang　da:m-Ø

　　　　　l.Erg　　　　eat.Pst　　　　yam-Abs

　　　　　I ate yam(s).　（Eades，1979：293）

　　　b. ngaya ngurra:la dyala:ra ngayinggiw

　　　　　l.Nom camp Loc inside Loc stay Fut

　　　　　I will stay in the camp.

　　　c. da:m-bu　da:ndurambang nga:nya

　　　　　yam-Erg sick Vblsr Pst lAcc

　　　　　The yam(s) made me sick.

　　　d. muni:mba nga:nya ngi:nda

　　　　　stone VF-Imp　1Sg Acc 2Sg Nom

　　　　　You turn me into a stone.

　　　e. dyu:da ngi:nda ngayinggi?

　　　　　where Loc 2Sg Nom live-Pres

　　　　　Where do you live?

　　　f. nga:dya ngi:na bu:mgu garadamba

　　　　　1Sg Erg you Acc kill-Fut quickly

　　　　　We will kill you quickly.

　　以上是与论元层级论所揭示的语言规律不一致的语言现象，这样的例子还有很多。需要指出的是，这并不是要全然否认论元层级论的价值。导致语言形态异质性的因素有很多，论元层级论的积极之处在于表明语言趋势，而不是揭示普适的规律。

3.5.4　分布形态论

　　分布形态学理论认为词的生成过程与句子的生成过程一样，需要经过一系列的句法操作过程来实现。在构词过程中，词的某些方面是通过句法操作进行的，而其他方面在音系式（phonological form）层面通过形态操作完成。在该理论框架下，词的生成从句法终极项目开始，先生成深层结构，经过合并（merge）、移位（move）或复制（copy）等句法操作生成浅层结构，再经过显形（spell-out）将词汇的语义信息分离到逻辑式，同时将词汇的音系信息分离到形态结构（常辉和姜孟，2010）。分布形态学区别于其他形态学理论的三个核心特点是：词汇项后插入、词汇项特征不完全设定和完全句法推导。所谓词汇项后插入，是指终极节点上抽象语素的音系特征是在句法推导完成后通过词汇插入提供的。词汇项特征不完全设定是指要插入的词汇项的语法特征可以不必完全设定。完全句法推导是指在词的整个生成过程中，所有推导都是有层次性的和句法性的，严格受到句法推导邻近条件的限制。

莱格特（Legate，2014）提出基于分布形态学的形态框架，作格-主格/通格糅合可以通过两种方式实现。第一是基于别处条件（elsewhere condition），与中心词特征兼容的最具体的词项得到插入；如果没有可兼容的具体词项，则默认主格/通格插入。比如在希泰语中，作格只出现在中性名词。将作格后缀具体化，插入到中性名词，同时不完全设定主格后缀作为默认实现格，结果是普通性名词（非中性名词）会在作格上下文中使用主格。

第二个在分布形态框架（distributed morphology framework）下实现糅合的方式是贫化（impoverishment）。贫化是尤拉莉亚·博内特（Eulalia Bonet）（Bonet，1991）首次提出的概念，用以表示某些名词类别形态成分的作格特征的删除操作，也用以指适用于形态范式元糅合（metasyncretism）等方面的糅合操作（Calabrese，1998）。元糅合操作的时间点在格一致操作之后，词汇插入之前，以便名词自身缺失作格形态。

在瓦尔皮里语（Warlpiri）中，尽管作格出现的情形下，不会形成自然类集（natural class set），但是在作格不出现的时候，第一人称单数和第二人称单数却形成了自然类集：[+参与者，+单数]。所以，可以得出在瓦尔皮里语中的贫化规则：[+source, +motion]→Ø/[+participant, +singular]。在上述特征的情况下，作格被删除：ERG→Ø/[+participant, −singular]。

在迪亚里语中有更复杂些的例子。该语言显示在 1 双、1 复、2 双、2 复人称代词中，主格/作格实现糅合，具有相同的标记。在名词上，作格在阴性名前被实现为 ndru，在其他词前实现为 -li。主格在阴性名上标为 -ni，在其他词上则无标记[①]。

作格通格贫化，将有标记的人称和数进行零形默认（zero default）操作。（3.60）是实现为作格的语素变体：

（3.60）作格语素变体（Legate，2014）
　　　　a. CASE: ergative ↔-dru/[+participant，-author]
　　　　b. CASE: ergative ↔-thu/[+participant]
　　　　c. CASE: ergative ↔-ndru/[+female]
　　　　d. CASE: ergative ↔-li（elsewhere）

主格在[+female]中得以实现：

CASE: nominative↔-ni/[+female]

贫化规则删除单数普通名词的宾格，而插入零形默认形式。

ACC→Ø/singular common nouns

在其他情况下，宾格实现为-nha：

CASE：accusative↔-nha

3.6　小　　结

本章分别从动词特征、论元特征、时体特征、篇章特征、格标记分裂

---

① -nha 也用于主格中的阳性名，这导致-nha 的通格模式，此处是否同音异义（homophony），还是主格阳性名在形态上转为宾格，此处暂不讨论。

等角度，结合类型学的研究成果，探讨了跨语言中的作格语义句法表现。

通过本章的讨论，我们发现，对于语法系统来说，作通格是少数派，主宾格是多数派，或者说，对于语法系统来说，作格有标记，宾格无标记。理想的局面是，我们把宾格系统和作格系统都当成语法系统的基础，没必要分清主次。但是文献显示的却不是这样完美的二分图景。很多语言在句法和形态上都是完全宾格性的，而没有达到相对应程度的作格语言。已知的语言中，大多数作格语只有形态作格，而句法上还是以宾格语为基础的。而且，即使是形态作格语，也很少存在作格一致性。大多数仅是在某些情况下显示作格形态，而在其他的情况下显示宾格形态。有些不及物动词，如 sing 和 run 带施事（作格主语），而另一些不及物动词，如 die 和 stand 带受事（通格主语）。

通过本章讨论，我们发现作格语言可以分为两类。在第一类作格语言中，如果有动词一致，那么动词在人称和数方面与直接宾语一致，这与不及物动词与主语的一致性相同，而与动词与及物主语的一致性相异。作格在所有时态和体方面具有均等的运用。此类语言中经常存在的 NP 分裂现象与西尔弗斯坦所提出的等级一致，也就是说，作格要么用在主语低于某一等级的情况，要么用在主语低于宾语等级的情况。这一类语言有巴斯克语、澳大利亚语言中的作格语、北美洲的大多数语言［除了爱斯基摩-阿留申语（Eskimo-Aleut）］、藏缅语言（除藏语外）、楚科奇语、胡里安语、苏美尔语（Sumerian）等。所有显示句法作格性的语言都归于此类。

在第二类作格语言中，如果有动词一致，那么动词在数、性方面与直接宾语一致，而在人称方面则不一定。经常存在的时体分裂现象中，作格配列限于完成体或过去时态，宾格配列用于其他情况。如果有时体分裂现象，作格结构在意义上与宾格结构有所不同。通常没有 NP 分裂现象，如果有，则与西尔弗斯坦所提出的等级不同。这一类语言有印度-雅利安语言（Indo-Aryan）的作格语、古波斯语（Old Persian）、古亚美尼亚语（Old Armenian）、藏语、爱斯基摩-阿留申语、波利尼西亚（Polynesia）的作格语、南高加索语等。相对而言，第二类语言的作格性是边缘性的。多数情况下，只有及物动词主语的 NP 上才有显性标记。在这些语言中，作格构式与宾格构式并存，有着相同的时体特征和相同的主宾语，但是意义和强调的方面有所不同。

这一类型学的分野原因如下：①似乎不存在将第一类 NP 分裂现象与第二类时体分裂现象结合在一起的语言；②似乎不存在将第一类作格动词形态与第二类时体分裂现象结合在一起的语言。因此，不存在有时体分裂现象而没有格标记的语言。

考虑到已经描述的作格语言的数量，以及它们显示的异质性行为，两种语言间缺乏重叠特性并非偶然，我们由此得出存在两种类型的作格语言的结论。

第一类语言源自被动，其特点是直接宾语有很多主语特性。尽管从共时的角度看，作格语言并不是被动的，但是从历史的角度看，它们是从宾格语言发展而来，被动构式成为强制性的，原来的及物主动构式从语言中消失。这一论断具有如下三方面意义：第一，这一论断解释了作格语言中，为何在使用作格构式的情况下，很少使用明显的被动语气。在巴斯克语和格鲁吉亚语中，即使有被动，也是创新性的，出现晚于作格。第二，这一论断能够解释作格语言中与主语形态相似的直接宾语的现象。第三，这一论断能够解释句法作格语言的存在，这些语言中，作格是强制性的，但是施事并没有被重新解释为表层主语，受事仍然是受事。

第二类语言名词化动词的屈折格局的合并形式，经常是静态的去动词化的形容词，通过所有格构式合并，显示相对表层的作格型式。

第4章

研究框架和研究路径

本章主要完成以下任务：①明确作格交替的测量方法，考察动词、客体和构式的互动关系；②通过测量作格交替的强度，证实作格认知理据；③通过明确致事与客体的归类，解决配式分析的部分遗留问题。

4.1 理 论 框 架

在第3章中，笔者提到了作格存在的诸多分裂现象。不少动词乍看起来可以交替，但笔者发现它们在很多层面都受局限。

（1）不同动词义可能出现在多个不同构式中。

（2）虽然出现在两个不同构式中的动词可能具有相同语义，但与动词共现的却是不同的客体。

（3）论元结构的实现限制条件不限于动词，如不及物反致使构式。如"X 客体+V 状态变化"中 X 必须具有"可能 V"的特征，即"可能经历动词所指的事件"。

以上可以看出作格现象的复杂性，不同理论对这一现象作了不同的概况，主要有：①表层概括（Goldberg，2002）；②构式变体（allostruction）（Cappelle，2006）；③构式化与构式调变（Traugott and Trousdale，2013）；④构式子联结（Romain，2017）。

4.1.1　表层概括

戈德堡（Goldberg，2002）采用了与词汇投射主义不同的方法，她从构式层面看待交替问题。她认为动词并不包含决定论元结构型式（pattern）的所有信息。她认为看待同一论元结构型式的具体示例时，还有很多可以得到的信息。因此她主张从动词抽离出来，从构式层面看待论元结构。与莱文和霍瓦夫不同的是，戈德堡不太关注交替的概念，不太关注动词的配价或具有同一配价型式的动词类别，而是更加关注同一论元结构构式不同示例的相似性以及与论元结构构式相关的句法和语义概括。也就是说，相较于考察同一动词出现的不同论元结构型式之间的相似性而言，戈德堡更加关注可以吸纳不同动词的同一论元结构型式的用法的相似性。戈德堡（Goldberg，2002）考察了可吸纳诸多不同动词的论元结构构式，主要强调构式在说话人大脑中的角色。

基于此，戈德堡（Goldberg，2002）提出表层概括假设，试图摆脱动词或动词类别的局限，赋予构式义更加清晰宽泛的定义，见（4.1）：

（4.1）假设存在两种概括，一是与表层论元结构形式（form）相关的句法语义概括，二是该表层形式和假定通过句法或语义派生出该表层形式的其他形式之间的句法语义概括，两者相比，前者覆盖面更广。

戈德堡提出的表层概括假设是构式语法基本原则的逻辑深化。根据这一观点，构式中哪些动词可以与构式实现兼容是有限制条件的，而限制条件并不仅仅取决于动词；动词没有得到突显，动词自身不能用于确定构式是否可以接受。但是，戈德堡也承认一个语言构件的语义解释往往受到其可能的交替形式的影响，认为这一结构主义的语义观察得到了不少实证研究的支持。

4.1.2　构式变体

构式主义一般是通过比较图式构式的不同示例来考察其相似性，通常不去比较具有相同中心成分的构式、论元结构构式中的动词或者小品词配列交替中的小品词等。作为对单独考察构式义的构式主义的回应，伯特·卡佩尔（Bert Cappelle）（Cappelle，2006）提出交替和构式的二分法之外的构式变体的概念，表达具有欠标句法成分的更图式化的构式，认为交替不符合四个承继关系中的任何一个。卡佩尔将从构式变体那里承继的概括称为构项（constructeme），当构式变体与上位范畴进行比较时，该术语就非常有必要了。说话人在使用交替一方表达思想时，能够意识到表达该思想的另一种方式。卡佩尔以小品词配列构式为例进行分析：[v Prt NP]/[V NP Prt]。如 make up one's mind 和 make one's mind up，一个表持续，一个表非持续。卡佩尔认为，每一个交替成语都储存两次，但都得不到相同语义的表征层，这是缺乏心理合理性的。因此，我们应该把交替视为构式变体，作为语言项目从而成为构式库的一部分。

乔姆斯基的以动词为中心的投射主义和戈德堡的表层概括各有利弊。投射主义方法在解释所有可能的论元结构时有些局限性，但是赋予动词在解释小句时的中心作用有其积极意义。动词核心的立场与配价理论有些相似。表层概括理论尝试弥补投射主义方法的缺陷，但是也会低估说话人的交替意识，以及交替在说话人构式库中的可能地位。尽管有些构式主义在一定程度上有抛弃交替的倾向，但也认同构式间存在不同的连接方式。

卡佩尔（Cappelle，2006）和弗洛伦特·佩雷克（Florent Perek）（Perek，2015）都将构式变体作为说话人的语言知识，因为构式变体探讨的是说话人从类推法事件中抽象出来的规律。佩雷克（Perek，2015）将这一概念应用于与格交替和方位交替研究，佩雷克认为，两构式均指致使方位变化事件，但是致使移动构式将事件识解为施事施加行为于客体，而 with 施用构式（applicative construction）将事件识解为施加行为于方位。佩雷克（Perek，2015）认为，以构式变体探讨语义异同的模式与框架语义学（frame semantics）研究模式相似。不同之处在于，框架语义学聚焦在词义层面，而构式变体模型聚焦在构式层面，包括可能的形式差异。

4.1.3　构式化与构式调变

毫无疑问，致使构式与反致使构式之间存在关联，这两者之间关联的方式和机制在先行文献中是有争议的。伊丽莎白·特拉格特（Elizabeth Traugott）和格雷姆·特劳斯代尔（Graeme Trousdale）（Traugott and Trousdale，2013；Traugott，2014）所提出的构式化（constructionalization，可简称为 Cxzn）的观点为解释两者关系提供了启发借鉴。

构式化的概念是与语法化（grammaticalization）紧密联系的。霍珀和特拉格特（Hopper and Traugott，2003：17-18）认为，语法化可以从两方面加以定义：①为研究语言内部或语言之间的词汇、构式，以及语言中的语法材料之间的历时或共时关系而搭建的研究框架；②词项和构式进入特定语境而实现语法功能的变化过程。实现语法化后，会继续发展出新的语法功能。

定义①是开放式的，允许语法化增容而产生的概念化。定义②是指语法化的两方面概念化，即增容的语法化和减缩的语法化。增容与减缩事实上是相互交织的。原语法形式经过不同形式的依存增强和减缩得到前景化而实现为语法化。这两方面往往与另外两个维度息息相关：①共时与历时；②单项性假设。

构式化不仅适用于语法变化，也适用于词汇变化。构式化是一个渐变过程，涉及语义和/或语法形式的若干发展变化。构式化具体分为三个阶段：①前构式化；②构式化；③后构式化。在结构化之后，通常还会有一系列的涉及语境扩展或减缩等方面的变化。

首先是前构式化阶段，也称为前构式化构式调变阶段（pre-constructionalization constructional change，PreCxzn CC），具体指构式的内部特征变化，也就是现有构式的规约性的形式或意义的变化。语用推理得到突显，导致该语境使用更为频繁，形成语言表达式的语块化。同时带来形式语义的错配现象，表达式内组合性下降，产生小规模分布变化。例如，will 一词的语义由"打算义"调变为"将来义"，或者在形式上由单独使用经减缩调变'll，即 will>'ll。构式调变发生在构式化之前的微变，为构式化运作起到铺垫和导引的作用。比如 be going to 的前构式化调变（4.2）：

（4.2）a. [I am going [to get some water]]

b. [I am going to [get some water]]

to 在这种调变中进入了另一形符集 be going to，构式类别由[V [to INF]]演变为新的[Aux V]。

其次是构式化阶段，指新的形义配对（也就是新的构式网络节点）的形成，构式化现象包括语用扩展以及语用扩展之后的语义变化、形义错配，以及分布变化。经过前构式化阶段，成分关联性降低了，形成新的形义配对，即新的构式：形$_{新}$+义$_{新}$=新构式。这时，语言受到两个构式的相互压制，说话人面临两者择一的情形。基于语言使用的"简洁"原则，说话人会创造性地使用新的构式。

最后是后构式化的构式调变阶段（post-constructionalization constructional change，PostCxzn CC），往往涉及搭配扩展、形态和音系减缩。后构式化阶段：新的构式能产性增加，但是源结构继续使用。

三阶段的关系可以用（4.3）表示：

（4.3）PreCxzn CCs "开门了"

↓↓

Cxzn "门开了"

↓↓

PostCxzn CCs "花开了"

致使交替现象可以通过构式化进行解释。及物构式中有一类是及物致使构式，在汉语中，当致事是外部使因，有时可以不出现，并不影响语义表达，比如汉语中"开门了""关窗了""灭灯了"。但是这一类句式就进入了前构式化阶段，这时，构式容易受到及物致使构式和反致使构式的双面压制，因此，这一类句式并不是很稳定，基本上出现在致事较为明确的语境中，且致事是可以省略的情况，比如，"是以圣人之治，虚其心，实其腹，弱其志，强其骨。"（《道德经》）但是，因为只有一个论元出现，也很容易受到反致使构式的压制，这就进入了构式化阶段。这一阶段一旦出现，后续就可能产出多个相似结构的构式例示。

构式化的方式不是单一的，梯度、渐进性和语法化都可能带来构式化。考虑到语言的抽象层和子层（即词汇、音位学、词法、句法、语义等）属于梯度范畴，语法化动态过程也同样具有梯度性（gradience）。特拉格特和特劳斯代尔（Traugott and Trousdale，2010）不认为历时过程本身具有梯度性。他们认为构式变化大都涉及微小调变，具有离散性和突发性。但是，由于构式的不同部分可能会在不同的时间点经历调变，构式的整体变化有渐进性。因此，尽管理论上 VO 受到 OV 的压制，可以演变进入不及物构式，但是由于并不是每一个动词都能得到触发，所以只有部分动词可以成功地实现构式化。

构式化的过程也可以理解为再范畴化（recategorization）的过程。各构式在构式网络中的新旧更替和构式关系的调变重组，就是对语言表征的重新范畴化过程。构式是在特定语用环境中对特定体验与认知的编码，因此不同的构式隶属不同的范畴。构式调变中，构式逐渐失去范畴典型特征而成为边缘成员，随后基于部分类同特征允准进入新范畴（Traugott and Trousdale，2013：74）。促使构式重新范畴化的动因在于语言使用过程中的相异语用推理、语言经济原则、人类求异心理等。构式具有语境吸附（context absorption）特征，存在将基于语境的临时推理转为自身构式义的潜势（Traugott and Trousdale，2013：56）。原有范畴与新范畴的类同性及临时推理的高频复现决定构式的演变与规约化。

幸辉（2018）认为致使交替是一个去致使化的过程，并且用图表征了这一过程（图 4.1）。这一种去范畴化操作体现了去致使化过程。图 4.1 所示，及物致使构式经历去范畴化（左面箭头所示）、部分允准（中间箭头所示）、进入新范畴（右面箭头所示）3个阶段。及物致使构式（小圆3）属于及物构式范畴（大圆 1），在去范畴化阶段中，致使力减弱，成为范畴边缘成员。同时随着进一步去范畴化，该及物致使构式进入部分允准阶段。此时，该及物致使构式仍然滞留了原范畴中的行为义、致使义及状态义，与不及物构式（大圆 2）存在部分类同特征，二者均含有状态变化义，从而建立及物致使构式与新范畴之间的联系，使致使构式转为反致使构式成为可能（中间箭头所示）。在下一阶段，及物致使构式进入不及物构式范畴，重新分析成为不及物作格构式以表达自发状态变化，如右面箭头所示，该构式存在向范畴中心移动的可能。

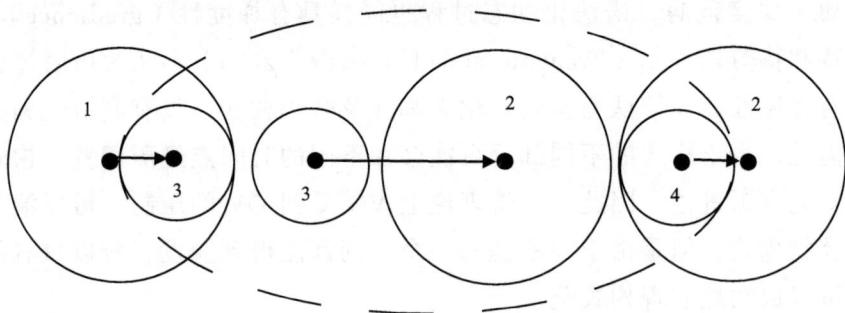

图 4.1　去范畴化与去致使化过程表征

构式化涉及语用和语义增容与减缩两个趋势，对致使交替现象而言，构式化涉及去致使化和致使化两种趋势。因此，笔者认为致使交替现象的历时变化可能存在双向过程，两构式间的相互压制使得致使化与去致使化在不同的交替动词有着不同的表现。去致使化过程可以视为 AVO 经历了减缩 A 的前构式化阶段，受到不及物构式压制而成 OV，进而完全融入 SV 构式，并生产出若干新的用法的过程。同理，致使化过程可以视为 SV 受到及物构式压制而成 VO，进而吸纳致事而成 SVO 的过程。图 4.2 表征了范畴化和致使化过程。

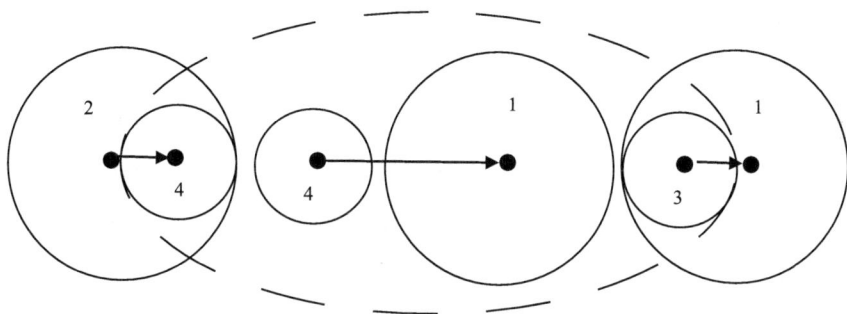

图 4.2　范畴化与致使化过程表征

4.1.4　构式子联结

劳伦斯·罗曼（Laurence Romain）（Romain，2017）认为，构式变体的观点适合于与格交替和方位交替，但不适于致使交替。她认为，与格交替和方位交替的交替双方构式义高度相似，有相同的基本事件描述，而致使交替两构式所描述的事件类型有所不同。致使交替的两方论元数量不同，一方描述包含致使状态变化的事件，而另一方仅仅描述状态变化。尽管两者都隐含状态变化程度，但是一个隐含外部致使，另一个却没有。这说明说话人对事件概念化时所运用的构式方式有所不同，这一区别不是表面的，因此不能用构式变体解释。

罗曼尝试使用承继联结中的子部分联结来进行解释。在构式语法框架下，构式组成一个有承继关系联结的网络，不同构式之间通过承继联结建立联系，这些承继关系是诸多构式特性的存在理据，我们可以使用承继网络来表达跨构式特点。承继关系同时允许次规则和例外情况，当一个构式作为另一构式的子部分并单独存在时，则需要子部分联结，联结能够显示不同构式之间有何异同。

戈德堡（Goldberg，1995：78）用这一联结方式描述不及物移动构式和致使移动构式的关系，她认为不及物致使构式是致使移动构式的子部分。兰艾克（Langacker，1991：292）关于客体关系的讨论认为，客体关系可以加上外力扩展为更大的及物事件。不及物致使构式也是一种客体关系，因此作为子部分的不及物致使构式加上外力扩展为及物构式。

罗曼（Romain，2017）认为，构式语法对于不及物移动构式和致使移动构式的描述也适用于描述不及物反致使构式与及物致使构式的关系。不及物反致使构式与及物致使构式具有相同的客体关系，即都具有表示状态变化的事件和承担状态变化的实体，主要区别在于是否存在外部致事。换句话说，子构式是客体关系，母构式是客体关系的扩展，吸纳了外力。

正如有多义词的存在一样，也需要允许多义构式的存在。子母构式较为清晰地解决形式或意义上不能完全相同的构式之间的关系，有助于研究不同小类的构式与典型构式之间的相容与偏离。

子部分联结可描述两构式关系，但是这一表征并没有描述与不及物反致使构式相关的具体语义细节，对于构式和动词能够吸纳哪些客体，未提供限制信息。例如，当及物致使的受事不能被识解为客体时，就无法实现为不及物构式的主语，见（4.4）：

（4.4）a. John broke his promise.

b. *His promise broke.

在（4.4）中，及物动词 break 的受事 promise 不能被识解为客体，无法成为主语。因此，不及物句法不是及物致使构式的子部分，联结规则不适于此例。

不及物反致使构式是及物致使构式的子部分，因为其所描述的事件是整体致使事件的一部分。这并不是说任何及物致使构式都有子部分构式；不及物反致使构式似乎对客体有不同的限制。我们需要进一步了解构式对客体有哪些限制。否则，仅仅将子部分构式视为表征整体的一部分，而不提供成分限制信息，那么这一模式就没有多大意义了。

从承继联结关系看，两部分的区别只是表面的，其相似性更值得关注。这两部分根源于同一个认知域，因为某种认知相似性存在，使得一个部分转喻为另一个部分，这两部分之间也可理解为不同的转喻形式。因此，如果要明确回答及物致使句式和不及物反致使句式之间是不同的构式关系还是交替关系，笔者认为是交替关系更接近本质（参阅 Romain，2017）。

4.2　作格研究路径

关于跨语言作格特征的比较研究，多以功能主义研究范式为主。从方法论上，功能主义研究范式主要关注于句法与语义界面的语用功能分析，而对句法与语义界面的认知功能则缺乏足够的调查与分析。笔者认为，对于致使交替现象的研究，应该根据具体的研究问题采取与之相应的恰当的研究方法，而不应拘泥于特定的研究范式。因此，本书不仅关注语用功能，更关注句法与语义界面的认知功能。

当前，作格现象的先行研究尽管不少，但是越来越呈现两个截然不同的观点，不少研究回归到作格是否存在的本原性问题。因此，有必要通过语内和语际两方面考察并证实/证伪作格的语法地位。在语内考察时，可以从动词特征、论元特征、时体特征三方面考察作格语言的特点，重点考察分裂作格现象的影响因素，通过给予认知解释以证实/证伪作格的语法地位。在语际考察时，可以通过某一类或某几类（如"心理"类等）跨语言动词作格强度对比，探讨作格认知规律，寻求作格的普遍性，进而证实/证伪作格的语法地位。最终的结论将影响认知构式语法的核心观点，有助于该理论的发展。具体思路如图 4.3 所示。

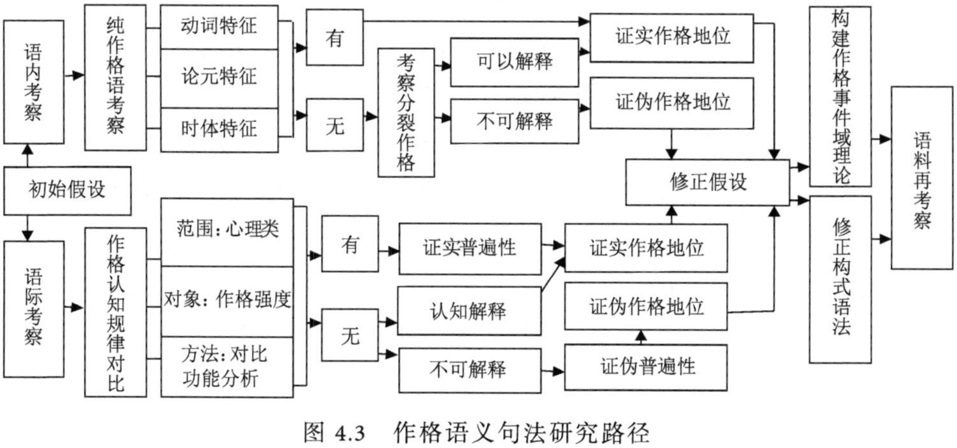

图 4.3　作格语义句法研究路径

4.3　作格研究工具与方法

致使交替双方共享谓词和客体，这一点学界已形成共识。但是对于两方面问题缺乏深入探讨：一是共享的谓词和客体的覆盖面、语域特性和分布规律；二是共享谓词和共享客体的频次。先行研究不足以清晰认识交替的本质。马丁·莱门斯（Maarten Lemmens）（Lemmens，1998：38）认为，交替不可避免会带来意义的变化，因而反映出识解事件的方式有所不同。这些意义的变化必须通过构式示例的具体分析进行甄别，所以需要测量差异程度。我们需要在综合分析有关跨语言作格现象的文献的基础上，调查并分析作格现象语义特征和句法分布规律。

本节拟通过相关测量，探讨动词与交替的相关性：①采用区别性配词分析测量交替倾向性；②采用共类指数测量重合率，进而检验交替强度；③通过分布语义的研究方法，探讨交替双方所涉及的论元语义偏向。

4.3.1　交替倾向测量

传统的搭配分析并未关注具体的句法空槽，而是聚焦在了原始搭配。配式分析将搭配分析和构式分析结合在了一起，更适合调查词项和构式之间的互动关系。区别性配词分析主要用于考察语义相近的语法构式语对以及出现在其中的词项，既有助于确认词项对语对中哪一个有强烈偏好，也有助于识别语对间细微的分布差异，适合研究致使交替。区别性配词分析是测量构式的动词偏好的可靠工具，为探讨构式义提供了新思路。

语义与构式义最接近的配词，其典型性最强。如 into-致使构式义中含有"欺骗义"和"强迫义"相关概念，能够填入动词空槽的代表性动词均与构式义一致，如 trick、fool、coerce、force、mislead 等。吸引度最高的动词就是参与构式义的构式原型动词。笔者拟利用区别性配词分析测量构式对动词的吸引度。

要进行区别性配词分析，需要四个频次，Cx1 和 Cx2 中的动词频次，两构式抽样中其他动词的频次。通过比较期望频次和观察频次，运用双侧费希尔精确检验，看动词是否与构式相吸引。在处理语料时需要注意，区别性配词分析通常需要语料库中每一构式的所有频次，但是由于构式需要人工处理，无法识别所有构式句例，所以只能将分析限制在能够处理的数据。

比如斯特凡诺维奇和格里斯（Stefanowitsch and Gries，2003）比较在 ICE-GB 中 give 在双及物构式和与格构式中的分布情况，得到如下数据，见表 4.1。

表 4.1 give 在双及物构式和与格构式中的分布比较

构式类别	Give/次	其他动词/次	行计/次
双及物构式	*461*（213）	574（822）	1035
与格构式	*146*（394）	1773（1525）	1919
列计	607	2347	2954

表 4.1 中的斜体数字是从语料库中直接获得的出现频次，其他数字通过加减得出。括号内的数字是 give 和其他动词在两构式中的期望频次，该数值由末行数字间的比例推知。要计算 give 出现在双及物构式中的概率，可以通过超几何分布或费希尔精确检验计算，两者虽称谓各异，但原理相同。笔者将相关数据代入 R 语言计算，见（4.5）：

（4.5）sum（dhyper（461：607，607，2347，1035））

结果显示，p 值为 $1.835954e^{-120}$，小于 0.001，说明显著性程度高，因此可以判定 give 具有构式偏向，由于 461 大于 146，因此 give 偏向双及物构式。

4.3.2 交替强度测量

上一小节介绍致使交替倾向性测量，本小节讨论交替强度测量。交替两方的客体重合是交替的根本基础之一，舍此就无从谈论论元交替。但是，仅仅探讨是否具有客体重合还不够，要测量动词交替强度。

配式分析是测量动词交替强度的有效统计分析方法，可以通过考察致使交替动词的分布频率和表现，研究动词与论元之间的语义句法关系。配式分析重点依赖作格强度衡量的计算公式展开定量研究，（4.6）为共享类符指数（shared type index，STyI，简称"共类指数"）计算公式：

（4.6）共享类符指数：

$$STyI= \sum Type （\sum Types Cx1+Cx2） - \sum Type$$

共类指数是指致使句和反致使句的共享类符指数，也是计算致使交替性质的主要公式，属于定性指标。共类指数也称为杰卡德指数（Jaccard index）[1]，分子是共享类符（简称"共类符"）的总数，分母是致使句和反致使句中的类符之和减去共类符总数。减法的原因是共类符在两句式中进行了重复计算。

如 burn 共有 274 个客体，其中 103 个仅出现在非致使构式，133 个仅出现在及物致使构式，另有 38 个共享客体，占 13.87%，因此共类指数为 0.14。

罗曼（Romain，2017）认为，我们只需要计算类符，不需要计算形符，因为所有实体整体的行为对象和某一个实体的行为对象有所不同。对此笔者持不同观点，正因为实体对象不同，我们才要探讨相异之处何在。笔者认为，类符与形符的考察侧重点不同，共享类符考察交替的"质"，共享形符考察交替的"量"，因此仅计算类符是不充分的。以下是共享形符指数（shared token index，SToI，简称"共形指数"）的计算公式，见（4.7）：

（4.7）共享形符指数：

$$SToI= \sum Token \cap \sum Tokens Cx1+Cx2$$

---

① 也称为杰卡德相似系数（Jaccard similarity coefficient），5.2 节将继续讨论。

共形指数是指致使句和反致使句的共享形符指数，也是计算致使交替强度的主要公式，属于定量指标。分子是致使句和反致使句中的共享形符之和，分母是致使句和反致使句中的客体形符之和。

4.3.3 客体语义分布考察

如前文所述，先行研究中关于作格现象的研究，多是单纯考察动词是否参与交替。这种对于作格现象的简单化处理存在至少两方面问题。一是没有考虑同形异词和同词异义现象。特别是对于交替动词在两构式中分别涉及同一动词的不同意义侧面时，没有提供解决方案。二是针对整体的重合率较低这一现象缺乏进一步分析和应对。

事实上，仅仅计算词目，而不考虑语义相似性是有着诸多弊端的。无论构式内还是构式外都有可能有着语义相关的同类客体，要考虑其归类问题。莱门斯（Lemmens，2021：94-114）也认为，如果不是只计算客体的表面频次，而是分成大的语义组就会得出更高的交替指数。比如，bubble、TV、breadstick、heart 等客体都是动词 break（"打破"）的客体，但是方式不同，导致的结果也会不同（Goldberg，2001：516）。通过客体归类可以考察构式义的差异。如 growth 在 Cx2 中，多表示植物的生长；在 Cx1 中，多表示经济的增长。客体意义不同，说明限制交替的条件有所不同。又如，有很多客体参与 break 的方式相同，比如 glass、crystal 等。再如，无论"张三""李四"还是"王五"，其基本属性都是"人名"。虽然归为一类看似更合理，但是这样操作会非常影响共类指数。共类指数能够提供动词和客体在两构式中的一些信息，这一测量显示这些不同客体的相似之处，鉴于以上原因，有必要比较每一客体的意义，再进行聚类分析，这样就能充分发挥质性分析法和量化分析法两者的优势。

4.3.3.1 认知同义词库

上文论证，有必要对共享客体进行归类，但这项工作较为烦琐，如果纯用手工操作，遇到像 break 这样句例多的动词尤其费时费力。而且，如何判断语义相似性，是一项非常有挑战的工作，手工操作难以避免主观偏见。所以我们需要比手工操作更可靠、更系统的方法来考察语义相似性。将客体与同一动词的不同动词义联系起来考察，有助于捋清动词义是否由两构式共享，具体来说，就是弄清楚动词的哪个词义与哪个构式相关。要客观地分析动词与语料所显示的客体联系，我们一方面需要分析客体语义分布，另一方面还需要对照动词义与客体的搭配情况。

可以择取有代表性的同义词典来对照研究。为了易于获取并处理语义，不少国家都开发了机用语义词典，如美国普林斯顿大学认知科学实验室开发的"词网"（WordNet）[①]、基于框架语义学并以语料库为基础建立的框架语义网（FrameNet）[②]、日本电子词典研究院（Japan Electronic Dictionary Research Institute，Ltd.）开发的面向自然语言处理的 EDR 概念词典、新加坡的 SenseWeb 等。汉语语言处理时除了《现代汉语词典》[③]、《现代汉语疑难词词典》（李临定，1999）外，还可以参考北京大学计算语言学研究所建立的综合型语言知识库（Comprehensive Language Knowledge Base，CLKB）、中国人民大学语言文字研究所开发的《现代汉语动词大词典（人机通用）》（林杏光等，1994）等。其中，《现代汉语动词大词典（人机通用）》（林杏光等，1994）用人工方法对 2000 多个现代汉语常用述语动词的 3000 多个义项逐一进行了格关系描述，这是学界首次对述语动词的论旨关系（即格关系）作出工程性的具体描写。

这里对词网的主要特点和使用方法略作介绍。词网是一个对计算语言学和自然语言处理都有裨益的大型数据库，词网在区分歧义方面存在优势。名词、动词、形容词、副词等词类被分为认知同义词库（synset），通过概念语义和词汇关系相互关联，这些词和概念都可以通过检索得到。动词词条的每一项不同词义都通过同义关系与其他动词产生关联，构成

① 详见 About WordNet. http://wordnet.princeton.edu。

② 详见 About FrameNet. http://berkeleyfn.framenetbr.ufjf.br/。

③ 《现代汉语词典》（第 7 版），中国社会科学院语言研究所词典编辑室编，2016 年商务印书馆出版。除特别注明外，本书所述《现代汉语词典》均为此版本。

11500 组动词同义对。有些动词语义域是通过动词的共有论元来创建的。

以下是词网上动词 tear（V）的词条示例（4.8）：

（4.8）a. 分开或使突然分开：tear、rupture、snap、bust

　　　b. 分开或被用力分开：如，Planks were in danger of being torn from the crossbars.

　　　c. 迅速而剧烈地移动：tear、shoot、shoot down、charge、buck

　　　d. 拔掉羽毛：pluck、pull、tear、deplume、deplumate、displume

　　　e. 充满泪水或流泪：如，Her eyes were tearing.

词网也存在一定弊端。因为词网所依据的布朗语料库（Brown Corpus，BC）只有一百万词，所以词网列出的意义较窄。语料库个别句例难以用词网定义界定，如（4.9）：

（4.9）a. ... but a cough tore the stillness.

　　　b. The last Red Monkey awoke more than two hundred years ago, ... waging a great war that tore the Rift Valley with fire and blood.

可见，对十致使交替现象而言，要帮助解决语义分组、识别动词不同的次要意义及其在交替两构式间的分布，我们还需要能测量语义相似性并能自动对客体进行系统分组的工具，以求识别动词的不同意义。分布语义学可以实现以上要求（Romain，2017）。

分布语义学理论基于语义上下文测量语义相似性，其前提假设是共享高频搭配词很可能在语义上相近或相关。交替语对的语义相似性程度是两者所出现的语境相似性的函数，语境相似性是自变量，语义相似性是因变量。分布语义学理论通过研究搭配词，为我们提供了评价语义相似性的方法，其前提是共享的搭配词越多，语义越相关。一旦进入语义组，客体就能提供每一构式的更多信息，考察致使交替的语义分布主要看两构式是否共享语义组，或者构式是否允准不同的语义相关的客体组。

对于要考察的动词和构式来说，任一客体都作为向量（vector）进入 R script，然后，视客体数量，我们使用多维标度（multi-dimensional scaling，MDS）或 t-SNE 来评估语义相似性，获取与客体语义相关的词丛。我们依据 R 环境的绘图功能创建语义图谱，通过客体动词和构式的互动讨论，可以获得动词义的更多意义信息，也能使我们从具体句例中抽离出来，获取构式义。分布语义学能显示两构式间的分歧，特别是客体在两构式中的分布情况，使相关词丛在图谱中得到突显。

尽管本书逐词展开分析，但是研究本质是基于构式的。语料显示，通过考察动词与客体的搭配总结得出的有些语义概括，在更抽象的层面往往与构式义相契合。论元结构构式对动词义会有影响，对于构式所表示的基本事件的某些方面，动词也会有所突显。

当某项意义不能为两构式所共享时，其原因通常是客体和动词义与构式论元角色的语义不相匹配；当两构式共享某项意义时，通常是因为动词所示事件由两构式所共有，尽管并没有相同的参与者角色。

通过词网研究致使交替现象，有一个关键问题需要回答，即两构式所表示两个不同的语义框架还是同一语义框架的不同侧面。

有些名词客体多义现象突出，很难在语义图谱上表示，因为可能横跨不同的组合。这一多义性既可能是转喻、隐喻过程的结果，也可能是一个客体存在不同的侧面，如 book：a read book 和 read a book。

词网可以帮助研究者从以下方面探究致使交替的规律。

1）探究交替类别

在分析语料时，不是简单地看百分比，分析词丛类别也很重要，例如分析 tear 的共享客体，可得到 5/66（7.58%），但是这 5 个共享客体在 7 个词丛中占了 3 类，具有明显的语义聚类特征。细加分析还发现，只有在致使句中才有抽象实体和 tear 的比喻引申。

2）对语义相似性自动分类

先行研究中也有针对不同客体的语义相似性的测量，但是无法提供客体重合的清晰百分比，而是通过客体词丛来说明意义中的哪些部分由两构式共有，哪些部分只属于某一构式，而且有些动词的客体并不容易分类。

　　词网基于同义将词汇分组，这一点与同义词典相同，但也有很多区别。首先，词网中相互关联的不仅是词汇形式，还有具体词义，词网中的相关词是经过歧义消解的，这一点与同义词典不同。其次，词网标注了词汇间的语义关系，同义词典只是根据相似意义对词做了分组，而没有标注。

　　词网能够清晰地呈现词的上下义关系。词网区分类符和示例，示例是叶节点。在 117000 个同义词组中的每一组都有简洁的定义，并多有示例。带不同意义的词形在不同词组中得到体现，因此，每一词-义组合都是唯一的。下面以名词和动词为例说明。名词最终都可追溯到实体层级的根节点，如 armchair 和 chair 是上下义关系，chair 属于 furniture，那么 armchair 也属于 furniture。

　　同样，动词同义词组也可进入层级，越接近底部的动词越表达事件特征的具体方式，如{communicate}-{talk}-{whisper}。表达的具体方式依赖于语义场，上组中音量大小只是一个因素。{move-jog-run}中，速度是维度；{like-love-idolize}中，情感强度是维度。大多数同义词组都属于同一维度，但是个别也有同源跨词性的。

　　确认跨构式语义相关的客体组的使用区别有助于得出以下逻辑概括：动-客互动为图式概括提供证据。也就是说，从具体的动-客互动层面不同的准入限制条件中进一步抽象概括，能帮助我们确认每个构式客体空槽的语义限制。客体的共同特点是其所指实体经历动词所指事件。实现为不及物反致使主语的必须被识解为"可能 V"，V 代表动词所指事件；实现为及物致使宾语的必须被识解为"可能以动词所指的方式被施加行为"。

　　尽管客体可能有两个特征，但用于同一个构式时，不一定两者都能被激活。如果客体不能被识解为"可能 V"，则不能实现为不及物反致使主语；同样地，如果客体不能被识解为"可能以动词所指的方式被施加行为"，则不能实现为及物致使宾语。

　　有些客体受到转喻或隐喻的影响，或者自身不同意义侧面的影响，名词多义性强，客体的语篇环境可能较为分散，难以在语义图谱上定位。

这些意义侧面仍是同一词的不同侧面，属于整体的可辨识成分，比如"这本书很有趣"侧重于书的内容，而"这本书很美观"侧重于书的外观。这些侧面无法通过分布语义理论得出，需要手工标注来更好地把握动词相关的客体语义。

4.3.3.2　基于 MDS 的聚类分析

格里斯和斯特凡诺维奇（Gries and Stefanowitsch，2010）详细介绍了聚类分析法的应用。首先要确认动词的语义类别，这有助于探讨构式原型义。然后通过树状图进行可视化展示。将词目聚类成小组，再聚成大类。这一方法主要关注聚合关系，以此来测量语义相似性。该方法不考虑句法结构，不区分词周围的动词、名词、副词等，不少研究者与此不同，如曾立英（2009）等。其中有一个前提假设，即假定相似的直接语境可能带来紧密相关的意义。此处的相关语义不只是指同义或近义，还包括反义和上下义。这一点是有心理和认知基础的。乔治·米勒（George Miller）和沃尔特·查尔斯（Walter Charles）（Miller and Charles，1991）认为说话人通过单词出现的语境相似性来判断语义相似性。

分布语义学通常通过向量空间模型（vector space model，VSM）来进行，该方法由杰拉德·索尔顿（Gerard Salton）和其同事共同创建（Salton et al.，1975），并成功应用于文本操作与检索系统（System for the Manipulation and Retrieval of Text，SMART）。向量空间模型将语义空间中的词的表征视为向量。在这一向量空间中，每一个词都是一个点，其并列词在共现数的基础上计算，即"该空间中，点越近，意义越近；点越远，意义越远"（Turney and Pantel，2010：141）。

要计算每个词向量的并列词，需要在既定文本窗口下计算搭配词。然后基于这些文本，建立共现矩阵（co-occurrence matrix）。在矩阵中，横排代表词向量，纵列代表搭配词。在处理英语语料时，所有的实词都通过 Tree Tagger 进行词形还原（lemmatization）（Schmid，1994），功能词（介词、连词、助词、代词）需要在建矩阵之前予以排除。词形还原的目的是避免重复，对功能词进行排除降噪，以更加凸显共现。

对于每个词向量，需要计算词类符，然后对搭配词和词向量进行比较。对此有两种处理方法：一是 MDS 法，适合于词向量数较少时进行比较；二是 t-SNE，适合于词向量数较多时进行比较。对于构式和动词来说，将每个客体作为向量输入 R script。然后视客体数选择 MDS 法或 t-SNE 来评估语义相似性，进而获取语义相关的客体聚类。

MDS 法是一种在低维空间展示"距离"数据结构的多元数据分析技术。MDS 法解决的问题是：当 n 个对象（object）中各对对象之间的相似性（或距离）给定时，确定这些对象在低维空间中的表示，并使其尽可能与原先的相似性（或距离）"大体匹配"，使得由降维所引起的任何变形达到最小。多维空间中排列的每一个点代表一个对象，因此点间的距离与对象间的相似性高度相关。也就是说，两个相似的对象由多维空间中两个距离相近的点表示，而两个不相似的对象则由多维空间两个距离较远的点表示。多维空间通常为二维或三维的欧氏空间，但也可以是非欧氏三维以上空间。

MDS 法内容丰富、方法较多。按相似性（距离）数据测量尺度的不同，MDS 法可分为度量 MDS（metric MDS）法和非度量 MDS（nonmetric MDS）法。当利用原始相似性（距离）的实际数值为间隔尺度和比率尺度时称为度量 MDS。可以用 t-SNE 创建语义图谱或用 R 的 Plot 功能增加易读性。但是当客体数量很多时，有时也难以解读区分度，无法分为不同词丛。另外，有些意义是同一名词的下层意义，它们高度依赖语境，我们的现有模式无法区分语境，不能将同一单词放置于不同的语义图谱，无法通过分布语义学获取，也就不能清晰地展示名词义的不同侧面。

4.3.3.3　基于分布语义学的互动分析

区别性配词分析具体考察成对的语义相似的语法构式以及出现在其中的客体。这与本书非常相关，因为本书识别偏向两构式之间的词项，以考察交替语对细微的分布差异。基于四个数据，我们可以使用标准数据测量，这里用双侧费希尔精确检验来测量动词是否对某一构式有吸引力。

罗曼（Romain，2017）采用了定性与定量相结合的方法测量致使动词的交替强度。运用分布语义学的基本原理，将语义相关的词构成词丛，在此基础上提取客体集，将客体按语义分类。

分布语义学通过看搭配情况来评价词的语义相似性。共有搭配越多，语义越相关。具体从两大路径展开分析：①以动词为中心。就交替强度而言，以客体在两构式中是否存在变化来测量交替倾向，有助于识别进入构式的条件。②以客体为中心。如果客体重叠度很高，那么这一特征作为两构式语义共性的关键，将会固化在说话人的大脑中；否则，如果客体重叠度很低，则表示两构式相关度低。

顺着这一思路，在处理语料时，需要对客体进行词形还原，并对每一句例进行简单标注，以说明是 Cx1 或 Cx2。在筛查句例时，应依照以下标准：①Cx1 中，主语位置的实体必须经历状态变化；②Cx2 中，宾语位置经历动词所示的状态变化，该状态变化是由主语角色所导致的。需要从以下两个步骤展开研究。

1）测量客体重叠

测量客体重叠的原因是形符与类符往往有差距。源自类符和形符的研究有时还会得出相反的结果。比如 freeze，567 个共形中，Cx1 有 311 个，Cx2 有 256 个，但是再看共类，Cx1 只有 83，Cx2 有 159。这说明 Cx1 的限制条件较多。

正如 4.3.2 节所示，共类指数能够测量交替强度。然而，因为共类指数测量是基于词目（lemma）的数量，未考虑构式内和构式间的客体语义相近关系，所以存在以下可能：在 Cx1 中出现的客体在语义上与 Cx2 中的客体虽有不同，但语义相近或相似。如果考虑这一因素，会带来更高的语义相似性。还有一种可能，出现在一构式中的所有或多数客体语义很相近，如果考虑这一因素，交替强度应该比重合指数显示的更低。因此我们应该将客体按照语义分组。

2）语义分组

戈德堡（Goldberg，2001）认为，致使动词所提供的事物具体信息有限，因此很难对致使动词的宾语做出预测，她以 break 举例，认为对于不同的事物，如 bubble（气泡）、TV（电视机）、breadstick（面包棍）、heart（心脏）等，break 的方式和结果就会不同，但是罗曼（Romain，2017）认为，有些事物 break 的方式是一样的，如 glass、crystal、mirror。这样就需要考察论元的语义，并进行聚类分组。

亚历山德罗·兰奇（Alessandro Lenci）（Lenci，2008）提出了分布假设（distributional hypothesis）：两语言表达 A 和 B 的语义相似性是 A 和 B 出现的语境相似性的功能。采用分布语义理论是因为分布语义比语感更客观，根据搭配情况来评价语义相似性。当然，有时共享搭配多的不一定是同义词，也可能是反义词，因为反义词也会出现在同一语境。

需要建立共现矩阵。共现矩阵是基于美国当代英语语料库（Corpus of Contemporary American English，COCA）中所有名词数据库，并通过 MDS 法而建立的，其中行代表客体，列代表搭配。佩雷克（Perek，2015）的分布语义学认为，两词的语义相似性与它们在大型自然语篇语料库中共享搭配词的数量有关。

在这一模式中，搭配词限制在 10000 个在目标词两词窗（two-word window）范围内最频繁出现的名词、动词、形容词和副词。经过以下两个调整：①正点互信息（positive pointwise mutual information）测量共现数，以赋予某客体搭配比别的客体搭配更多的权重；②列数限制在 300 以内，也就是仅列出最相关的搭配词。

以上两点使矩阵更加突显表征语义相似性。语义相似性通过计算不同行的距离（此处代表不同客体）来得知。按照该方法，行是词向量，矩阵显示语料库中每个客体的分布。每行之间的语义距离由余弦测量（cosine measure），这一方法有助于求得语义相似性，通过 R 安装包 Lsa 的余弦（cosine）函数实现。

距离测量用于表征相关语义的客体丛。两词向量距离越短，语义越相近，一种能够将语义视觉化的方法是层次聚类法（hierarchical clustering），通过 R 环境下 hclust 得到，测量向量间的距离并将词性作相应分类。层次聚类法的优势是能提取清晰的语义相关的词形并确认其词义和次义（subsense），其弊端是忽视了语义组之间的模糊边界。要解决这一点，语义图（semantic plot）较为有效。语义图能够避免两两分组，并将词位（lexeme）置入其中，更直观。

以 freeze 为例，共有 228 例，共享类符仅有 15 个，Cx2 比 Cx1 的客体多，Cx2 的客体可以清晰地看到具体和抽象两类，而 Cx1 的抽象客体只有少数几个。存在同一客体在不同构式不同义的情况，如 fish 在 Cx1 指"鱼"，而在 Cx2 指"鱼肉"；growth 在 Cx1 指"植物生长"，而在 Cx2 中指"经济或财政增长"。共享客体指数很小，一方面说明 Cx1 对客体的限制更多；另一方面也说明共享客体或有自我启动状态变化的能力，或有共同参与过程的能力。

非致使构式突显客体，即突显被过程影响的同时也是施事参与者的实体。所以很多在 Cx2 中的抽象名词既不能自主"凝固"（freeze），也不能被识解为动词所例示的状态变化的共同参与者，这些名词需要外部启动者。

经过本章的考察，可以凝练成如下基本假设和论证目标：①不存在纯粹的作格语言，作/通格和主/宾格不是黑白二分的语言现象，任何一种语言都存在两种范式，区别只是程度而已。②作格受制于多种因素，在语言内部存在一定的认知规律性，但是在跨语言中，这种规律性不明显。③作格现象可以用作格致使交替事件域进行认知解释，认知构式语法需要赋动词义以足够的语法地位。④及物性和作格性压制研究可以为汉英语研究的"把"字句、动结句、中动句、领主属宾句、存现句等老大难问题提供新的思路。

第5章

汉英语料考察

本章的主要任务有三：一是将运用斯特凡诺维奇和格里斯（Stefanowitsch and Gries，2003，2005）提出的探析词项与构式吸引度的配式分析方法，以提取特定构式意义；二是将讨论用来测量交替语对的共享信息的方法；三是结合分布语义理论，对词项进行系统分组，并根据分组所提供的有关构式中不同元素的信息，深入了解构式意义。

本章需要比较及物致使构式和不及物反致使构式。笔者参考莱文（Levin，1993）的交替动词分类。她列出了 12 类 355 个可以在两构式间交替使用的动词，我们发现其中部分动词可以用于致使交替。如：

roll 类：roll、drop、float、move、slide、turn

break 类：break、crack、crush、shatter、snap、tear

bend 类：bend、crease、crinkle、crumple、fold、wrinkle

grow 类：grow、expand、increase、proliferate、stretch、thicken

warm 类：burn、chill、cool、freeze、heat、warm

所有这些动词都涉及不同类型的状态变化。第一组"滚动"（roll）类动词更多表示运动方式而不是状态变化。第二组"打破"（break）类动词是状态变化的动词的原型组，通常具有终结性和结果性，表示某物是否"破"或"碎"。第三组"弯曲"（bend）类动词可以表示某物的变化程度，既可以微弯，也可以很皱。第四组是"成长"（grow）类动词，表示一种渐进的状态变化，这一变化与承受者（undergoer）的规模密切相关。第五组是"温度变化"（warm）类动词，表示事物状态随温度的变化而变化。

本章重点探讨三方面内容，第一部分考察作格动词的构式偏好。主要方法是使用区别性配词分析，特别要调查动词在致使交替构式对之间细微的分布差异，判断两构式间的相关度。通过双尾费希尔精确检验得出 p 值，如 p 值小于 0.001，显著性程度高，说明偏向某一构式，否则将不具有这种构式偏好。

第二部分考察致使交替强度，主要方法是使用共类指数，即以共享客体数除以客体总数。

第三部分是具体考察动词及论元语义分布，重点考察施事和客体的语义特征。主要方法是运用分布语义学的基本原理，将语义相关的词构成词丛，在此基础上提取客体集，将客体按语义分类。通过看搭配情况来评价词的语义相似性，共有搭配越多，语义越相关。

5.1 作格动词的构式偏好考察

本部分拟采用区别性配词分析法考察动词的构式偏好（Gries and Stefanowitsch，2004a；参阅张艳和郭印，2020）。我们将结合汉英语中的研究成果，对比分析两种语言中的构式偏好。我们主要通过 COCA 和 CCL 展开研究，以致使交替动词为关键词搜索交替语对，对每一句例进行标注，Cx1 为致使构式或 Cx2 为反致使构式。视英语客体形式的变化，进行词形还原。

早期的转换语法以及由转换语法沿袭而来的语法理论主要探讨语对成员的形式关系，包括对于相关空槽的相同的语义限制，通常基于相同的深层结构通过转换规则等派生机制来探讨。

5.1.1 区别性配词分析

区别性配词分析是针对各语言流派对作格性研究的分歧而提出的。

作格研究的语篇功能视角主要关注语对的功能区别，特别是关注句式打包信息流的方式。其通常会假设一般的线性优先原则，探讨话题性（topicality）、主题性（thematicity）、已知性（givenness）、生命度（animacy）等，以显示说话人是根据这些规则用语对中的某一句式打包要表达的内容。近来的生成语言学对于交替语对的形式特征的兴趣有所减弱，更加关注交替中哪一方是更基本的动词论元结构，并探讨导致论元结构变化的语义决定条件或词汇规则。构式语法视角也关注语义特征，但是摒弃了交替双方的基础句式、派生句式和同根派生的概念。构式语法关注语言的构式清单，强调形式语对的语法结构和意义。根据这一概念，交替任何一方自身都是构式，表面的交替特征仅仅是因为它们共用某些词项，具有部分的解释关系。戈德堡（Goldberg，2002）认为如果比较具有不同动词但相同形式的构式和共享某动词的不同形式的构式，前者具有更多相似的语义和句法特征。根据认知构式语法，动词进入构式的条件是语义兼容性，即动词义要与构式义实现语义兼容。这里主要有三个问题：①语对成员间的语义区别是什么？②实际交替用法的能产性问题，如哪些动词可以出现在两构式中？③运用非派生的构式语法能否解答上述两个问题？

区别性配词分析的优势主要体现在两个方面：一是从语料出发，重视搭配。语料库语言学认为，单词所出现的语境对于研究语义和句法特性至关重要。分析词的典型上下文的方法之一是提取搭配词，即某一节点词周围一定跨度内的具有显著性出现频率的词。跨度设定可长可短，通常设定为 1～5。换言之，在不考虑句法结构的情况下通过纯线性的手段考察词的共现。这一方法的逻辑前提是通过统计的方法可以自动滤噪，而且相关的搭配词会自然地超过非搭配词。尽管这一假设能够得出一些有趣的发现，但是故意忽视句法结构会限制语料库分析对于句法描述的用处。特别对于词项和具体构式间或交替语对间的关系研究应用有限，这一定程度上也会影响句法理论的可信度。

从这个意义上说，显著性配词分析对于研究交替现象非常适用，比如与格交替、致使交替等。因为有些动词可以出现在两构式中，我们可以假设两构式间有着语义对等关系，但是，两构式间的语义限制也说明其中的区别。研究两构式各自的显著性动词能够帮助我们阐明两构式间的细微区别，进而解释不同的语义限制。

区别性配词分析的主要优势之二是使用费希尔精确检验。区别性配词分析的逻辑前提是显著性搭配分析，用 t 值研究搭配词，进而辨析近义词。在此基础上，格里斯和斯特凡诺维奇（Gries and Stefanowitsch，2003）提出考察近义构式的方法，重点关注出现在构式某一空槽的词，而不是在设定跨度内的所有词。为了进行区分，将进入构式空槽的词称为"配词"。研究联系强度的可能的方法有很多，如 Z 值、正点互信息值、对数似然系数等。但是问题是：①它们都有正态分布和方差齐性，这在自然语言中难以保证。②当面对罕见搭配时，以上方法会高估联系强度和/或低估误差，特别是互信息值。虽然非参数对数似然系数对于参数统计有所改进，但是基于开方分布进行显著性测量，对于分析特别分散的数据时也勉为其难。由于罕见搭配词具有一定的不可靠性，这对于构式分析来说问题较突出，因为大多数创新在构式的配词出现频率很低。

基于这一考虑，格里斯和斯特凡诺维奇才提出用费希尔精确检验。其操作方法是调查语义相近的构式配对以及出现在其中的词形，以及识别配对间细微的分布差异，以考察两构式间的相关度。通过双尾费希尔精确检验得出 p 值，就动词的分布而言，如 p 值小于 0.001，显著性程度高，说明偏向某一构式。这一方法没有分布假设，不需要具体的样本量。其缺点在于需要计算众多点概率之和，计算量较大。

5.1.2　英语作格动词的构式偏好考察

本部分选择 COCA，对英语经典致使交替动词展开研究。选择该语料库的主要原因有三：一是目前该库含有 10 亿个词，是最大的当代英语语料库之一；二是该库包含口语、小说、流行杂志、报纸、学术文本、影视字幕、博客及其他网页等八种不同类型的语料来源，文体覆盖面广；三是该库标注词性，方便查询。不足之处在于缺乏语法功能标记。因此，在处理语料时，我们首先以动词为关键词进行查询，确保所有返回的均是动词实例。对于既不属于不及物反致使结构，也不属于及物致使结构的句式，需要降噪处理。我们选择将这些数据保存在语料库中，但重点关注致使交替句式。

在筛查句例时，依照以下标准：①Cx1 中有两个限制条件：宾格（即客体）必须得到显性实现；主语必须是施事（或作者）。也就是说，宾语位置经历动词所示的状态变化，该状态变化是由主语角色所导致的。②Cx2 中，主语位置的实体必须经历状态变化。

因此，我们需要筛选及物致使构式和不及物反致使构式，并排除以下句式。

（1）方位倒装句、动结式、中动式。这些句式会给动词的及物性带来影响，进而对构式带来干扰，甚至会改变构式义，所以需要排除此类词组出现的句例，如（5.1）：

（5.1）she stretched the string taut.

这些句式不同于不及物反致使构式和及物致使构式，带结果短语作间接格，如（5.2）：

（5.2）I will freeze to death.

"*I will freeze to death." 和 "I will simply freeze." 两者构式义有所不同，因而需要排除前者。需要按照以上标准，手动排除无关句例。

（2）不定式。不定式不符合 S+V+O 或 S+V 的结构，如（5.3）：

（5.3）Mix a pinch of metallic eye shadow into face lotion to warm your complexion.

（3）被动式结构。被动构式难以构建动词的及物性，而且对以下两者有时也难以区分，如（5.4）：

（5.4）a. The system is broken.

　　　b. No laws were broken.

被动式结构可能增加确定动词及物性的复杂性，此外，也会存在一些结构上的歧义，有时难以在[X BE V_{PP}]和[X BE Adj]结构间做出判断，因此不予分析。

（4）过去分词已经形容词化且不易分类的情况。在没有上下文的情况下，有的句子既可以理解成省宾及物句，也可以理解成反致使句，具有歧义，如 He finished。

（5）主语明显不具有致使义者也应排除，如（5.5）：

（5.5）I will ring you.

此句不同于 I rang the bell。动词是交际类动词（verb of communication），而不是发声类动词（verb of sound emission），不表示 I cause you to ring，因而不具有致使义。

（6）主系表结构表达关系过程，也应排除。

（7）由于成语或熟语会影响动词原本特性，不予考虑。

（8）短语动词常常会影响动词的作格性和及物性（Lemmens，1998），故不予考虑，如（5.6）中的短语动词 try to do sth.。

（5.6）We're trying to delight one another.

（9）代词 it 做主语，指代不明时，不予考虑，如（5.7）：

（5.7）It's beginning to melt.

（10）领主属宾句。此类句式中，主语不是动作的施事，也不是致事，应予以排除，如（5.8）a 中的 he 既不是施加"使自己腿断"动作的施事，也不是"导致自己腿断"的致事。同理，b 中 we 既不是施加"使脚指头冻僵"动作的施事，也不是"导致自己脚指头冻僵"的致事。

（5.8）a. *He broke his leg.
　　　　b. *We froze our toes.

领主属宾句中，主语位置只是事件的背景信息（setting），不对动词所表示的行为负责。主语和宾语某种程度上都经历了动词表示的事件。换言之，主语的实体与经历动词所表达事件的客体是一体的，除此之外再没有其他的经历者。可见主语并非施事，而且既然主语位置角色是首位焦点，那么别的论元位置也不会表达为施事，这样施事就成了一个未知因素。这里有一点需要说明。关于这种反致使句式的施事隐蔽现象，有时类似施事的实体角色出现在介词词组中，其充当附加语，如（5.9）：

（5.9）The corn was bending with the wind.

施事虽然也表达出来了，但是并未实现为原型主语位置，而是旁格位置，戈德堡将这一现象称为"遮蔽"（shading）。遮蔽是指某参与者被置于阴影中，不再受到侧显（profile）的过程。因此，遮蔽类似于认知语言学中的"非侧显"和管约论以及词汇功能语法（lexical functional grammar，LFG）中的"论元压制"。她认为，一个被侧显的参与者角色在（5.10）条件下在句法上可能得不到表达：

（5.10）a. 出现动词的构式可以明确地将角色遮蔽、剪切或合并。
　　　　b. 动词词汇意义明确，角色即使未被表达，也可得到确定
　　　　　解读。

被遮蔽的参与者可以用一个附加语表达。（5.10）中，被遮蔽的参与者施事实现为附加语。既然施事未表达为动词论元，此类例子应被视为不及物反致使构式。

由于 COCA 容量超大，每个动词检索都会得到众多句例。例如，笔者于 2023 年 1 月 25 日以关键词方式检索，break 出现 145713 次，open 出现 273142 次，close 出现 215664 次。对于这么多语料要开展穷尽性分析是一件挑战性极大的工作，几乎不可能实现。可能的方案是，大致基于这个动词的总体出现频率按比例提取句例。罗曼（Romain，2017）对于 29 个动词，每一个都提取 500 到 1950 个实例，共得到 32355 个实例，对这些句例逐一进行标注。在这些句例中，只有 11554 个句例是致使句式或反致使句式。在 5 个动词组中，有 3 个更常用于及物致使结构。不及物反

致使结构中使用频率稍高的两个是 roll 类动词和 grow 类动词。grow 类动词出现的句例几乎平均分布在不及物反致使句式（50.50%）和及物致使句式（49.50%）。roll 类动词的例子在不及物反致使句式（51.96%）中出现的比例略高于及物致使句式（48.04%）。

roll 类动词在不及物反致使句式或及物致使句式中的出现频率都不是很高，这两种句式相比而言，在不及物反致使句式中的出现频率更高。在 5 个动词中，move、slide 和 turn 更偏向不及物反致使句式，分别占76.42%、92.31%和65.85%。

grow 类动词在两个构式中分布最均匀，不及物反致使句式出现率为50.50%。但也有动词存在分布差异。比如 proliferate 在不及物反致使句式中的出现率为 93.65%，而 expand 和 increase 在及物致使句式中的出现频率更高（分别为69.76%和69.97%）。

6 个温度变化类动词中，有 5 个更常出现在及物致使句式中，但它们也存在分布差异。比如，cool 在及物致使句式中的出现频率为 51.62%。heat 多出现在及物致使句式中，在不及物反致使句式中的出现频率仅为4.49%。

break 类动词在及物致使句式中出现频率为 74.5%，整体远高于不及物反致使句式中的出现频率（25.5%）。在 6 个动词中，crush 在及物致使句式的出现频率为 99.4%，构式偏向性最强。crack 构式偏向性稍弱，在两句式中的占比分别为60.2%和39.8%（表 5.1）。

表 5.1 break 类动词构式偏好分析

项目	break	crack	crush	shatter	snap	tear	总计
提取句例/例	1750	800	700	800	1100	1600	6750
保留句例/例	641	377	329	499	330	92	2268
Cx1 句例/例	520	227	327	326	220	70	1690
Cx1 占比/%	81.1	60.2	99.4	65.3	66.7	76.1	74.5
Cx2 句例/例	121	150	2	173	110	22	578
Cx2 占比/%	18.9	39.8	0.61	34.7	33.3	23.9	25.5

相应地，我们就跨语言中受到较广泛认可的致使交替动词展开区别性配词分析，分别为 develop、improve、close、melt、dissolve、finish、spread、open、change。笔者以杨百翰大学英国国家语料库的语料为基础展开分析，除 dissolve 外，每个动词随机选取 500 例，因 dissolve 仅有421 例，全部纳入考察（表 5.2）。

表 5.2　英语经典致使交替动词的数据分析

动词	BNC 句例/例	筛选句例/例	Cx1		Cx2		p
			句例/例	占比/%	句例/例	占比/%	
develop	500	382	267	69.9	115	30.1	0.2038757
improve	500	426	326	76.5	100	23.5	$9.184291e^{-6}$
close	500	149	92	61.7	57	38.3	0.9616742
melt	500	126	47	37.3	79	62.7	$2.502354e^{-13}$
dissolve	421	172	108	62.8	64	37.2	0.9452656
finish	500	87	76	87.4	11	12.6	$1.86555e^{-5}$
spread	500	239	136	56.9	103	43.1	0.9999534
open	500	172	141	82.0	31	18.0	$1.293465e^{-5}$
change	500	246	166	67.5	80	32.5	0.6026166
总计	4421	1999	1359	68.0	640	32.0	—

接下来笔者通过 dhyper 函数计算费希尔精确检验 p 值。以 develop 为例，考察其在 Cx1 和 Cx2 中的表现，具体运行见（5.11）：

（5.11）sum（dhyper（267:382,382,1359-267+640-115,1359））

[1] 0.2038757

对比英语经典致使交替动词的 p 值（表 5.2）发现，develop、close、dissolve、spread、change 的 p 值均大于 0.001，说明这些动词都没有显著构式偏好。其余动词显著性程度由高到低依次为：finish—open—improve—melt，其中 melt 显著性程度最低。除了 melt 对反致使构式有偏好外，其他都对致使构式具有偏好。

由于语料库的局限性，我们无法对构式意义得出可靠的结论，但仍然可以了解到，一些动词组或多或少地被一种构式所吸引，而显著性配词分析能够向我们提供有助于了解动词与哪个句式相吸引的信息。

我们的研究证明，致使交替动词主要与致使构式相吸引，这一点与罗曼（Romain，2017）的研究结果大致相符。她发现在 29 个致使交替动词中，除 roll、stretch、crack 外，有 26 个表现出明显的构式偏好，且多被及物致使句式吸引。按语义组来说，break 组的动词倾向于被及物致使句式吸引。例如，crush 基本专用于致使句式，break 是此语义组的原型动词。另外四个动词 crack、tear、snap 和 shatter 也不同程度地被及物致使句式吸引。弯曲类动词组中的大多数动词都被及物致使句式吸引，如fold、wrinkle、crease 和 bend。这一组只有 crinkle 明显被不及物反致使句式吸引。在 grow 类动词组中，proliferate、thicken、grow 这三个动词被不及物反致使句式吸引，而 increase 和 expand 则显著地被及物致使句式吸引。温度变化类动词组中，heat、chill、warm 被及物致使句式吸引，burn、cool 和 freeze 倾向性不明显，前两者略偏及物致使句式，freeze 则略偏不及物反致使句。

roll 类动词虽然在不及物反致使句式和及物致使句式均有出现，但是主要存在于其他类型的构式中，即不及物运动构式和及物运动构式。前四个动词都受到不及物反致使构式的吸引，所表示的事件涉及承受者主语而不是纯粹的施事主语。proliferate、move、thicken 和 grow 都显示了主语所做的或所发生的事情，而不是对主语所做的事情。最能被及物致使句式吸引的动词呈现多样性，并不一定都指向原型致使事件。被不及物反致使句式吸引的动词较少，只有 11 个达到显著性水平，其中 10 个的 p 值低于 0.001。以上分析显示，不及物反致使句式的出现频率较低，对动词限制较多。

5.1.3 汉语作格动词的构式偏好考察

下面我们结合汉语作格动词，考察构式偏好。首先，需要明确考察的基本语料，对于不相关的语料进行降噪处理，以尽量排除不相关的句例。

（1）排除"动词+成/为/至/到"等黏着性较强、固化程度较高的动结结构。固化程度高往往会导致动词的作格性和及物性的改变，这一点在跨语言研究中已成共识（刘晓林和王文斌，2010；Romain，2018）。

（2）复杂的动结词组往往对主语有明确具体的要求，如"溶化在一起"要求双主语。故予以排除。

（3）排除用作名词的用法。

（4）排除有歧义的情况，包括致使句与反致使句不明显，以及主动被动不明显的情况。

（5）排除"把"字句和"将"字句。学界对于这两类句式有很多争论，此处尽量不考虑此类有争议句式。

（6）排除无致使义的及物句。无致使义则不符合致使交替的基本概念，故不予考虑。

（7）动词经形容词化与中心词构成定中结构。这一用法类似于英语的过去分词用法。英语中的过去分词具有完成和被动两种理解，汉语亦然，虽然对句义的理解不会带来障碍，但是难以判断主动还是被动，进而无从判断致使还是反致使，故不予考虑。

（8）被动句。考虑到被动句与施动句的对应关系，有研究将被动句也列入考察语料。本书没有采纳，原因是虽然有对应关系，但是语料筛选时还是主要以形式为主，不能通过语义推导或形式转换来扩容语料。

比如，我们可以通过考察"发展"在现代汉语语料库中的分布情况，计算"发展"一词的 p 值。笔者通过检索语料库中"发展"出现的句例，随机取前 500 例进行考察，得出上述要求数据（表 5.3）。

表 5.3　"发展"在现代汉语语料库致使交替中的分布（单位：例）

构式	发展	其他动词	行计
Cx1	76	1515	1591
Cx2	83	969	1052
列计	159	2484	2643

接下来我们运用 R 语言，通过 dhyper 函数计算费希尔精确检验 p 值，考察"发展"在 Cx1 和 Cx2 中的表现，如（5.12）：

（5.12）>sum（dhyper（83:159,159,2484,1052））

[1] 0.0007387906

或：

>sum（dhyper（83:1052,1052,1591,159））

[1] 0.0007387906

可以看出，该词出现在某构式中的显著性程度不高。通过数据可以看出，该词在两构式中的出现频次近似。我们进而对其他词也进行统计，可以得出如下结果（表 5.4）。

表 5.4 汉语经典致使交替动词的数据分析

动词	CCL 句例/例	筛选句例/例	Cx1		Cx2		p
			句例/例	占比/%	句例/例	占比/%	
发展	500	159	76	47.8	83	52.2	0.0007387906
改善	500	437	268	61.3	169	38.7	0.318097
关	500	146	115	78.8	31	21.2	$7.707499e^{-7}$
溶化	383	184	48	26.1	136	73.9	$2.277411e^{-22}$
溶解	500	138	63	45.7	75	54.3	0.0002726366
完成	500	408	317	77.7	91	22.3	$4.165962e^{-16}$
展开	500	408	333	81.6	75	18.4	$9.021252e^{-24}$
开	1000	309	272	88.0	37	12.0	$3.279904e^{-30}$
变	500	454	99	21.8	355	78.2	$2.510901e^{-75}$
总计	4883	2643	1591	60.2	1052	39.8	—

观察数据可以看出，显著性程度由高到低依次为：改善—溶解—发展—关—完成—溶化—展开—开—变。除了"改善"外，p 值均小于 0.001。这说明尽管这些经典动词都有致使交替性，但是大都存在明显的构式偏好，其中"变"是显著性程度最高的配词，在 Cx2 出现的频次（355）远超在 Cx1 出现的频次（99），具有显著反致使构式偏好。"改

善"是唯一的例外，在 437 例句例中，致使句出现 268 例，反致使句出现 169 例，p 值为 0.318097，未达到显著性水平，说明构式偏好特征不显著。

结果很大程度上支持了语义研究的成果，显然配词之间对于构式的选择有差异。同时，两构式的意义也得到了验证。之前的文献仅限于探讨此类动词是否能参与交替，似乎通过语感证明可以参与交替就达到了研究目的，实际上，更需回答也是更难回答的是多大程度上能参与交替，以及其搭配偏好是语对中的哪一方。这样才有助于了解两句式的细微差异。

此处我们仅仅探讨了动词的构式偏好。我们也注意到，文献中讨论较多的致使交替动词"变"和"开"，构式偏好却更加明显。为什么会出现这样与语感明显不符的情况呢？笔者认为主要原因有二：一是两者出现的总频次会影响到动词的被接受度。二是仅看 p 值只能说明构式偏好，不能说明致使交替强度。这一点将在下一节展开。

5.2　致使交替强度分析

前文已论述，不同的理论对于作格交替有着不同的切入点，其中两种观点较有代表性。一种是致使交替观点（如 Levin，1993；Levin and Hovav，2005），主要研究动词的语义以及对论元数量的预测。另一种是表面概括观点（如 Goldberg，2002），主要关注同一构式所代表的不同句例之间的共同点，而不是含有同一动词的两种不同构式的共同点。以上两种观点都主要基于定性研究，结合语感验证得出结论，因此彼此都难以说服对方。笔者认为，对于作格性的分析，需要从客观的角度考虑交替强度测量。这一点需要建立在实际语料和统计基础上。

在进行语料验证前，我们可以做出两种假设：A 假设和 B 假设，见（5.13）：

（5.13）A 假设：Cx1 与 Cx2 交替指数高，因此致使交替是能产性强、认知显著水平高的语言现象。A 假设支持致使交替观点。

B 假设：Cx1 与 Cx2 交替指数低，因此致使交替是能产性弱、认知显著水平低的语言现象。B 假设支持表面概括观点。

前文通过区别性配词分析测量了动词的构式倾向性。但是该倾向性与此处的交替指数并不等同。同时这也表明该分析不足以判断动词的交替强度。可以用（5.14）两个简化例子来说明客体对测量动词交替强度的重要性。

（5.14）a. break the law（只出现在及物致使句式）

b. the day broke（只出现在不及物反致使句式）

这里的假设是，虽然动词可能出现在两句式中，但其客体可能完全不同。构式的总频率也可能部分归因于客体出现的总频率。如果一个动词与某宾语客体搭配频繁，那么该动词对及物致使结构的吸引度可能由于客体的频率而变高。因此，如果一个动词出现在及物致使句式中时，仅与个别客体共现，而出现在不及物反致使句式中时，则与完全不同的客体共现，这样的交替是没有研究意义的。

比如，break 一词可以跟 bubble、TV、breadstick、heart 等很多词搭配，但这些客体 break 的方式各有不同，受事论元提供了大量相关信息（Goldberg，2001）。因此，有必要进一步研究出现在及物致使句式宾语和不及物反致使句式主语位置的客体的核心意义。此外，如果动词在一个构式中的意义与出现在另一个构式中的意义不同时，我们也不能说动词的交替强度高。

要探讨如何测量动词在两句式之间的交替程度，衡量动词的实际交替强度，构式、动词和客体三个元素都必须考虑到。因此，需要衡量一个动词在两构式中有多少重叠，以量化两构式在意义上的重叠程度。为了测量这种重叠，我们将考察两句式共享客体，通过配式分析看构式对动词的吸引力。

　　莱门斯（Lemmens，2021：94-114）提出了一种测量致使动词交替强度的方法，他将动词的交替强度定义为"显示动词在单一参与者构式和双参与者构式之间交替程度的指标"，目的是衡量动词的交替程度是否具有认知规律。

　　正如 4.3.2 节所述，杰卡德指数可以用来测量致使交替强度[①]。杰卡德指数是统计学中用来衡量样本相似度的指数，其定义为：给定 A 与 B 两个集合，A 与 B 交集的大小和 A 与 B 并集的大小的比值，公式如（5.15）所示：

$$（5.15）J(A,B) = \frac{|A \cap B|}{|A \cup B|} = \frac{|A \cap B|}{|A|+|B|-|A \cup B|}$$

　　与杰卡德指数相关的指标叫作杰卡德距离，用于描述集合之间的不相似度。杰卡德距离越大，样本相似度越低。公式定义见（5.16）：

$$（5.16）d_j(A,B) = 1 \quad J(A,B) = \frac{|A \cup B|-|A \cap B|}{|A \cup B|} = \frac{A \triangle B}{|A \cup B|}$$

　　杰卡德指数通过计算动词在两构式间的共享类符指数，得出客体重叠程度。比如，动词 burn 有 274 个客体语料，其中 103 个只出现在不及物反致使句式中（37.59%），133 个只出现在及物致使句式中（48.54%），有 38 个客体在两句式中均有出现，即共享类符数为 38。不难计算，burn 的致使交替杰卡德指数为 0.1387。

　　杰卡德指数仅考虑共享类符，而不是共享形符，其原因是形符测量方法可能会因某些客体的高频率而发生偏差。例如，对于 burn，客体 calorie 出现 46 次，且都出现在及物致使句式中；客体 candle 出现 11 次（在不及物反致使句式中出现 5 次，及物致使句式出现 6 次）。比较这些

---

① 我们采取的杰卡德指数与罗曼（Romain，2017）的有所不同。她计算客体重叠的方法是将共享客体除以客体总数，其中客体总数是 Cx1 和 Cx2 中出现的客体数简单相加，忽视了共享客体被重复计算的情况。因此我们采用并集的概念，有效规避了重复相加的情况。简单来说，集合 {1,2,3} 和 {2,3,4} 的并集是 {1,2,3,4}，而不是 {1,2,3,2,3,4}。

频率与 COCA 中这些客体的总体频率，我们注意到 calorie（作为类符，包括 calorie、calories 和 cals）出现 30717 次，而 candle 只出现 9888 次。如果只统计形符，那么因为 calorie 总形符数低，统计结果会被扭曲。因此，我们决定计算类符而不是形符；也就是说，calorie 不计入 46 次，candle 也不计入 11 次，两者都只能各计 1 次。

基于以上考虑，罗曼对 29 个动词展开了探讨，发现共类指数的范围为 0～0.27，有 17 个动词的共类指数低于 0.10（即少于 10%的共享客体），约占 58.6%。从上述结果可以得出以下结论：及物非致使句式和及物致使句式多允准不同的客体，也就是说，承担动作的状态变化的客体和作为动作所施加对象的客体，两者往往是有所区别的。

顺着这一思路，笔者对英汉语典型致使交替动词展开研究。所得数据见表 5.5 和表 5.6。

表 5.5　英语典型致使交替动词的杰卡德指数

动词	客体类符/个	Cx1/个	Cx1 共类符/个	仅 Cx1/个	共类合计/个	Cx2/个	Cx2 共类符/个	仅 Cx2/个	杰卡德指数
develop	282	192	15	177	15	105	15	90	0.053191
improve	212	172	36	136	36	76	36	40	0.169811
close	77	44	10	34	10	43	10	33	0.129870
melt	79	37	10	27	10	52	10	42	0.126582
dissolve	124	76	13	63	13	61	13	48	0.104839
finish	71	64	4	60	4	11	4	7	0.056338
spread	162	95	13	82	13	80	13	67	0.080247
open	95	76	8	68	8	27	8	19	0.084211
change	152	109	17	92	17	60	17	43	0.111842

表 5.6　汉语典型致使交替动词的杰卡德指数

动词	客体类符/个	Cx1/个	Cx1 共类符/个	仅 Cx1/个	共类合计/个	Cx2/个	Cx2 共类符/个	仅 Cx2/个	杰卡德指数
发展	97	45	8	37	8	60	8	52	0.082474
改善	73	50	17	33	17	40	17	23	0.232877
关	38	33	4	29	4	9	4	5	0.105263

续表

动词	客体类符/个	Cx1/个	Cx1 共类符/个	仅 Cx1/个	共类合计/个	Cx2/个	Cx2 共类符/个	仅 Cx2/个	杰卡德指数
溶化	121	36	12	24	12	97	12	85	0.099174
溶解	102	45	10	35	10	67	10	57	0.098039
完成	155	125	18	107	18	48	18	30	0.116129
展开	120	94	15	79	15	41	15	26	0.125000
开	87	79	7	72	7	15	7	8	0.080460
变	200	24	6	18	6	182	6	176	0.030000

在 9 个英语典型致使交替动词中，杰卡德指数范围为 0.05～0.17，其中有 4 个动词的指数低于 0.10，占比 44.44%。在 9 个汉语典型致使交替动词中，杰卡德指数范围为 0.03～0.24，其中有 5 个动词的指数低于 0.10，占比为 55.56%。

这些结果似乎支持了 B 假设，即支持构式主义的表面概括理念。笔者认为，得出这样的结论还有些草率，可以通过两方面进行深入探讨。一方面是关于临界值的问题。如果采用统计学常用的 0.05 的分界值，罗曼所考察的 29 个动词中，只有 5 个动词的共类指数低于 0.05（约占 17.24%），其他约 82.76% 的动词指数均在 0.05 以上。9 个英语经典致使交替动词的指数均高于 0.05，占比为 100%，8 个汉语致使交替动词的指数高于 0.05，占比 88.89%。另一方面是客体的再考察问题。莱门斯（Lemmens，2021）指出，这种方法只关注形式而没有关注语义相似性。如果以相似性做测量的话，交替指数可能更高。这一点，我们将在下一节展开探讨。

5.3　动词及论元语义分布

上一节对相关动词展开了杰卡德指数计算，一定程度上显示了致使交替强度。但是客体语义问题需要再考察，主要体现在两个方面：一是语义相异性；二是语义相似性。语义相异性主要体现在两个方面：一是同一客体在不同句式结构中可能有不同的语义侧显。比如"他关了门"与"门关了"这两句话中，虽然"门"是共享客体，但是两者的确定性（determination）有所不同：在致使句中，"门"通常是未定的（non-determined）；在反致使句中，"门"通常是有定的（definite）。同一客体的不同语义侧显现象在专有名词中体现得更为突出。比如，如果"张三"是两句式的共享客体，我们并不能理所当然地将两个"张三"视为等同。很显然，此"张三"未必是彼"张三"，有可能在年龄、性别甚至有生性等方面存在差异。二是关于语义相似性。如果我们可以无视两个"张三"在年龄、性别、有生性等方面存在的差异，将其视为共享客体，那么"张三"和"李四"是否也可以视为共享客体？答案如果是肯定的，是不是所有的人名都可以归为同一类符？如果以相似性为基础做测量，交替指数可能更高。此外，带有同一类别属性的词是否可以归为一类？比如"自行车""火车""公交车""出租车"等，是否都可以简化为"车"，如果可以的话，这些词汇在英语中的对应词该如何对待呢？是否也可以将bicycle、train、bus、taxi归为一类呢？

对于以上问题，笔者认为，在计算杰卡德指数时，不宜脱离语言表达形式，人工语义分析不宜参与太多，否则，太多预处理会影响统计的意义。因此，要给予杰卡德指数充分的统计学意义，认可其致使交替的定性意义；同时，可以通过分布语义法，将客体进行语义分组，进一步考察两构式的共享语义。

对客体进行语义分组时，要考虑其语义共性特征。例如，在break的客体中，有些动作方式是相同的，可以归为一类，如bone（骨头）的下义词，collarbone（锁骨）、fibula（腓骨）、kneecap（膝盖骨）可以归为一类。在tear的客体中，有些构成材料是相同的，可以归为一类，如canvas（帆布）、cotton（棉布）、lacing（花边）、towel（毛巾）等，都是布料制成的物品。作为及物致使句式的客体出现的也有一些织物制品，如clothes（衣服）、dress（衣服）、flag（旗帜）、sheet（床单）、shirt（衬衫）、stockings（长筒袜）、suit（西装）、tunic（束腰外衣）、vest（背心）。不出所料的是，五个主题中有两个涉及布料制成的物品：bag（包）和 fabric（织物）。虽然语料只显示一个共享客体 page，但是出现在两构式的有很多纸制品，如不及物反致使构式中的 map（地图）和 picture（图画），及物致使句式中的 envelope（信封）、newspaper（报纸）、paper（纸张）、sticker（贴纸）、ticket（车票）、wallpaper（墙纸）。这些物品中大多数在撕裂或被撕裂的方式上非常相似。从这个意义上，tear 的交替指数应该高于客体重叠测量数据。基于此，我们可以将反致使结构的客体分为 3 个语义组：fabric、paper 和 flesh（肉）。fabric 组包括 band（带子）、canvas、cotton、crease（折痕）、handle（把手）、lacing、mat（垫子）、tent（帐篷）、towel、velvet（天鹅绒）。paper 组由 map 和 picture 组成。flesh 组有 ACL、skin（皮肤）、vessel（血管）。

我们发现，所有三组成员都可以进入及物致使句式，既有外形薄而平的客体，也有比喻意义的用法，比如 family（家庭）、valley（山谷）和 stillness（宁静）。当然也存在其他客体，不属于上述任一组。因此，除了 5 个（7.58%）共享客体之外，还可识别出 7 个语义集群，其中 3 个是共享集群，接近 50%。因此，除了客体重合外，有必要通过客体聚类考察两构式在哪些意义方面是共享的，哪些是特有的。

但是，如果客体数量较多，手动进行语义分组将遇到较大的挑战，不仅是因为量大耗时，还因为手动编码语义相似性可能产生失之偏颇的结果。我们需要一种自动度量语义相似性的系统方法。从这个意义上说，分布式语义法适用于我们研究的语义相似性指标。

5.3.1　动词语义特点

5.3.1.1　一般致使交替动词语义特点

关于致使交替动词的语义特点，学界已有不少探讨，如莱文和霍瓦夫（Levin and Hovav，1995：283-284）总结了英语中 322 个可以用于致使交替的外部致使状态变化动词，郭印（2015a：37-40）总结了汉语中 189个致使交替动词，限于本书篇幅，无法将这些动词逐一展开语料库分析，我们结合汉英语特点，选取（5.17）中的类别动词展开分析：

（5.17）a. "滚动"类：英语有 roll、drop、move、turn、glide；汉语有"滚、丢、动、转、滑"等。

b. "增加"类：英语有 grow、expand、increase、proliferate、stretch、thicken；汉语有"增长、扩大、提高、扩散、拓展、增厚"等。

c. "变温"类：英语有 burn、chill、freeze、heat、warm；汉语有"烧、冷、凉、冻、热、温"等。

d. "折破"类：英语有 break、crack、crush、shatter、snap、tear、bend、crease、crinkle、crumple、fold、wrinkle，汉语略。

e. "心理"类：汉语有"动摇、恶心、感动、涣散、惊动、麻痹、迷惑、为难、委屈、振奋、振作、镇定、震动、震惊、烦"等，英语略。

初步判断，汉英语有同有异。相同之处在于绝大部分列出的动词在汉英语中都能参与交替。不同之处之一在于交替的语义和范围有所不同。比如 move 除了"动"之外，还有"感动"之义，但是，显然在英语中，move 在"感动"这一语义侧面是不能参与交替的。

结合莱文和霍瓦夫（Levin and Hovav, 1995）的研究，我们发现汉语中一些致使交替性较强的动词，如（5.18）：

（5.18）a. 开合类：开、开动、关、闭、断、熄

b. 强度类：增强、增加、增长、激化、缓和、缓解、减轻、减少、加强、强化、加深、加速、扩大

c. 心理类：恶心、感动、振奋、震惊、困惑

d. 改变类：改变、改进、改善、恶化、转变

　　另一点不同在于词的结构。与英语字词一体的构词方式不同，汉语参与致使交替的动词以单音词和双音词为主，其中双音词动结式构词形式较为常见。break 类动词与汉语中"V+破""V+断""V+碎"类动结式构词相对应，这类构词往往存在词汇与语法之间的模糊性，这也是汉语交替的典型现象。比如我们在"在线汉语词典"①检索"破"，并考察"V+破"式双字组合词，可得（5.19）中的词：

（5.19）识破 说破 猜破 爆破 突破 炸破 侦破 撞破 点破 解破 击破
　　　　参破 道破 打破 刺破 戳破 穿破 弄破 瞧破 攻破 看破

　　以上动词中，除了少数如"突破""爆破""解破""参破"等固化程度较高外，其他词多是动结词组的词汇化结果，词内 V_1+V_2 的动结语法关系没有改变。

　　再检索"断"并考察"V+断"式双字组合词，得到（5.20）中的词：

（5.20）1）主谓式：肠断 笔断 意断 气断 魂断
　　　　2）偏正式：独断 详断 专断 妄断 中断 间断
　　　　3）动补式：诊断 责断 裁断 打断 折断 阻断 臆断
　　　　　　　　　　拗断 刺断 截断 了断 斩断 剪断 割断
　　　　　　　　　　隔断 熔断 抢断 切断 卖断 垄断 买断
　　　　4）联合式：判断 推断 论断 问断 决断

　　主谓式构词一般使用在领主属宾句中，偏正式构词时，出现了两种情况：一是 V_1 修饰行为者的情况，如"独断""详断""专断""妄断"等，二是 V_1 修饰客体的情况，如"中断""间断"等。偏正式构词这两种情况的致使交替性有所不同，一般前者强度不如后者。

　　动补式与联合式也有所区别。对比"折断"与"推断"可知，前者属于"V+结果"式组合，后者属于联合词，未包含结果义，因此前者可以参与交替，而后者不可。如果需要参与交替，通常还要加上如（5.21）

---

① 该词典网址为：http://xh.5156edu.com/ciyu/232155end108339.html。

中结果类的补语：

（5.21）a. *病因推断了。

b. 病因推断出来了。

汉语中的结果补语有时可以使句式临时具有交替性，如（5.22）：

（5.22）a. A 队谁都赢不了。（褒 A 队）

b. A 队谁都赢不了。（贬 A 队）

c. A 队谁都打不过。（褒 A 队）

d. A 队谁都打不过。（贬 A 队）

可见，动词的结果补语与作格性有着强烈的相关性。但是结果补语是否一定能将主语动作指向客体的结果，还要看句法和语义之间的牵制结果。模糊地带是两者胶着的胜负难分的状态。汉语的动结式复合动词是典型的例子，复合动词两成分都具有使动的潜质，都存在与句式争夺客体结果义的可能，如（5.23）：

（5.23）a. A 追累了 B。

b. 警察追累了小偷。（A 追，B 累）

b'. 小偷追累了警察。（B 追，A 累）

在（5.23）中，"警察追累了小偷"一句虽然也存在"A 追+A 累"的逻辑可能，但在语感上不太自然，不如"警察追小偷追累了"更通顺，这是因为"累"这一结果补语的使动义的牵制。

因此，似乎可以得出结论，汉语的结果补语已呈现明显的作格特征。事实上，汉语的结果补语的作格标记性之强，有时甚至可以将非作格动词牵制到作格的范围，如（5.24）：

（5.24）a. 这个笑话笑死我了。

b. 新郎官一开口，就笑倒一大片。

当然，也并非所有动结式复合动词都能参与交替，有时 V₁ 的施动性较强，也可以压制 V₂ 的结果义，进而压制句法交替性，如"打动"的 V₁ 的施动性对 V₂ 构成强大的压制，使得该词的交替性受到影响，与"感动"相比较更加明显，如（5.25）：

（5.25）a. 这部电影深深打动了在场观众。

　　　　b. *在场观众打动了。

　　　　c. 这部电影感动了在场观众。

　　　　d. 观众感动了。

动词在表现其作格性时，自然体现了人类语言的共性，这是和完成体、过去时分不开的（曾立英，2009：199）。这一点从汉语语料的作格动词多带助词"了"可以看出。汉语中存在"了₁"和"了₂"的区别。汉语"了"表达体的性质是一个很复杂的问题。"了₁"用在动词后，主要表示动作的完成。如动词有宾语，"了₁"用在宾语前。"了₂"用在句末，主要肯定事态出现了变化或即将出现变化，有成句的作用。如动词有宾语，"了₂"用在宾语后（吕叔湘，1999：351）。

5.3.1.2　心理动词语义特点

本小节将在一般致使交替动词探讨的基础上，考察汉英心理动词的致使交替特征。

心理动词的跨语言研究表明，心理交替与配价和心理特征有关。有些语言通过语态句法操作（例如静态钝化，如德语、英语）、反身化（如德语、西班牙语）或中度被动语态（如希腊语、冰岛语），从及物动词派生出不及物动词的主语经验者动词。有些语言将不及物动词致使化，实现及物化操作，例如通过致使词缀［如土耳其语、日语、尤卡特玛雅语（Yucatec Maya）］或嵌入致使谓词（如韩语、汉语）。也有语言是从共同基础上衍生出交替语对的［如匈牙利语、卡贝卡语（Cabécar）］。

根据莱文和霍瓦夫（Levin and Hovav, 1995）的研究，如果状态变化动词的及物形式的外论元题元角色指派不明确，也就是说，可以是施事或工具或致事，那么该状态变化动词就可以参与交替。阿莱克西杜等

（Alexiadou et al.，2015：58）提出了"欠标外论元条件"（underspecified external argument condition）：不能实现为反致使句的及物动词，其主语局限于施事或施事加工具，无法允准致事。

按照上述观点，如果及物动词外论元可以带不同的题元角色，那么该动词的交替性是可以预测的，事实上，在希腊语、罗马尼亚语和波兰语的宾语经验者（object experiencer，OE）心理动词是可以实现交替为主语经验者（subject experiencer，SE）的，这就是 OE-SE 交替。希腊语、罗马尼亚语、匈牙利语、波兰语中状态变化动词参与的 OE-SE 交替属于致使交替（Alexiadou and Iordăchioaia，2014；Bialy，2012），比如在波兰语中（Bialy，2012）[①]，如（5.26）：

（5.26）a. Wiadomość podekscytowała Piotra.

　　　　news Nom　excite 3Sg Pst　Peter Acc

　　　　The news excited Peter.

　　　b. Piotr　　podekscytował się.

　　　　Peter Nom excite 3Sg Pst Refl

　　　　Peter got excited.

路易斯·吉迪（Luiz Guidi）（Guidi，2011）和艾莉·范盖尔德伦（Elly van Gelderen）（van Gelderen，2014）讨论了古英语中 OE 和 SE 动词存在系统性交替的现象。范盖尔德伦（van Gelderen，2014）认为 OE 动词在古英语中是致使动词，具有交替行为。常见的 OE 动词如（5.27）：

（5.27）a-hwænan（"vex, afflict"）　　　　gremman（"enrage"）

---

① 也有研究认为波兰语心理动词不属于致使交替现象。有学者研究 OE 动词的 SE 反身交替句，发现静态或事件 OE 动词有强制性或选择性工具 DP，充当补语，代表目标/主题（target/subject matter），而不是致事，因此反身 OE/SE 动词交替不属于致使交替；缺少工具 DP 的一价反身 SE 动词属于非作格动词，而不是非宾格动词（Rozwadowska and Bondaruk，2019）。

a-bylgan（"anger"） swencan（"harrass"）

a-þrytan（"weary"） wægan（"vex"）

wyrdan（"annoy"）

和希腊语、罗马尼亚语、匈牙利语以及波兰语一样，古英语 SE 在形式上要么没有特别的形态标记，要么具有反身标记，如（5.28）（Alexiadou，2016）：

（5.28）a. yrsode se casere   for his ingange.

angered the emperor for his entrance

Then the emperor got angry for his entrance.

b. he gebealh hine

he angered him.Acc

He angered himself.

语料显示，某些现代英语中的 OE 心理动词也能够允准参与交替，如（5.29）：

（5.29）a. The pandemic worried Tom.

a'. Tom worried (about the pandemic).

b. The local situation puzzled Tom.

b'. Tom puzzled (over the local situation).

大卫·佩塞茨基（David Pesetsky）（Pesetsky，1995）讨论了在英语中可以参与交替的心理动词，发现这些动词能够与 for 状语兼容，却不能与 in 状语兼容，如（5.30）：

（5.30）a. We puzzled over Sue's remarks for / *in an hour.

b. Sue's remarks puzzled us for / *in an hour.

所以此类心理动词不能解读为状态变化，只能解读为状态或行为，因此，不能参与交替。然而这似乎无法解释（5.31）中的句例：

（5.31）a. The naughty boy frightened the girl deliberately.

b. The thunder frightened him.

按照"欠标外论元条件"，既然 frighten 既可以用作施事（a），也可以用作致事（b），就应该能实现交替。

带有"吓唬"义的动词具有内在致使义。按照《牛津英语词典》，古英语中的 fǽran（fear）源于其动性较弱的致使形式*fǽrjan（to terrify），而此致使形式来源于名词 fǽr。动词中的词缀-j-在古日耳曼语和古英语中是一个能产性较高的致使化词缀。随着该词缀逐渐消失，致使性受到了影响。

现在的 OE 动词不少都是外来借词，比如 anger 来自北欧，还有些动词来自语言内部变化。比如 worry 在古英语中的意思是"杀死"（to kill），到了 19 世纪，才有了"使担心"的意思（van Gelderen，2014：114）。

还有一点需要注意，动词 hit 和 kill 带施事和致事主语，但是并不能参与交替。此类动词是状态变化动词，但是状态变化事件要求导致事件发生的直接致事必须出现。事件涉及由可识别的致事导致的状态变化，因此必须将其引入结构中。从这一点看，英语心理动词不属于此类状态变化动词，其编码的状态变化由外论元所致。

阿莱克西杜（Alexiadou，2016）认为，英语中缺少心理致使交替动词，既有心理方面的原因，也有非心理方面的原因。在非心理方面：①有些 OE 动词被重新分析为 SE 动词；②英语中一些非交替动词被借用为 OE，参与这些动词构词的小 v 和 Voice 层也受到特性变化的影响，因此这些新的 OE 动词也不能参与交替；③英语缺少致使交替动词的形态标记。由图 5.1 可见，小 v 引入了事件，小 v 和结果状态成分导致了致使解读。结果状态成分可以是小句，也可以是简单的词根。正是这一在致使句和反致使句中都存在的致使成分才允准了致事短语。在希腊语中，被视为小 v 中心语的词缀能产性较强，可以准确地实现为小 v。英语 fear 类心理动词，事件 v 实现为-j-，在 OE 动词重新分析时，被重新分析为静态 v，因此上面的结构就不存在了。

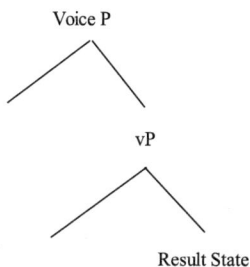

图 5.1　状态变化动词结构表征
资料来源：阿莱克西杜（Alexiadou，2016）

国内语言学界关于心理动词的最早定义，见于《马氏文通》（实字卷之五）："凡动字记内情所发之行者，如'恐''惧''敢''怒''愿''欲'之类，则后有散动以承之者，常也。"（马建忠，2010：215）"记内情所发之行"，指描述内部心理活动。"后有散动以承之"，指此类动词后多接动词性宾语。

心理动词能够指派两个论元角色，一个是经验者，另一个或是使动者（处于主语位置），或是受事成分（处于宾语位置）。在深层结构上，OE 动词和 SE 动词都是 VP 的中心语，区别在于，前者投射到句法上的是 VP 壳，动词受到位于上一级动词短语中心语位置的、没有语音形式的使动成分的吸引，提升至该位置并与之合并，从而成为使动动词，如（5.33）b 所示。赵杨（2009）认为，与 OE 动词不同，SE 动词投射到句法上的只是 VP，而不是 VP 壳，如图 5.2 所示。

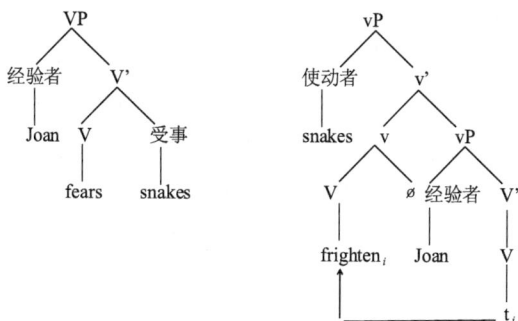

图 5.2　SE 与 OE 表征

（5.32）a. Joan fears snakes.

b. Snakes frighten Joan.

有些动词，如"烦"和"累"，在某些情形下可以带充当经验者的宾语，但是这样的用法是有条件的，即它们只能用在一些结构比较固定的短语里，一旦短语结构出现变化，由这些动词构成的句子就成了不合语法的句子，如（5.33）b、（5.34）b、（5.35）b 所示。也就是说，汉语缺少英语中那样可以自由运用的 OE 动词。从句法上看，汉语心理动词投射到句法上的是 VP，而不是 VP 壳。

（5.33）a. 听到这个消息，张三很兴奋。

b. *这个消息兴奋了张三。

（5.34）a. 别烦我。

b. *张三昨天烦了我。

（5.35）a. 这种事真累人。

b. *这种事累了人。

张积家和陆爱桃（2007）采用心理实验的方法，研究心理动词在头脑中的语义组织和分类，以揭示此类动词的心理意义，他们运用自由分类和 MDS 方法进行界定，并把心理动词分为五类：①认知心理动词，共 29 个词，包括注意、感觉、感到、发觉、熟悉、了解、记得、体会、认识、知道、晓得、明白、懂得、回忆、忘记、想象、幻想、觉得、思考、考虑、计划、打算、主张、认为、想、估计、猜、推测、决定；②积极情绪心理动词，共 17 个词，包括感谢、喜欢、热爱、满足、满意、放心、同情、平静、喜爱、感激、感动、爱、笑、快乐、愉快、高兴、激动；③积极意愿心理动词，共 17 个词，包括同意、理解、赞成、支持、欢迎、重视、相信、希望、盼望、愿意、爱好、尊敬、尊重、关怀、关心、欣赏、怀念；④消极情绪心理动词，共 10 个词，包括担心、伤心、害怕、愤怒、生气、恨、讨厌、惊恐、哭、失望；⑤消极意愿心理动词，共 7 个词，包括反对、企图、误会、怀疑、迷信、轻视、小心。

心理动词可分为心理状态动词和心理致使动词。心理活动或状态一般是由外部刺激产生的，但是对于不同的心理情绪而言，这种外部刺激所起到的动因作用是不同的。心理状态动词类情绪的产生受外部刺激的作用很小，大多数可以自发产生，属于自主性动词，可控性很强；心理致使动词类情绪的产生则都是由外部刺激引起的，这种外部刺激就起到了致使者的作用。另外，我们会看到，在具有使动用法的心理动词中，消极情绪心理动词的比例多于积极情绪心理动词，这是因为，相较于积极情绪，消极情绪更容易受到外部因素的影响。因此，我们可以得出这两类动词的题元栅，见（5.36）：

（5.36）心理状态动词<感受者，客事>
　　　　心理致使动词<致使者，感受者>

题元栅表明，这两类动词都分别带有两个必有题元，心理状态动词的题元为感受者和客事，心理致使动词的题元为致使者和感受者。针对这两类动词从语义结构到句法结构链接上的差异，佩塞茨基（Pesetsky，1995）提出的题元阶层理论如下：致使者>感受者>目标/话题（target/subject matter）。此处目标/话题即相当于客事，客事不同于受事，不会受到动词的影响，这正是心理状态动词后宾语的特点。在由深层的语义结构向表层的句法结构映射的过程中，致使者在线性序列上领先于感受者，而感受者领先于客事。因此，在心理状态动词作谓语的句子中，感受者作主语，客事作宾语；在心理致使动词作谓语的句子中，致使者作主语，感受者作宾语。

心理状态动词和心理致使动词的另一个区别是，心理致使动词可以有使动及物和自动不及物两种句式，而当心理致使动词进入自动不及物句式时，心理致使动词描述的是一种心理状态，就相当于心理状态动词了。关于心理动词有自动不及物和他动及物的区别，陈承泽早在《国文法草创》[①]

---

① 《国文法草创》是研究古代汉语语法的专著，陈承泽著，以文言写成。商务印书馆 1922 年出版，1957 年重印，1982 年新版。

// · 143 · //

中就已经观察到了，他指出，"自动字之表状态者，如'变''化''成''败''枯''朽'等，表自然界、人为界之变迁之字，及'喜''怒''哀''乐''哭''泣''颦''笑'等，表心理感觉或其见于外之状态之字是也……此等之字，亦得有后置副词，然其副语罕为表场所者。且此等之字，大多数得以表级度之限制副字副之"（陈承泽，1982：30），"表心理或言语等类之他动字，则可以语句组成目的语，而率不得为被动"（陈承泽，1982：36）。这里说明了心理动词的一个规律，即从生命度的角度说，客体的生命度层级较高，通常需要"人"来担任。

检索 CCL 语料库，发现先秦汉语中心理致使动词使动和自动交替的如下用例，见（5.37）和（5.38）：

（5.37）a. 庄公寤生，惊姜氏，故名曰"寤生"，遂恶之。（《左传·隐公元年》）

b. 闻言而惊，不得所由。（《吕氏春秋·仲春纪》）

（5.38）a. 且赏以说众，众皆哭，焉作辕田。（《国语·晋语三》）

b. 学而时习之，不亦说乎？（《论语·学而》）

（5.37）a 中"惊"和（5.38）a 中"说"都是及物致使动词，（5.37）b 中"惊"和（5.38）b 中"说"都是反致使动词。"说"通"悦"，是它在引申义"喜悦"基础上的分化字。

对比英语语料，我们也能找到此类动词既出现在及物句也出现在不及物句中的情况，如（5.39）：

（5.39）a. More than 200 birdsongs and useful information will delight even the most dedicated bird-watcher.

b. You can delight in a flower without having to pluck and own it.

c. Don't just deliver, but instead delight.

但是经分析不难看出，delight 可以出现在及物致使句，如（5.39）a，而不太可能出现在反致使句。虽然（5.39）b 和 c 中 delight 有不及物用法，但是 b 后面有 in 引导的介词词组，delight in 已经固化为固定表达。c 句难以判断是省宾的及物致使还是反致使句，故不能作为反致使句的例证。

再如（5.40），虽然 move 也能出现在两类句式中，但是不同的句式涉及不同的语义侧面，不能视为致使交替动词。

（5.40）a. His story has truly moved me.

　　　　b. I moved (to the countryside).

在英语中，move 除了"动"（b）之外，还可作心理动词，表"感动"之义（a）。显然它在"感动"这一语义侧面是不能参与交替的。

与英语不同，汉语心理动词多可以参与交替，原因之一是这些动词一般不用于进行时态，在语料中通常自然指向过去时。如章振邦（1983：132）指出，表示心理或情感状态的动词，一般不用于进行体。张道真（1995：145-153）认为表示状态和感觉的动词，如 love、like、hate 等，一般不用于进行时态，因为它们不能表示正在进行的动作。徐广联（1991：298）明确指出，心理、情感、状态动词如 like、love、hate、fear 等表示非活动性的静止状态，不用于进行时态。

可见，心理类静态的状态动词是不能用在进行时态中的。那么是否可以断定，love 完全不可以用在进行时态呢？生活中似乎不乏进行时态的例子，如（5.41）：

（5.41）a. I'm lovin' it.（麦当劳品牌宣言）

　　　　b. So I am loving you.（某免税店广告歌）

　　　　c. I'm Still Loving You.（某电影主题曲）

笔者查阅了杨百翰大学英国国家语料库。首先通过 loving 进行上下文关键词检索，共找到 1396 例，绝大多数都不是进行时态。为了进一步确定进行时态中的用法，我们分别以 am loving、are loving、is loving、been loving 展开检索，分别得到 5、5、13、6 例，共计 29 例，其中不相关的有 14 例，相关的有 15 例。

以 am loving 为关键词所搜索的相关句例只有两例，见（5.42）：

（5.42）a. Football is a game of chance and I am loving every minute of
　　　　　it.（表达情绪）

　　　　b. How do I best practise it and know that I am loving God?（表
　　　　　达情绪）

可能现代英语有这样一个发展趋势，静态动词变为非静态动词，SE
变为施事，如（5.43）：

（5.43）the skiers are loving this/I am liking private life...

表示心理或情感状态的动词用于进行体时通常改变含义，如（5.44）：

（5.44）a. Be quiet. I'm thinking (=giving thought to a problem).

　　　　b. Surely you are imagining things (=entertaining or indulging
　　　　　yourself with illusions).

　　　　c. Now you're understanding (=beginning to understand) this a
　　　　　little better.

如果词义转变，表示状态和感觉的动词能表示一个正在进行的动
作，就能够用于进行时态，如（5.45）中的 think 和 hear：

（5.45）a. What are you thinking about?（你在想什么？）

　　　　b. I'm not hearing as well as I used to. （我的耳朵没有过去
　　　　　好了。）

此处状态动词 think 发生了转义，由"认为"转为"想""考虑"。
hear 也发生了转义，由无意识的"听到"转为有意识的"听"。

从语体的角度来说，表示心理或情感的动词通常只在口语中用于进
行时态，如（5.46）：

（5.46）a. How do you like this hot weather?

b. How are you liking this hot weather?

另外，心理动词用在进行时态中，可以用来表达情感和语气的强调，如（5.47）：

（5.47）How are you feeling today?（你今天觉得怎么样？比"How do you feel today?"显得更亲切些）

综上所述，现代英语中可以用于进行时态的心理动词通常具有以下特点：①由经事变施事，增加操控感、主动性，状态动词转变为动作动词；②为了表达一种情感（如赞叹、厌烦等），或是为了强调情况的暂时性；③往往只在口语语体和广告语等场景中使用，起强调、夸张的作用。

总之，心理动词只有在语义角色、语体、情绪情感发生改变的情况下，才能用于进行时态，而此时，状态动词就转变成了动作动词。因此，进行体并不能视为心理动词的常规用法。

英语心理动词的交替性经历了长期的历时变化。在历史上，多数心理动词具有可交替性，其突出特征之一是经验者语义角色出现在宾语而不是主语中。

查阅《牛津英语词典》发现，心理动词，如 fear、like、relish、marvel、loathe，在历史上可以后接 OE，在不同的历史时期出现了 SE 的用法，存在一个既可以做 OE 也可以做 SE 的阶段。两种语法经过长期相互压制和竞争，SE 胜出。范盖尔德伦（van Gelderen，2014）对相关心理动词与 OE 和 SE 搭配的历史演变做了集中梳理，见表 5.7（标题略作调整）。

表 5.7　心理动词 OE-SE 演变趋势

心理动词	OE	SE
fear	1480 年以前	1400 年至今
like	1800 年以前	1200 年至今
relish	1567～1794 年	1580 年至今
marvel	1380～1500 年	1380 年至今
loathe	1600 年以前	1200 年至今

我们分析汉英心理动词不难发现，其在致使句中的语义基本相似，都具有致使义、动作义和结果义，但这并非交替的充分条件。

具有相似及物致使句表现的汉英心理动词却具有不同的反致使句表现，这也可以看出语义和句法的牵制。汉语的结果义直接压制了句法表现，这使得反致使句有了可能。英语中虽然心理动词也具有结果义，但是该义在动词中不够强，在与句法的较量中落负，其结果义只能通过句法解决，即用被动的形式表达结果的意义，于是就有了此类动词通过过去分词表达状态的情况，见（5.48）：

（5.48）a. The movie greatly touched the viewers.

b. *The viewers touched.

c. The viewers were touched.

d. 这部电影感动了在场观众。

e. 在场观众非常感动。

从以上对汉英语心理动词的致使交替性的分析中可以看出，语义句法的互动体现了至少三方面的相互压制：①组合关系与聚合关系的拉锯；②词汇化与语法化的拉锯；③结果义在主语和宾语间指向的拉锯。

5.3.2　客体论元语义分布

上一小节通过分析汉英心理动词的语义特征，探讨了心理动词的致使交替特征的差异。本小节通过客体论元语义分布，探讨汉语心理动词的客体论元特征，所讨论的心理动词主要是：麻痹、振奋、震惊、迷惑、委屈、恶心、感动、为难、吓唬。由于这些动词在语料库中呈现的数量不一，拟统一取前 1000 例纳入研究，不足 1000 的则全部纳入研究。检索显示，只有"吓唬"一词不足 1000 例（972 例），其他 8 个词均取前 1000 例。限于篇幅，以下有关这 9 个动词的论元列表中，将仅对 Cx1 宾语论元和 Cx2 主语论元进行穷尽性统计，Cx1 主语论元仅部分呈现。

5.3.2.1 麻痹

根据《现代汉语词典》，"麻痹"作动词时具有两个义项：①身体某一部分的感觉能力和运动功能丧失，由神经系统的病变而引起。②使失去警惕性；使疏忽。除此之外，它还可以作为形容词，表示"失去警惕性；疏忽"。初步判断，"麻痹"既可以出现在及物句中，也可以出现在不及物句中，如（5.49）：

（5.49）a. 在历史上，反动统治阶级利用教育传播反动的思想观点，
　　　　　 麻痹人民的思想。
　　　　 b. 面部神经麻痹。

语料分析时排除了以下句例。
（1）非谓语动词的情况，如（5.50）：

（5.50）a. 使青虫麻痹不能活动。
　　　　 b. 为了麻痹敌人，……

（2）固定用法：麻痹大意。
（3）非 SVO 或 SV 语序：对脑神经麻痹。
（4）反身用法：自我麻痹。
（5）中动用法：麻痹起来。
（6）非动词用法，如（5.51）：

（5.51）a. ……分散你的注意力，让你在麻痹的情况下挨宰
　　　　 b. 克服麻痹思想
　　　　 c. 先天性小儿麻痹

（7）及物性不清晰的情况：就怕下半夜麻痹，容易出问题。

排除以上句例后，笔者对"麻痹"在致使交替句式中论元分布情况进行了统计，括号内指同一类符的形符出现次数，两句式的共享类符进行了加粗显示，见表5.8。

表 5.8　"麻痹"致使交替句式论元列表

句式	语义角色	类符
Cx1	主语	陛下、剥削阶级、帝国主义、毒药、行为、蒋介石、世俗气、它（2）、统治阶级（3）、修正主义、烟幕弹、咱们、组织
	宾语（19/23）	才华、创造力、大众、**敌人**、工人、工人阶级、肌肉、警惕、民族、明军、普罗大众、群众、人、人民、**思想**（2）、我军、系统、杨虎城、意志（4）
Cx2	主语（12/28）	党、党员、**敌人**、呼吸肌、舌头（2）、神经（7）、事情、手腕、手足、**思想**（10）、四肢、调节中枢

表 5.8 显示，"麻痹"的致使交替句式的共享论元不仅有有生论元"敌人"，还有无生论元"思想"。笔者进一步通过配式分析调查了"麻痹"交替显著性分析和共类指数，见表 5.9。

表 5.9　"麻痹"交替显著性分析和共类指数

动词	BNC 句例/例	筛选句例/例	Cx1/个	共享/个	Cx2/个	p
形符	1000	51	23（45.1%）	3	28（54.9%）	0.04697204
总计	8972	1450	834	109	616	—
类符	1000	31	19	2	12	0.068966
总计	8972	689	335	47	354	0.073209

表 5.9 数据显示，"麻痹"具有一定的可交替性。详细分析句例发现，不同的语境使用的语义侧面不完全相同。

（1）具体和抽象交替客体都有，具体有"肌肉""党""敌人"等，抽象多集中在"精神""思想"等。

（2）不及物句中，"麻痹"主要用于具体义；它用作引申义时，多见于四字格中，如"麻痹大意""麻痹松懈"，或多与"不能""不可""防止"等否定祈使句连用，如（5.52）。因此，笔者认为，在"失去警惕性"这一义项上，它不仅仅表达结果状态，还有行为动作义；在不同的语境下，它具有作格动词和形容词两种用法，不宜一概归为形容词。

（5.52）a. 四肢麻痹。

　　　　b. 这些事故的主要原因都由于厂领导和有关人员思想麻痹……

　　　　c. 有的司机就开始思想松懈、麻痹大意。

　　　　d. 林业部门、防火部门在森林火灾这个问题上千万不能麻痹。

（3）及物句中，虽然也偶有具体义的使用情况，但是更多的还是引申义，如（5.53）：

（5.53）自从人类进入阶级社会以来，剥削阶级总是利用宗教来麻痹人民的反抗意志。

（4）受到客体褒贬义程度的影响，交替程度也有不同。如"人民"可以出现在及物宾语的位置，但是受到词义的影响，在句法上有两点体现：一是通常不出现在过去式，二是一般不参与交替。对比可见，在不及物主语的位置上，"人民"被替换成了"人们"，如（5.54）：

（5.54）a. 剥削阶级常用来麻痹人民。

　　　　b. 人们太麻痹了，也太疲惫了，夜里都睡得死死的，直到敌人进了村还没察觉。

5.3.2.2　振奋

根据《现代汉语词典》，"振奋"有两个义项：①作形容词：（精神）振作奋发。②作动词：使振奋。初步判断，"振奋"既可以出现在及物句中，也可以出现在不及物句中，如（5.55）：

（5.55）a. 吃一点儿生姜，可振奋脾胃。

　　　　b. 全国军民人心振奋。

在语料分析时，排除了以下句例。

（1）中动句式，如（5.56）：

（5.56）a. 王朝新突然振奋起来。

b. 守城士兵全部振奋起来。

（2）领主属宾句，如（5.57）：

（5.57）他振奋一下精神。

（3）使令句，如（5.58）：

（5.58）那个同学在和她谈起这一理想时的激动劲儿，使她也感到振奋。

排除以上句例后，笔者对"振奋"在及物句主宾语和不及物句主语中的分布情况进行了统计（表 5.10），并进一步通过配式分析调查了"振奋"交替显著性分析和共类指数（表 5.11）。

表 5.10 "振奋"致使交替句式论元列表

句式	语义角色	类符
Cx1	主语	部门、成立、承诺、吃生姜、此语、村民、大会、大家（4）、党委政府（2）、二人、干部（2）、干警、干群、话、讲话、口号（2）、领导群众（2）、领导者（2）、企业（4）、契机、全厂、全局、全省（2）、群众（7）、人民（7）、数字、他（2）、它、同志、我、我们（15）、形势、杨柳雪、战绩（2）、掌声、职工（4）、职工们、驻厂员、壮举
	宾语（19/123）	代表、**国人**、激情、**精神**（94）、领导层、**民心**（2）、脾胃、情绪、**人心**（7）、**士气**（4）、信心、雄心、意识、音像界（2）、职工、自豪感、自己、自信心、**群情**
Cx2	主语（29/86）	东门、干部（2）、**精神**（31）、工作者、**国人**（2）、何开荫（2）、记者、江油人、教授、举国、军心、矿山、领导、**民心**、努尔哈赤、全国、**群情**（14）、**人心**、省长、**士气**（4）、他（2）、通玻人、文化界（2）、我（4）、我们、心情（4）、某演员、中国人、中阳

表 5.11 "振奋"交替显著性分析和共类指数

动词	BNC句例/例	筛选句例/例	Cx1/个	共享/个	Cx2/个	p
形符	1000	209	123（58.9%）	35	86（41.1%）	0.365517
总计	8972	1450	834	109	616	—
类符	1000	48	19	6	29	0.152174
总计	8972	689	335	47	354	0.073209

分析可见，及物致使句中主语既可以是"干部、村民、群众、同志、领导者"等语义较集中的群体，也可以是"企业、全厂、全局、部门"等机构，还可以是"话、讲话、口号、承诺、大会、形势、杨柳雪"等无生命实体，还可以是一个事件，如"吃生姜"。共享客体集中在"精神、人心、士气、民心"等语义较接近的抽象词。

5.3.2.3　震惊

根据《现代汉语词典》，"震惊"具有两个义项：①作形容词：大吃一惊。②作动词：使大吃一惊。初步判断，"震惊"既可以出现在及物句中，也可以出现在不及物句中，如（5.59）：

（5.59）a. 进入 90 年代后，日本的房地产泡沫再度震惊了世界。

　　　　b. 噩耗传来，科学界震惊了，教育界震惊了。

语料分析时排除了以下句例。

（1）被动句，如（5.60）：

（5.60）a. 当 1957 年苏联人造卫星上天时，美国朝野被震惊。

　　　　b. 人们完全为这目睹一般的情景所震惊。

（2）把字句，如（5.61）：

（5.61）隆隆的机器声把农民兄弟震惊了，震笑了。

（3）"V+N"做定语的情况，如（5.62）：

（5.62）蒋廷黻在清华执教的第三年即 1931 年，发生了震惊中外的"九一八"事变。

（4）使令句，如（5.63）：

（5.63）a. 昨天副校长王怡亭向他提交了调离天虹的报告，使唐强颇为震惊和气愤。

b. 这么大的购货量让克罗克震惊了。

　　排除以上句例后，笔者对"震惊"在及物句主宾语和不及物句主语中的分布情况进行了统计（表 5.12），并进一步通过配式分析调查了"震惊"交替显著性分析和共类指数（表 5.13）。

表 5.12　"震惊"致使交替句式论元列表

句式	语义角色	类符
Cx1	主语	案件、报告、兵马俑坑、病人、步伐、惨案、惨败、惨剧、春雷、此案、此语、诞生、邓小平、电报、噩耗、发生、发现（2）、发展、分析、公司、行为（3）、集锦、技艺、建设、结果、精神、举措、开放、老高、蘑菇云（2）、泡沫、奇文、签订、清河、设计、事、事件（8）、逝世、水俣病、四川队、损失、所作所为、他（3）、它、谈吐、通稿、土炮、危机、问题、消息（8）、新说、殉难、游行、陨落、政变、中毒、中原、壮举
	宾语（60/112）	阿根廷、冰坛、厂家、**朝野**、村民们、大地、当局（2）、德国（3）、俄罗斯、公安机关、**国内外**（2）、国人（2）、海内外（2）、行业、寰宇、箭坛、津门、路人、美国、欧洲（2）、欧洲内外、亲人（3）、清廷、**全厂**（2）、**全国**（10）、全家、全球（3）、**全省**、全世界（7）、人（2）、人民（2）、日军、沙俄、山东、商业界、上层、上海滩、社会、神州大地、**世界**（16）、世人（2）、四座（2）、苏格兰、**他们**、田坛（2）、同行、外公、文坛、文艺界、舞台、香港、亚洲、**政府**、中国、**中国人**、中外（5）、中央（2）、珠宝界、专家、紫禁城
Cx2	主语（74/127）	IT业、安理会、百姓、报社、北京方面、本人、**朝野**（2）、车城、陈德林、成年人、大臣（2）、大臣们、大家、东晋、读者（3）、对方、干部、干部们（2）、干警们、各界、工人们（2）、公司、观众、**国内外**、华人、获奖者、集团、记者、蒋介石、教育界、经理（2）、举国（5）、举世（7）、科学界、老人、领导（2）、洛阳、马云、明神宗、明世宗、努尔哈赤、汽车界、**全厂**、**全国**（2）、全局、**全省**、全县、全组、人们（6）、人人、商界、沈剑虹、**世界**（8）、他（7）、**他们**（2）、她（2）、体坛、听众（2）、王洪超、我（10）、我们（5）、乡亲们、业内人士、舆论、院长、长安、**政府**、职工、职工们、中方、**中国人**、主任、专家教授们、总统

表 5.13　"震惊"交替显著性分析和共类指数

动词	BNC句例/例	筛选句例/例	Cx1/个	共享/个	Cx2/个	p
形符	1000	239	112（46.9%）	17	127（53.1%）	0.0001874407
总计	8972	1450	834	109	616	—
类符	1000	134	60	9	74	0.152174
总计	8972	689	335	47	354	0.073209

不难发现，"震惊"有不少致使交替的现象，其中在致使句中的表现，主要有以下特点。

（1）有些主语并非具体实体，而是一个事件，如（5.64）：

（5.64）a. 急需严格隔离的鼠疫病人逃离医院再次震惊了政府，因为专家们称他们为"活炸弹"。

　　　　b. 1993 年 5 月 30 日，天津 8 岁男童王某被硫酸毁容，惨不忍睹，震惊津门。

　　　　c. 三五九旅越战越勇，连战连捷，震惊了侵华日军。

（2）"震惊"一词的语义特殊性往往受到新闻标题的青睐，而标题中使用时常可省略"了"，以现在时表达刚刚发生的事情，这一点与英语相同，如（5.65）：

（5.65）a. 假酒中毒震惊阿根廷

　　　　b. 东方黑马震惊田坛

在反致使句中，主要有以下特点。

（1）在反致使句中，"震惊"一词往往表示的情绪更加强烈。这主要体现在以下几个方面：动词往往受到程度副词构成的状语修饰，如"大为""极为""颇为""很""非常""挺""为之""万分""十分""相当"等，有时还在"震惊"后加"不已"进行补充，还有时出现在感叹句中，如（5.66）：

（5.66）a. 诸多驻中国的外国使节及许多大陆民众又一次震惊了，普遍表现出了强烈的关注。

　　　　b. 当时我感到很震惊。

　　　　c. 尼克松访华后，日本朝野大为震惊。

　　　　d. 中国人震惊了！

（2）就文体而言，反致使句口语体使用较突出，如（5.67）：

（5.67）我参观他们的孔庙，真是特别震惊。

（3）半固化的用法较多，如"举世震惊""震惊全国"等，如（5.68）：

（5.68）a. 一时间，举世震惊。

b. 三株危机震惊全国。

c. 这是通用汽车公司 60 年来出现的第一次亏损。美国朝野震惊。

d. 自上海爱国冤狱爆发，世界震惊，举国痛愤。

（4）在反致使句中，NP+V 句式往往需要修饰成分，修饰主语 NP、动词，或者在句式后补充句式未尽信息，如（5.69）：

（5.69）a. 美国及本人闻悉此事，异常震惊，谨代表美国政府及人民致最忠诚之歉意。

b. 这时人们震惊了：劳模还能这样？

c. 他震惊之余，立志要创造中国记忆的奇迹。

（5）在反致使句中，"震惊"受到"感到""表示""深表"等修饰，如（5.70）：

（5.70）a. 满朝文武大臣都感到十分震惊。

b. 报告对假冒部件生产的"日益增长的规模"表示震惊。

汉英语心理动词都有正向与反向之分，所谓正向指经验者作主语，反向指经验者作宾语。"喜欢"和 like 属于正向心理动词，"震惊"和 shock 属于反向心理动词。其中反向心理动词还可以分为正向和负向，这是从情感因素来区分的。比如 amaze 属于正向，worry 属于负向。

5.3.2.4　迷惑

根据《现代汉语词典》，"迷惑"具有两个义项：①作形容词：辨不清是非；摸不着头脑。②作动词：使迷惑。初步判断，"迷惑"既可以出现在及物句中，也可以出现在不及物句中，如（5.71）：

（5.71）a. 努尔哈赤完成了军事试探，掌握了明军的虚实，也迷惑了辽东的官将。

　　　　b. 学生迷惑了，家长们更迷惑了。

在语料分析时，排除了以下句例。

（1）"NP+迷惑+O"做定语的情况，如（5.72）：

（5.72）这是他迷惑人的惯用手段，以此欺骗和愚弄人民的意识。

（2）使令句，如（5.73）：

（5.73）这些公式的来源曾使已往的数学史家长期感到迷惑或争论不休。

（3）固定或半固定用法，如"迷惑不解""迷惑不已"，如（5.74）：

（5.74）a. 孙中山一时迷惑不解。

　　　　b. 宋霭龄从没有见过革命党内部发生这种局面，她感到迷惑不解。

（4）被动句，如（5.75）：

（5.75）你是被他的甜言蜜语迷惑住了。

（5）目的状语，起到英语中不定式的作用，如（5.76）：

（5.76）a. 再后来，十六国诸皇帝同样青睐"虚冢"，多设假坟以迷惑盗墓者……

　　　　b. 为了迷惑敌人，使其造成错觉，天津战役前线指挥部刘亚楼司令员将计就计。

（6）非动词用法，如（5.77）：

（5.77）a. 需要用有力的宣传工作来解开人们的偶然迷惑。

b. 每当她站在课堂上，面对全班几十双清纯而迷惑的眼睛，她就感到很激动。

排除以上句例后，笔者对"迷惑"在及物句主宾语和不及物句主语中的分布情况进行了统计（表 5.14），并进一步通过配式分析调查了"迷惑"交替显著性分析和共类指数（表 5.15）。

表 5.14　"迷惑"致使交替句式论元列表

句式	语义角色	类符
Cx1	主语	把戏、表示、丑剧、出版物、大艇、戴笠、电脑商、烦恼、光、鬼、蝴蝶鱼、话、谎言、假人、江青、理论、马教练、曼索尔、美人鱼、模样、你、努尔哈赤、女人、其、他（4）、他们（2）、它、它们、同志、头目、外衣、我们、无明、香风毒雾、邪教、邪说、徐海东、洋迷信（3）、一伙、造假者、渣滓、政府、执着外境、中国队、主张、追逐外境、姿势、组织（3）
	宾语（40/89）	爱好者、百姓、本来、本性、部门、大众、导弹、敌人（11）、弟子、盯梢者、读者、**对方**（3）、对手（6）、官将、孩子（3）、航海者、练功者、民众（5）、女性、群众（7）、人（16）、人民、人员、日方、社会（2）、世人、视听、思想、**他们**、**她**、同志、妄心（2）、**我们**、消费、消费者（3）、心智、眼睛（2）、鱼、炸弹、政府
Cx2	主语（19/32）	曹纯之、**对方**、副县长、家长、克莱尔、朋友、企业家（4）、人士、宋霭龄、他（4）、**他们**、**她**、唐由之、投资者、闻者、我（6）、**我们**、学生（3）、中年人

表 5.15　"迷惑"交替显著性分析和共类指数

动词	BNC 句例/例	筛选句例/例	Cx1/个	共享/个	Cx2/个	p
形符	1000	121	89（73.6%）	4	32（26.4%）	0.0001026977
总计	8972	1450	834	109	616	—
类符	1000	59	40	4	19	0.152174
总计	8972	689	335	47	354	0.073209

经过分析，发现"迷惑"在致使交替中有如下特点。

（1）承担致事语义角色的可移性较高，既可以是人，如"我们、马教练、努尔哈赤、女人"，可以是动物，如"蝴蝶鱼、美人鱼"，也可以是工具，如"外衣"等，也可以是抽象名词，如"谎言、烦恼、主张、洋迷信"。共享客体集中在人，如"对方、他们、她"。

（2）在致使句中，宾语除了具体实体，还有抽象名词，如（5.78）：

（5.78）a. 大家本来都是佛，只因追逐外境，迷惑了本性。

　　　　b. 由于我们向外追求，执着外境，迷惑了本来。

（3）在反致使句中，动词往往受到程度副词的修饰，如"非常""深感""很"，有时受到情态动词修饰，如"可以"，见（5.79）：

（5.79）a. 作为作家，这些年看见黄色的精神垃圾毒害青少年，我也非常迷惑，非常愤怒。

　　　　b. 在这种情况下法院宣告破产，难怪厂里干部职工和当地群众深感迷惑。

　　　　c. 他听了很迷惑，就问师父："出家是否还有别的事可做？"

　　　　d. 在战时发布"处理"过的数字也可以迷惑对手，使其对双方的攻防实力对比作出错误判断。

5.3.2.5　委屈

根据《现代汉语词典》，"委屈"具有两个义项：①作形容词：受到不应该有的指责或待遇，心里难过。②作动词：使人受到委屈。初步分析，"委屈"既可以出现在致使句中，也可以出现在反致使句中，能够参与致使交替，如（5.80）：

（5.80）a. 爸爸委屈你了。

　　　　b. 孩子委屈，该哭就让他哭。

在语料分析时，排除了以下句例。

（1）固定用法：委屈求全（语料库如此，疑为"委曲求全"）。

（2）中动用法：我有些委屈起来。

（3）非动词用法，如（5.81）：

（5.81）a. 母亲整天跟她唠叨自己的委屈。

b. 得知自己是季军的王新，委屈地流着泪水走下领奖台。

（4）使令句：让小妹委屈了。

（5）被动句，如（5.82）：

（5.82）那些年您受委屈了。

（6）作"深感""觉得""感到"等感官动词宾语，如（5.83）：

（5.83）唐强感到很委屈，自己为学校努力，却有不少人不理解，创一流真难啊。

　　排除以上句例后，笔者对"委屈"在及物句主宾语和不及物句主语中的分布情况进行了统计（表 5.16），并进一步通过配式分析调查了"委屈"交替显著性分析和共类指数（表 5.17）。

表 5.16　"委屈"致使交替句式论元列表

句式	语义角色	类符
Cx1	主语	爸爸、不用大碗、大家、地委县委、家人、劳模、那、你、娘、谁、他、她（2）、我、想上学没钱上、这、这样
	宾语（18/49）	儿媳妇、二大娘、大爷、公子、**孩子**（5）、海量、家人、老百姓、老人、**你**（14）、你们（2）、您（3）、庆龄、**人**、**他**（6）、先生、小姐、**自己**（7）
Cx2	主语（37/67）	部门、崔京胜、儿子、法比尤斯、法官、干部（2）、姑娘、**孩子**、何伟、胡蝶、吉炳南、局长、考生、老王、老许、李三保、连长、林诗銮、马云（2）、**你**（4）、农民、女朋友、妻子（2）、**人**、**他**（5）、他们、她（10）、太太、唐强、王黑德、我（10）、我们（2）、熙修、小郑、燕莎、职工们、**自己**（2）

表 5.17　"委屈"交替显著性分析和共类指数

动词	BNC句例/例	筛选句例/例	Cx1/个	共享/个	Cx2/个	p
形符	1000	116	49（42.2%）	13	67（57.8%）	0.0004026024
总计	8972	1450	834	109	616	—

动词	BNC句例/例	筛选句例/例	Cx1/个	共享/个	Cx2/个	p
类符	1000	54	17	5	37	0.152174
总计	8972	689	335	47	354	0.073209

分析可见，致事语义角色多集中在人，如"爸爸、你、娘、谁、他、她、我"，也可以是事件，如"不用大碗""想上学没钱上"。共享客体全部是人，如"孩子、你、人、他、自己"。

5.3.2.6　恶心

根据《现代汉语词典》，"恶心"具有三个义项：①作形容词：有要呕吐的感觉；②作动词：厌恶；令人厌恶；③（方言）作动词：揭人短处，使难堪。

初步判断，"恶心"既有及物致使的用法，也有反致使的用法，如（5.84）：

（5.84）a. 你不要恶心我。
　　　　b. 他有点恶心。

在语料分析时，排除了以下句例。
（1）非动词用法：满屋一股恶心的粪臭。
（2）中动用法：我和老伴顿觉恶心起来。
（3）把字句：你终于把我恶心死了。
（4）使令句：每一次都使他头疼恶心、周身不适。
（5）反身用法：别乱揣，放在口袋里甚至裤兜里，皱皱巴巴地恶心自己……。

我们发现语料库中共有2244句例，前1000例中未见一例及物致使用法，于是我们对2244句例进行了穷尽性调查。笔者对"恶心"在及物句主宾语和不及物句主语中的分布情况进行了统计（表5.18），并进一步通过配式分析调查了"恶心"交替显著性分析和共类指数（表5.19）。

表 5.18   "恶心"致使交替句式论元列表

句式	语义角色	类符
Cx1	主语	画面、你、自己、碗、我、事情
	宾语（3）	**人**、**我**、自己的声调
Cx2	主语（35/69）	村民（2）、患者（4）、经理、居民、卡捷琳娜、老板、老高、老太、李伯刚、刘来村、你、年轻人、女儿、女孩、妻子、汽车兵们、群众、冉妮娅、**人**（7）、人人、谁、他（8）、他们、她（5）、外人、汪秀丽、**我**（12）、我们（3）、小庄、徐婷、杨健、杨清民、重者、总统、邹索馨

表 5.19   "恶心"交替显著性分析和共类指数

动词	BNC 句例/例	筛选句例/例	Cx1/个	共享/个	Cx2/个	p
形符	1000	72	3（4.2%）	2	69（95.8%）	$2.963779e^{-23}$
总计	8972	1450	834	109	616	—
类符	1000	38	3	2	35	0.152174
总计	8972	689	335	47	354	0.073209

在此 1000 句例之外继续分析可见，在 2244 句例中，共出现 7 例及物致使句［见（5.85）］，能够承担动词"恶心"致事语义角色的较少，只有个别如"画面、你、自己"等能够充当。共享客体也较少，只有"人、我"等。

（5.85）a. 夏天智不喝，骂道："这碗恶心人不恶心人？"

　　　　b. 长着两只大肥脚片的女人还不恶心人？

　　　　c. 姑娘的麦子面生的屁臭得恶心人！

　　　　d. 姑娘的舌头有啥味气？唾沫涎水还不恶心死人！

　　　　e. 建国小芸的事情真恶心人。

　　　　f. 我就恶心你们一下。

　　　　g. 人家给你的名片上没头衔的话，就别问你现居何职，那你不是恶心人家吗……

其他以反致使句居多，如（5.86）：

（5.86）a. 她一阵恶心，差点吐出来。

　　　　b. 一个并不胖的女孩减了 60 斤，枯瘦如柴，异常虚弱，见
　　　　　了什么都恶心，想吐。

　　　　c. 他也总要远避三米以外，还屡屡指着蛇对我说："我恶心，
　　　　　我恶心……"

可见，"恶心"一词与其他词有些不同，以反致使为主。

5.3.2.7　感动

根据《现代汉语词典》，"感动"具有两个义项：①作形容词：思想
感情受外界事物的影响而激动，引起同情或向慕。②作动词：使感动。初
步判断，"感动"能够参与致使交替，如（5.87）：

（5.87）a. 这件事深深地感动了我。

　　　　b. 员工将会非常感动。

在语料分析时，排除了以下句例。

（1）非谓语动词：女儿也给以王杰最深的感动。

（2）被动句：田滋医生终于被感动了。

（3）使令句：当时史沫特莱的这种忘我工作精神，使宋庆龄深为感动。

排除以上句例后，笔者对"感动"在及物句主宾语和不及物句主语
中的分布情况进行了统计（表 5.20），并进一步通过配式分析调查了"感
动"交替显著性分析和共类指数（表 5.21）。

表 5.20　"感动"致使交替句式论元列表

句式	语义角色	类符
Cx1	主语	爱心、帮助、表达方式、才华、诚意、赤诚（2）、创作、此举、风气、佛祖说法、副团长、工作（3）、行动（5）、郝三海、话、祭祷（2）、精诚、精神（17）、举动（2）、决心、科利华、哭声、敛拳、你、女儿、女人（2）、评价、情景、情至深、请求、热情（2）、人、深情厚爱、事迹（5）、誓愿、他（3）、他们、她（3）、态度、为人、文章、我的伟大、我们、小说家、小心、心声、信（2）、雄心壮志、哑巴、言之切、演讲、业绩、一席话、颍考叔、勇气、愚公、这件事（2）、真诚、真理、真情、真挚、执著（2）、忠义、朱丹溪、壮举、自强风貌、作品

句式	语义角色	类符
Cx1	宾语 （77/134）	别人、部队、**部门**（4）、参谋、场长、慈悲心、大姐、切利天王、敌人、读者、队员、**对方**（2）、法国人、服务员、高工、**工人**、工作人员、雇主、雇主们、官兵、国王、患者、**皇帝**、舅舅、局长、康克清、老教授们、**老师**（3）、老师们、李中康、**领导**（8）、旅客、牛商圈、女儿、女主人、其他人、全国、群灵、群众（4）、**人**（7）、人家、**人们**（3）、人士、人心（2）、人员、上帝（15）、上司、上天、神灵（2）、省长们、师生们、天、天地（4）、**天神**（3）、天王、同仁、同学、同志们、外商、卫士们、**我**（4）、**我们**（2）、先辈、校长（4）、心肠、新学生（2）、有识之士、招聘、郑庄公、知情者、职工、宙斯、诸神（2）、专家、自己（3）、组员
Cx2	主语 （84/124）	别宋诸夫、**部门**、部属、陈凤、代表们、刀美兰、邓颖超、杜霍夫斯基、**对方**、干部、**工人**、公安干警、宫恩本、郭德纲、何光、何开荫、胡福园、**皇帝**（2）、徽因、记者、记者们、将士、教授、经理们、军民、科长、客户（2）、客人、老干部、老人、**老师**、老太太、李嘉诚、邻居、**领导**、马庆兰、毛福梅、明太祖、明星、女神、女士、婆婆、企业家们、青年、区长、**人**（3）、**人们**（2）、日商、三军、诗人、世宗、首长、谁、思成、宋美龄、他（4）、他们、她（3）、天帝、**天神**、魏太武帝、**我**（26）、**我们**（5）、吴昭仁、武官、下属、寻子、杨业、易玛、尹盛喜、友人、余、员工、张高律、张连生、张女工、张学良、昭子、政委、重耳、主任、壮士、子弟兵、总统（2）

表 5.21　"感动"交替显著性分析和共类指数

动词	BNC 句例/例	筛选句例/例	Cx1/个	共享/个	Cx2/个	p
形符	1000	258	134（51.9%）	18	124（48.1%）	0.9804533
总计	8972	1450	834	109	616	—
类符	1000	161	77	11	84	0.152174
总计	8972	689	335	47	354	0.073209

　　分析可见，致事语义角色分布较广，既可以是人，如"你、女儿、女人、他、他们、她"，也可以是无生命实体，如"风气、评价、情景、爱心、帮助、决心"，具有一定程度的可移性。共享客体分布较广，主要有"部门、对方、老师、工人、皇帝、领导、我、我们"等，主要是人，

"部门"虽是例外，但也是用机构类词转喻为人。

5.3.2.8　为难

根据《现代汉语词典》，"为难"具有两个义项：①作形容词：感到难以应付。②作动词：作对或刁难。初步判断，"为难"既可以出现在及物句中，也可以出现在不及物句中，如（5.88）：

（5.88）a. 女人何苦为难女人。

　　　　b. 这个人很为难。

在语料分析时，排除了以下句例。

（1）非动词用法：高虎听了狄盖特的话，为难地说：……。

（2）使令句：郑贵妃想当皇太后一事，确实令他为难。

排除以上句例后，笔者对"为难"在及物句主宾语和不及物句主语中的分布情况进行了统计（表 5.22），并进一步通过配式分析调查了"为难"交替显著性分析和共类指数（表 5.23）。

表 5.22　"为难"致使交替句式论元列表

句式	语义角色	类符
Cx1	主语	部门、记者、将士、教授、老天（2）、马云、你（3）、你们、娘、人（3）、书记、司马懿、他（2）、他们（2）、天公、我、我们、校尉、徐书记、议员团、员工、这、这下
	宾语（22/37）	大家、歌手、巨人（公司）、卡西亚诺夫、**领导**、**秘书**、**你**（2）、你们、您、**企业**、人们、**人员**、师妹、**他**（3）、**他们**（6）、她们、**我**（5）、消费者、**学校**、用户、自己（4）
Cx2	主语（64/83）	阿敏、编者、卜宪合、部门、厂商、陈春泉、成员、村民、大臣、大学、邓朴方、读者、队长、樊连珍、福格茨、干部（2）、哥哥、关员、监督、建筑师、姜瑞峰、蒋介石、科威特、蓝翎、老师们、**领导**（2）、妈妈、美国、**秘书**、母亲、**你**、**企业**、人（3）、**人员**、石敏、宋霭龄、**他**（3）、**他们**（3）、她（2）、同志（2）、同志们、外地客、王莉、王耀、韦唯、**我**（9）、我们、吴锡铭、五国、希拉克、先生、小伙子（2）、学生、**学校**、巡警、医生、银行、政府、之孝家的、朱汉章、主编、专家、自民党、组委会

表 5.23 "为难"交替显著性分析和共类指数

动词	BNC 句例/例	筛选句例/例	Cx1/个	共享/个	Cx2/个	p
形符	1000	120	37（30.8%）	17	83（69.2%）	$6.711736e^{-10}$
总计	8972	1450	834	109	616	—
类符	1000	86	22	9	64	0.152174
总计	8972	689	335	47	354	0.073209

分析可见，承担"为难"致事语义角色的既可以是"记者、将士、教授、你们、娘"，也可以是"这、部门"，但总体而言，生命度层级较高，可移性较低。共享客体可以是人，如"秘书、你"；也可以是机构，如"企业、学校"。

5.3.2.9 吓唬

根据《现代汉语词典》，"吓唬"具有一个义项，用作动词，表示"使害怕""恐吓"。初步判断，"吓唬"只能出现在及物句中，如（5.89）：

（5.89）你别吓唬爸爸妈妈了。

在语料分析时，排除了以下句例。

（1）非 SVO 或 SV 语序：他们找谁吃饭啊？吓唬吓唬算了。

（2）反身用法：万不可杯弓蛇影，自己吓唬自己。

（3）被动句：魏安釐王被吓唬住了。

排除以上句例后，笔者对"吓唬"在及物句主宾语和不及物句主语中的分布情况进行了统计（表 5.24），并进一步通过配式分析调查了"吓唬"交替显著性分析和共类指数（表 5.25）。

分析可见，承担"吓唬"致事语义角色的既可以是人，如"厂长、村民、大家、大人"；可以是动物，如"狗"；可以是物，如"数字"；也可以是工具，如"罗盘、稻草人"，具有较高的生命度可移性。虽然如此，该词未发现在反致使句中的例子，不具备交替能力。

表 5.24 "吓唬"致使交替句式论元列表

句式	语义角色	类符
Cx1	主语	阿尔伐罗、阿廖娜、芭铎、爸爸、彼佳、部长、厂长、村民、大拿、大家、大人（2）、大人们、大王、当局、稻草人、德刚、德黑兰、得屋、敌人、队长、儿子、佛教徒、父母、父亲、富农、公园、狗、鬼、郭标、孩子（2）、韩玄子、赫鲁晓夫、胡人、话（2）、家长（2）、驾驶员、见解、康红、老大、老师、老王、老武、李三、连长、刘星、论调、罗盘（2）、妈妈、美国、美国方面、民事执行吏、母亲、拿破仑、男人、奶奶、男生、你（56）、你们（2）、您（4）、女妖、庞然大物、乞丐、人（5）、人们（2）、什么、首长、数字、谁（2）、司令、他（24）、他妈、他们（4）、它（3）、它们、她（12）、她们、太监、土耳其人、网友、威胁（2）、文章、问题、我（33）、我们（5）、乌苏娜、乌云、卫士、项羽、校长们、严志和、医院、姚兴、野孩、伊朗、伊利亚、英夷、院长、张桂全、这、种植户们、自己（11）、作者
	宾语（78/264）	小孩、DB、爸爸妈妈、百姓（2）、宝宝、别人（4）、布什先生（2）、成员、大哥、大家（2）、敌人、佃户、读者、对方（3）、俄方、鳄鱼、父母、公司、闺女、国家（2）、孩子（7）、何荆夫、警察、老百姓（3）、老婆子、老师、老头、李永芳、理论家、露阴癖、罗沛常、麻雀、美国、美国人、妹妹、你（7）、你们（2）、您、女儿、女人、女同志、派出所、皮埃尔、侵略者、人（33）、人家（2）、人们（3）、人民、人类、日本、师傅、世人、谁（10）、水鸟、他（31）、他们（10）、它（3）、她（16）、她们（2）、太太们、天子、同胞（2）、同学（3）、瓦尔迪姆、外行人（2）、外地人、我（37）、我们（6）、吾人、乌鸦、西方、小孩（3）、学生（2）、夜行者、异族人、咱们、丈夫、自己（14）
Cx2	主语	

表 5.25 "吓唬"交替显著性分析和共类指数

动词	BNC 句例/例	筛选句例/例	Cx1/个	共享/个	Cx2/个	p
形符	972	264	264（100%）	0	0（0%）	$2.106909e^{-73}$
总计	8972	1450	834	109	616	—
类符	972	78	78	0	0	0.152174
总计	8972	689	335	47	354	0.073209

根据表 5.26，按照显著性程度由低到高排序如下：感动—振奋—麻痹—委屈—震惊—迷惑—为难—恶心—吓唬。其中，"感动""振奋""麻痹"大于 0.001，说明没有明显的句式偏好。"吓唬"是一个极端的例子，972 个句例中，没有一例符合反致使句的句式判断标准。

表 5.26　心理动词的交替显著性分析

动词	BNC 句例/个	筛选句例/个	Cx1		Cx2		p
			句例/个	占比/%	句例/个	占比/%	
迷惑	1000	121	89	73.6	32	26.4	0.0001026977
委屈	1000	116	49	42.2	67	57.8	0.0004026024
麻痹	1000	51	23	45.1	28	54.9	0.04697204
振奋	1000	209	123	58.9	86	41.1	0.365517
为难	1000	120	37	30.8	83	69.2	$6.711736e^{-10}$
恶心	1000	72	3	4.2	69	95.8	$2.963779e^{-23}$
感动	1000	258	134	51.9	124	48.1	0.9804533
吓唬	972	264	264	100	0	0	$2.106909e^{-73}$
震惊	1000	239	112	46.9	127	53.1	0.0001874407
总计	8972	1450	834	57.5	616	42.5	

根据表 5.27，以 0.05 为界，"震惊""麻痹""委屈"交替性较强，构式偏好较低。其余动词具有较强的构式偏好。其中，"感动""迷惑""振奋""吓唬"偏好致使句式，而"为难""恶心"偏好反致使句式。

表 5.27　心理动词的构式偏好

动词	BNC 句例/例	客体类符/个	Cx1/个	仅 Cx1/个	共类合计/个	仅 Cx2/个	Cx2/个	共类指数
迷惑	1000	55	40	36	4	15	19	0.072727
委屈	1000	49	17	12	5	32	37	0.102041
麻痹	1000	29	19	17	2	10	12	0.068966
振奋	1000	42	19	13	6	23	29	0.142857
为难	1000	77	22	13	9	55	64	0.116883
恶心	1000	36	3	1	2	33	35	0.055556

续表

动词	BNC句例/例	客体类符/个	Cx1/个	仅Cx1/个	共类合计/个	仅Cx2/个	Cx2/个	共类指数
感动	1000	150	77	66	11	73	84	0.073333
吓唬	972	78	78	78	0	0	0	0.000000
震惊	1000	125	60	51	9	65	74	0.072000
总计	8972	642	335	288	47	307	354	0.073209

以 0.05 为界，除了"吓唬"外，其他动词均超过 0.05，说明交替强度较高。研究发现，与汉语心理动词不同的是，英语心理动词通常不具有交替性。

5.3.2 节所调查的 9 个动词中，根据《现代汉语词典》的释义，除"吓唬"只有动词词性外，都有一个共同特点，即都将无宾语句中的用法列为形容词。如果这样的话，汉语中此类心理动词就不存在不及物动词的用法，也就无法对致使交替现象展开探讨了。本书按照不及物动词统一处理。

其实，对于此类用法的形容词和动词的词类归属问题，历来有很多争论。李临定（1999：92）在处理"恶心"一词时，认为其特点是可以具有静态形容词的特征，又可以"动化"而具有动词的特征。孟琮等（1999：145-146）将"我很感动"中"感动"能够被"很"修饰的不及物用法当作动词对待。沈家煊先生曾长期参与《现代汉语词典》的审定工作，他表示标注词性时，最难缠的就是动词和形容词的分合（沈家煊，2016：77）。

朱德熙（1982：55-56）对形容词和动词作了区分：凡受"很"修饰而不能带宾语的谓词是形容词，凡不受"很"修饰或能带宾语的谓词是动词。确定形容词的两项标准（受"很"修饰和不能带宾语）必须兼备，是合取关系；确定动词的两项标准（不受"很"修饰和能带宾语）只要符合其中一项即可，是析取关系。既然凡是能带宾语的，不管受不受"很"修饰，都是动词，那么我们所讨论的 9 个动词都是能带宾语的，因此理所应当视为动词。

朱德熙先生在处理"委屈"①等词时，认为它们属于动词和形容词的兼类词。但是形动兼类说并不符合上述关于"动词"和"形容词"的界定。于是，他又作了解释，"此类动词带宾语的时候是动词，不带宾语的时候是形容词"（朱德熙，1982：56；着重点为笔者所加）。笔者认为，朱德熙先生的这个表述本身是将形容词当成动词的一个次类。也就是说，动词包括形容词，形容词可以视为一种不及物动词。将形容词视为动词的一个次类，既能解释形容词直接做谓语的现象，也不会陷入动形兼类说的窠臼（沈家煊，2016：80）。

其实，这也是致使交替心理动词的共同特点，动词兼有结果状态义、行为义和致使义。

5.4 小 结

本章运用斯特凡诺维奇和格里斯（Stefanowitsch and Gries，2003，2005）提出的探析词项与构式吸引度的配式分析方法，以提取特定构式意义；讨论用来测量交替语对共享信息的方法；结合分布语义理论，对词项进行系统分组，并根据分组所提供的有关构式中不同元素的信息，了解构式意义。

使用区别性配词分析，通过双尾费希尔精确检验得出 p 值，调查动词在致使交替构式对间细微的分布差异，判断两构式间的相关度，考察交替动词的构式偏好。英语经典作格动词中，develop、close、dissolve、spread、change 没有显著构式偏好，finish、open、improve、melt 都具有显著构式偏好。汉语经典作格动词都有致使交替性，除了"改善"之外，大都存在明显的构式偏好。

本章利用 COCA 和 CCL 展开研究，以共享客体数除以客体总数计算杰卡德指数，考察了致使交替强度并具体考察了施事和客体的语义特征，

---

① 朱德熙先生在论述时，使用了"委曲"一词，根据所论及的语言现象和句例（"委曲你了"），现在一般使用"委屈"。

得出客体重叠程度。

本章运用共类指数考察致使交替强度，发现及物非致使句式和及物致使句式多允准不同的客体，也就是说，承担动作的状态变化的客体和作为动作所施加对象的客体往往是有所区别的。与汉语心理动词相比，英语心理动词交替性较低。本章主要考察了构式对动词的吸引度、作格强度考察、分布语义学视角，系统测量名词的语义相似性，依据该相似性对客体进行分组，组成相似的名词聚类，显示在哪一构式分布多或少，判定具体词和抽象词的边界。

从对汉英语心理动词的致使交替性的分析中可以看出，"麻痹""震惊""委屈"交替性较强，构式偏好较低。其余动词具有较强的构式偏好。其中，"感动""迷惑"　"吓唬"偏好致使句式，而"振奋""为难""恶心"偏好反致使句式。经分析不难看出，英语心理动词的交替性较低，偶有相似的情况，也多已凝结为固定表达，如 delight 可以出现在及物致使句，但除了 delight in 已经固化为固定表达外，不太可能出现在反致使句。对比汉英语心理动词可以看出，语义句法的互动体现了至少三方面的相互压制：①组合关系与聚合关系的拉锯；②词汇化与语法化的拉锯；③结果义在主语和客体间指向的拉锯。

第6章

汉英致使交替现象的对比及应用

6.1 汉英经典交替句式翻译策略

前文多次论证，汉英致使交替动词具有一词多义特征，而这一特征以其敏感、复杂的轴心作用，既有所言之义，也有所含之义，对于语言意境的营造起到了独特的作用。这一特点在古代汉语单音节词中的表现多于现代汉语。为了详细考察，本节将通过唐诗中致使交替动词在使因链上的不同表现，并结合英语中的表现，考察相应的英译策略。

唐诗以其凝练的文字勾连描摹，往往能再现丰富的想象、超脱的意境和真实的情感。汉语语言的主观性对于诗歌意境的营造大有助益，特别是致使交替动词的取舍，往往能让诗歌的表现力锦上添花，如（6.1）：

（6.1）　　　　　　　　　登楼

杜甫

花近高楼伤客心，万方多难此登临。

锦江春色来天地，玉垒浮云变古今。

北极朝廷终不改，西山寇盗莫相侵。

可怜后主还祠庙，日暮聊为梁甫吟。

这首诗备受诗家推崇，被评为"声宏势阔，自然杰作"（[清]浦起龙《读杜心解》卷四），"气象雄伟，笼盖宇宙，此杜诗之最上者"（[清]沈德潜《唐诗别裁》卷十三）。历来评论多基于整体意象和作者的创作动因出发，而忽略了决定其"诗魂"的致使交替动词的使用。

　　交替动词用法的使用是本诗的一大特点。整首诗（题目除外）共出现八个动词[①]："近""伤""登临""来""变""改""侵""吟"。其中前六个动词在用法形式上有共性，如（6.2）：

（6.2）不及物　　　　　　　　及物

　　　　此登临　　　　　　　　登临此

　　　　高楼近　　　　　　　　近高楼

　　　　客心伤　　　　　　　　伤客心

　　　　春色来　　　　　　　　来天地

　　　　古今变　　　　　　　　变古今

　　　　朝廷改　　　　　　　　改朝廷

　　一首诗八个动词有六个用法特殊，比如"近"就被作为"疑难词"的"特殊"用法列入《现代汉语疑难词词典》（李临定，1999），显然，此类动词具有"特殊"的共性功能，对于诗歌本身的成就也产生了正面的影响。语言与客观世界之间，往往需要人的心理主观性作为中介。汉语属于主观性很强的语言，特别是它的词类系统具有很强的主观性，体现着说话人个性的印迹，包括感情、态度、立场、视角等。这些动词有些属于致使交替动词，有些不属于，但是交替性应该是它们的共有属性。

　　本节将结合唐诗中所出现的 SVO 和 SV（作格动词深层结构是 OV）交替的现象，并解析其认知过程。

6.1.1　致使交替动词的核式-线性解读

　　一类致使交替动词可以做核式解读（nuclear interpretation）。功能语言学认为，核式解读属于因果模式或引发模式（Davidse，1991；

---

　　① "还"字的处理或有不同意见。一般认为字表"仍然"之义，为副词，予以排除。

Lemmens，1998）。"过程—中介"居核心地位，可以单独出现，可左向开放来吸纳引发者（instigator），即"致事"（causer）（图 6.1）。

图 6.1　交替动词的核式解读

当致事和客体都出现的时候，力的外驱、内趋和抵达合三为一；当仅有客体出现的时候，力的内趋和抵达合二为一。及物和不及物的选择只是事件在不同程度的侧显。此类动词即致使交替动词，主观性最强，可以实现致使交替，其独特性在于它的动性张力。

举例来说：对比"春风又绿江南岸"（王安石《泊船瓜洲》）和"春草明年绿"（王维《山中送别》）两句。春风又绿江南岸："江南岸变绿"是一个独立过程，左向接纳"春风"作为致事：致事（春风）→致使→江南岸→变→江南岸→绿。"春草明年绿"中"春草绿"构成了一个独立过程，"绿"具有接纳致事的潜质：致事（？）致使→春草→变→春草→绿。以上事件可以表征如（6.3）所示：

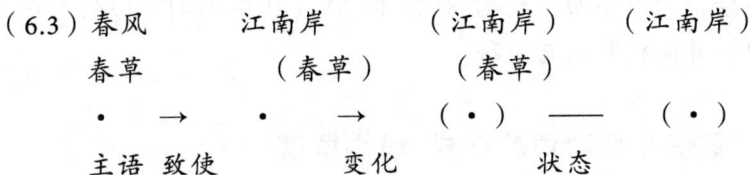

（6.3）春风　　　　江南岸　　　　（江南岸）　　　（江南岸）
　　　　春草　　　（春草）　　　　（春草）
　　　　·　　→　　·　　→　　（·）　——　　（·）
　　　主语　致使　　　　变化　　　　状态

另一类致使交替动词可以做线性解读（linear interpretation）。线性解读将施事视为最重要的参与者和观察的起点。如图 6.2 所示，在二元构式里，施事向右延展，吸纳行为指向的"目标"（goal）为参与者。目标并没有和施事共同参与过程，而是完全受施事行为影响的惰性参与者，此类动词主观性最弱。相比核式解读的因果关系，线性解读强调过程的行为延展关系，是一种右向解读。

图 6.2　交替动词的线性解读

例如"美人卷珠帘"，"美人"实施"卷"的动作，构成了事件过程，该动作指向目标"珠帘"，受事"珠帘"是过程的惰性参与者，而不是积极的共同参与者。相应地，"家僮扫萝径""太乙近天都，连山接海隅""圆光含万象，醉影入闲流"都可以做相同的解读。

6.1.2　致使交替动词的连续体解读

不少语言现象并非像前文所述那样清晰可辨，在现实语言现象中，多呈现出两种解读方式相互压制的动态平衡。在诗歌中，同一致使交替动词有时兼具两种解读的潜质，具有较大的伸缩性。不同句式和动词的主观性强度也常会形成连续体分布。词与构式的相互压制，此消彼长，会给诗句带来亦此亦彼、呼应连带的效果。

试对《登高》中动词的主观性作初步分析。"花近高楼伤客心"中，"近"本是非作格动词，"花"是无生命实体，不是动作的发出者。但"近"由于处于 SVO 句式中，可表"接近"义，"近"的语义经过了扩容，增加了张力，也使"花"的生命度有了提升。"伤心"本是领主属宾结构，凝练成了动词，和"近"一样，也被收入《现代汉语疑难词词典》（李临定，1999），说明了其可离可合的特性。"登临"兼具及物动词和非作格动词两种特性，"此登临"就有了多种可能：非作格动词用法的"此人"，作格化用法的"此处"，或者是状语"此次""此时"等。"来"是典型的非宾格动词，是"死来"类动词的代表。受到致使句的压制，"来"有时也会产生作格化用法，如"再来两个馒头"中，"来"就具有了"使某物来"的作格化用法。虽然"锦江春色来天地"中"来"是"来到"之义，但"来"字的多种可能也增加了诗歌的韵味。"变"一直以来被视为典型的作格动词（曾立英，2009；郭印，2015a），它的"致使义"、"动作义"和"结果义"兼具的特征也让"玉垒浮云变古今"的"变"具有了三义一体的潜质，这种张力增加了识解主观性。"北极朝廷终不改"中，虽然"改"只是非宾格动词，表面看是主动语气，但是"改"也有及物用法，可以吸纳致事。因此，虽然"改"的动词构式中的"致使义"被截去，但是受作格动词构式的压制，心理上还有印迹。此处除了表达"始终未改"的事实，还表达了"应该改而未改"或"应该被改而未改"的心理感受。

通过考察致使交替动词在唐诗中的强弱表现，我们共发现了六类代表性句式，分别是：①致使交替；②动结交替；③领属交替；④非致使交替；⑤非同义交替；⑥临时交替。要厘清以上句式的区别，核式与线性的二分法显然无法做到，以下尝试借用使因链理论予以分别表征。

6.1.2.1　致使交替

（6.4）a 和（6.4）b 分别代表致使句和反致使句，（6.5）是对致使交替句式的使因链表征：

（6.4）a. 春窗曙灭<u>九微火</u>，九微片片飞花琐。（王维《洛阳女儿行》）
　　　 b. 香炉<u>宿火灭</u>，兰灯宵影微。（韦应物《郡斋卧疾绝句》）

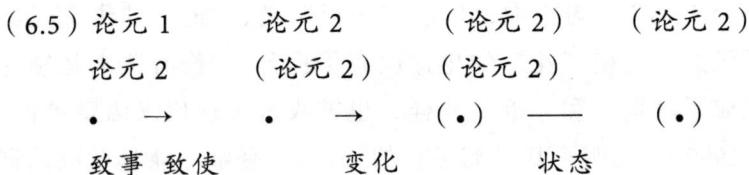

（6.5）论元1　　　论元2　　　（论元2）　　（论元2）
　　　论元2　　（论元2）　　（论元2）
　　　● → 　　　● → 　　　（●）—— 　　（●）

　　　致事 致使　　　　变化　　　　状态

6.1.2.2　动结交替

（6.6）是动结交替的例子，（6.7）是对动结交替句式的使因链表征：

（6.6）春风十里扬州路，<u>卷上珠帘</u>总不如。（杜牧《赠别二首》）

金井梧桐秋叶黄，<u>珠帘不卷</u>夜来霜。（王昌龄《长信秋词五首》）

（6.7）论元 1　　　 论元 2　　　（论元 2）　　（论元 2）

　　　论元 2　　　（论元 2）　　（论元 2）

　　　•　 →　 •　 →　 （•）——（•）

　　　致事 致使　　　 变化　　　 状态

6.1.2.3　领属交替

（6.8）是领属交替的例子，（6.9）是对领属交替句式的使因链表征：

（6.8）a. 清明时节雨纷纷，路上<u>行人欲断魂</u>。（杜牧《清明》）

　　　b. 雪貌潜凋雪发生，故园<u>魂断弟兼兄</u>。（黄滔《旅怀》）

例（6.8）的特点是因为 N₂（魂）是 N₁（行人）的一部分，因此 N₂ 与动词无法脱离 N₁ 而存在，即该过程无法实现独立识解。因此，具有领主属宾的交替功能的动词主观性不如致使交替动词。

（6.9）（论元 1）　　 论元 2　　　 论元 3　　（论元 3）

　　　论元 2　　 论元 3　　（论元 3）

　　　•　 →　 •　 →　 （•）——（•）

　　（致事） 致使　　　 变化　　　 状态

6.1.2.4　非致使交替

（6.10）是非致使交替的例子，（6.11）是对非致使交替句式的使因链表征：

（6.10）花浇了。　浇花了。

"浇"没有反身用法，不完全符合三项诊断标准。"花浇了"只是主题突出现象，并非反致使句。

同理，在"樵人归欲尽，烟鸟栖初定"（孟浩然《宿业师山房待丁大不至》）句中，"归""栖"均是不及物用法，而它们也都可以出现在及物用法中，如"残萤栖玉露，早雁拂金河""竹喧归浣女，莲动下渔舟"。但是，这两词都没有致使义，无法实现致使交替。

（6.11）论元1　　　论元2　　　（论元2）

　　　　论元2　　　（论元2）

　　　　•　　→　　•　　→

　　　　行为者　行为　　　变化

6.1.2.5　非同义交替

（6.12）是非同义交替的例子，（6.13）是对非同义交替句式的使因链表征：

（6.12）a. 淮阴市井笑韩信，汉朝公卿忌贾生。（李白《行路难》）

　　　　b. 一骑红尘妃子笑，无人知是荔枝来。（杜牧《过华清宫绝句》）

在这两例中，"笑"在"NP+笑"和"笑+NP"中的语义有很大不同。后者不是惯常的"笑"的致使用法，而是"嘲笑"之义。

（6.13）论元1　　　论元2

　　　　论元2　　　论元2

　　　　•　　→　　•

　　　　行为者　行为

　　　　•　　→

　　　　变化

6.1.2.6　临时交替

有些动词通常是不能跟宾语的，更不能实现致使交替，文献中往往将此类动词视为一元非作格动词。有时由于语境压制，一元非作格动词也有临时被用于交替的现象，但通常在句法上有特殊要求，如（6.14）和（6.15）：

（6.14）伯仲之间见伊吕，指挥若定失萧曹。（杜甫《咏怀古迹五首》）

"失"字在《康熙字典》中解释为"得之反"，在《说文解字》中解释为"纵也"，大致对应现代汉语中的"失去""遗失"。如在唐诗中"嘶酸雏雁失群夜"和"失向来之烟霞"中，"失"字均表示"失去"，并没有致使义；在"失萧曹"中，受到句式的压制，"失"字产生出来了致使义〔其表征可参见（6.5）〕。

（6.15）a. 但见新人笑，那闻旧人哭！（杜甫《佳人》）

       b. 茂陵不见封侯印，空向秋波哭逝川。（温庭筠《苏武庙》）

"哭"是非作格动词，表达"因痛苦悲哀或感情激动而流泪"，受到句式的压制，有时也会出现带宾语的情况，如在"空向秋波哭逝川"中，表达"因'逝川'而哭"之意。

还有些非宾格动词如"死""来"等，NP 在"NP+V"结构中做深层宾语，这些动词一般没有及物用法，如"地崩山摧壮士死""忽如一夜春风来""不尽长江滚滚来"；但是同样受到句式的压制，这些动词有时会出现带宾语用法，尽管仍然没有致使义，如"王冕死了父亲""锦江春色来天地"等〔其表征可参见（6.11）〕。

如前文所述，有些研究者对致使交替的跨语言稳定性做了研究，得出了一些具有共性的跨语言对应词，但是也有研究指出，这一对应并不稳定，至少在交替强度方面体现出较大区别，如（6.16:）:

（6.16）a. 他开了门。   He opened the door.

       b. *风开了门。   The wind opened the door.

由此可见，动词的主观性具有语内和语际的不稳定性，核式解读和线性解读只是理想状态的认知解读方式。主观性强度除了受动词自身的语义制约之外，还要考虑动词与构式的关系，需要考虑构式对动词的吸引度和动词对构式的依存度这两个概念（Schmid and Küchenhoff, 2013）。动词与构式之间往往相互压制，压制的结果是一种动态的平衡，体现了动词的张力和弹性，而动词的张力与弹性恰恰满足了诗歌推崇的疏离感，进而营造了意境，增加了诗意，甚至是禅意。动词的主观性在于语际的不稳定性，这为翻译工作带来了挑战。

6.1.3　古诗中交替动词的翻译策略[①]

6.1.3.1　致使交替

"灭"具有主观性特性，对此学界已有论证（曾立英，2009；郭印，2015a：40）。如"他灭了灯""灯灭了"。"灭"有"使灭"之义。英语译文可以用独立识解的方式，将"灭"译为 dim，以作格对作格，保留其语义的三义一体和核式的解读方式，如（6.17）：

（6.17）a. 春窗曙灭九微火（王维《洛阳女儿行》）

　　　　 b. The dawn peeps through the gilded windows ,

　　　　　　And dims the candelabra bright.　　（陆佩弦　译）

（6.18）"灭烛怜光满"中，"灭"的方式是不确定的，"吹灭"是最常见的方式，但是该画面只能通过想象补充出来，诗中并没有明确表述。

（6.18）a. 灭烛怜光满，披衣觉露滋。（张九龄《望月怀远》）

　　　　 b. The candle blown out, I love moonlight more...（倪培龄　译）

英译中的对应词 blow 也有作格用法，有的词典（如柯林斯词典）专门将该词的这一用法标为作格用法（V-ERG），如（6.19）：

（6.19）The whistle blew and the train slid forward...

　　　　A guard was blowing his whistle.

从句式结构的选择看，由于"灭烛"是状语结构，对应英语不能用

---

① 本小节所引用的唐诗译文除特别注明外，均引自许渊冲等（1988）。

主谓结构，只能用 blow 的过去分词用法来修饰 candle，表示"完成、被动"之义。虽然动词的主观性有流失，但由于 blow 一词的作格潜势仍在，某种程度上做了弥补，如（6.20）：

（6.20）a. 昨夜<u>风开露井桃</u>，未央前殿月轮高。（王昌龄《春宫曲》）

　　　　b. Last night a gentle spring breeze,

　　　　　Set in bloom the peach trees. 　　　　（陶洁　译）

"风"不是有生施事，故不是典型的致事。"开花"是常见搭配，"开露井桃"并非常见搭配，"露井桃开"更为罕见，此处如将"开"理解为"使……开花"的减缩形式，更易于接受。英语中表达"使……开花"之义，只能借助同样兼具动作义、致使义和结果义的动结式如 set...in bloom 表达，如（6.21）：

（6.21）a. 林表明霁色，城中<u>增暮寒</u>。（祖咏《终南望余雪》）

　　　　b. The sun emerging, the trees regain their colour,

　　　　　But to the city a colder evening creeps.（杨周翰　译）

"增"具有致使交替特性，因占据致事位置的"城中"只是方位词（locative），并非真正的致事，因此貌似致使句的"城中增暮寒"其实是反致使句"城中暮寒增"，故译文中核式解读的处理方法是得当的。

"黄尘足今古，白骨乱蓬蒿"句（6.22），文献中一般认同"足""乱"二字加强了凄凉的气氛，增强了艺术感染力[①]，但是对于何以如此则鲜有谈及。其实此处"足"意为"满"，有"充满"之义，具有一定的致使义，因此赋予了"黄尘"以生命感，以及"今古"以持续感。"乱"亦有"使乱"义，所以能体现森森白骨与蓬蒿零乱混杂的视觉冲击。可见，"足"与"乱"的动作义都匀了一半给结果，似乎视觉中有个箭头指向了客体。然而，这部分意义在译文中被迫流失了。

---

① 参阅 http://www.exam58.com/twclsr/685.html。

（6.22）a. 黄尘足今古，白骨<u>乱蓬蒿</u>。（王昌龄《塞下曲》）

b. History, however, is buried in the yellow sands, Scattered

among the weeds nothing remains but bones grey.（陶洁 译）

6.1.3.2 动结交替

汉语中的动结结构由于在动词后面增加了结果部分，使动词在原来的动作义和致使义的基础上，又增加了结果义，于是就具备了交替的潜质，翻译时，可以将其对译成英语的作格动词（如 uproll）（6.23），如没有对应词，可以选择相应的动结结构。

（6.23）a. 春风十里扬州路，<u>卷上珠帘</u>总不如。（杜牧《赠别二首》）

b. The vernal wind uprolls the pearly window-screen,

Her face outshines those on the splendid three-mile way.

（许渊冲 译）

6.1.3.3 领属交替

主宾之间构成附属、亲属关系的句子均构成领主属宾句，该句法现象在唐诗中也有体现，如"路上行人欲断魂"。领主属宾句之所以与及物致使句有所不同，原因之一是主语未必是致事。"行人欲断魂"中"行人"也是"断"的承受者，而不是致使者。译文"My heart is broken on my way to the graveyard."（许渊冲译）中，"断魂"没有译出，但用了更通俗的"心碎"，选择了兼有及物致使和作格用法的 break，语义上得失相抵。同样，主宾的领属关系译成了"物主代词+中心词"，虽然句式结构有变化，但领属关系得以保留，也称得上得失平衡。

需要注意的是，诗歌语言中往往采用非常规意象，比如"海上生明月，天涯共此时"（6.24），"海上"表处所，因为有了致使交替动词"生"，使得与"明月"除了处所关系外，也临时增添了修辞上的"亲属"关系。按照沈阳（1995）列举的领属范畴的十种语义关系，处所和亲属都属于领属关系。与英语不同的是，汉语致使交替句式的致事可以是方位词，动词"生"为方位词"海上"增加了生命力。此时"生"具有了一词三义的潜势，由非宾格动词转为作格动词，其主观性增强，故而多了意味，符合诗歌所需。英译中方位词不能作致事，无法直接实现为致使句。又因该句没有主语，译文只能不得已用被动句，其损失是致使交替动词的含蓄性。

（6.24）a. 海上生明月，天涯共此时。（张九龄《望月怀远》）

b. The moon is borne so bright above the sea,

And bathes at once the distant one and me. （倪培龄 译）

反常规用法是诗歌语言的特点之一，常规用法经过各种手段的压制，陌生化为新的用法。如"她很伤心"与"花近高楼伤客心"（6.25）均有领属关系，但前者是领主属宾句，而后者因主宾之间没有领主属宾关系，因而不是领主属宾句。由于"客心"之间是领属关系，与英语"所有格+中心词"比较对应，翻译时通常较容易处理：

（6.25）a. 花近高楼伤客心（杜甫《登楼》）

b. It breaks my heart to see blooming trees near the tower.

（许渊冲 译）

6.1.3.4 非致使交替

（6.26）中的情况跟作格没有太大关系，只需辨清语义关系，一般较易处理，但是鉴于"此"的多重理解（"此次""此时""此地""此人"），译文中选用 here 和 amidst 呼应，兼顾了"此时""此地"之义，做了有效弥补。

（6.26）a. 万方多难此登临（杜甫《登楼》）

b. Amidst the various sufferings our nation is in, here I am

making a climb.　　　　[曾培慈（Betty Tseng）译[①]]

---

① 作者将译著在网上公布并授权读者在非商业用途基础上免费下载，http://www.doc88.com/p-597146997338.html。

6.1.3.5　非同义交替

此类动词虽能参与交替，但是并非致使交替。比如，"笑"往往出现在两类假致使句中：一类是一般及物句，表"嘲笑"之义，翻译时可以考虑用 laugh at、mock 等词对应，而不能对译成作格致使句；另一类是反致使句（如"桃花依旧笑春风"），形式宾语并非中介，而是方位词等状语成分，如（6.27）：

（6.27）a. 淮阴市井笑韩信，汉朝公卿忌贾生。（李白《行路难》）

　　　　a'. General Han was mocked in the market-place,

　　　　The brilliant scholar Jia was banished in disgrace.（许渊冲　译）

　　　　b. 人面不知何处去，桃花依旧笑春风。（崔护《题都城南庄》）

　　　　b'. I do not know today where the pink face has gone,

　　　　In vernal breeze still smile pink peach blossoms full blown.

　　　　（许渊冲　译）

6.1.3.6　临时交替

黄正德（C.-T. James Huang）（Huang，1987）、李艳慧（Yen-Hui Audrey Li）（Li，1990）和顾阳（1999）认为，（6.28）存现句可视为非宾格动词的诊断式。

（6.28）a. 出了车祸。（出现）

　　　　b. 来客人了。（出现）

　　　　c. 死了一个人。（消失）

"死来"类非宾格动词除了出现在不带地点短语的存现句中，还可能出现在其他句式中，如"锦江春色来天地"。由于"来"的使用，使得此句有了"锦江春色来"和"天地来"两种可能的理解。第二层理解（"天地来"）是由于在汉语中常被赋予拟人化特征的"天地"与具有及物致使形式的句式结构联合起作用，而对动词义产生压制效果所促成的。但是在英语中 sky/earth 等词通常没有这种拟人表达习惯，因此在翻译时不得不容许第二层句义发生流失。（6.29）的译文作格动词 greens 的运用增加了春的"致事"用法，使锦江随春色而变绿，增加了悄然而至（天地）的意蕴，因此对第二层句义流失做了有效的弥补。

（6.29）a. 锦江春色来天地（杜甫《登楼》）

　　　　　a'. Spring comes from sky on earth and greens River Brocade.[①]

　　　　　（许渊冲　译）

　　　　b. 独有宦游人，偏惊物候新。（杜审言《和晋陵陆丞早春游望》）

　　　　b'. Only to officials away from home,

　　　　　The shock of beauty ever new will come... （倪培龄　译）

　　格律诗中通常一联构成一个句对，看似两句，其实通过因果、递进、转折、选择、并列等逻辑关系构成一个完整的句式结构，翻译时需要前后照应。存现句"独有宦游人"中的"有"是存现句式的核心动词，将"宦游人"弱化，降低其施动性，与作格动词"惊"构成事实上的主谓关系，与英语中方位倒装句式相对应。然而"偏惊"一句，表面看是 V+NP$_2$ 结构，其实是 NP$_1$+V 结构（宦游人+惊+原因），由于 NP$_1$ 受格律影响而被隔开。考虑到前轻后重的承接关系，将其动性弱化，译为介词词组，如（6.30）：

（6.30）a. 云霞出海曙，梅柳渡江春。（杜审言《和晋陵陆丞早春游望》）

　　　　b. Of rising clouds at dawn above the sea,

　　　　　Of spring in river side plum and willow-tree. （倪培龄　译）

---

① 英语 green 与汉语对应词"绿"都是作格动词，对照下列各例：

projects for greening the cities

The trees are greening.

春风又绿江南岸。

树叶绿了。

"云霞出海曙，梅柳渡江春"中方位词被压制为致事，后句将动宾词组压制为作格动词，将无生命物体"杨柳"压制为致事。"渡江"本是动宾短语，此处经过词汇化凝结为动词，再与"春"构成动宾短语。

（6.31）a. 淑气催黄鸟，晴光转绿蘋。（杜审言《和晋陵陆丞早春游望》）

b. Orioles are urged to sing in warm air,

And green-clad duckweed in the sun looks fair.（倪培龄 译）

"晴光转绿蘋"中"转"一词三义，主语动性减弱，宾语动性增强，动词动性延展。"蘋乃四叶菜也，叶浮水面，根连水底"（李时珍《本草纲目》），因此，按照诗句描写的意境，晴光照在浮于水面的叶片上，波光潋滟，水推叶动，产生了"晴光转""绿蘋转""绿蘋随晴光而转"的多重互动效果，画面增加了张力，语言也增添了意境。可惜，致使交替动词"转"的妙用在英译中不能完全展现。

"蝉鸣空桑林，八月萧关道"中，一般把"空"理解为形容词，指知了在枯秃的桑林鸣叫，八月的萧关道气爽秋高（参阅：http://so.gushiwen.org/view_70870.aspx）。其实"空"在唐诗中的主观性用法也不罕见，如在"山光悦鸟性，潭影空人心"中，"空"即为致使用法。在"蝉鸣空桑林"中，"空"作形容词为常解，但是受到及物致使构式和"空"的作格动词语义的双重压制，该句在常规义的基础上，又多了一层作格意蕴。可惜在译文中，这一意蕴也流失了，见（6.32）：

（6.32）a. 蝉鸣空桑林，八月萧关道。（王昌龄《塞上曲》）

b. Along the Xiaoguan Paths wail the cicadas,

In the mulberry woods at the eighth moon.（陶洁 译）

6.1.4　小结

通过汉英对比分析，可以对唐诗中动词主观性的英译策略产生如下启示：跨语言中完全等同的义项并不常见，表面义项的等同无法保证在线共存的其他义项等同（刘丹青，2021）。因此，义项非独立性可能是翻译难以做到语义等同的根本原因。

在典型作格句的英译中，如主句谓词表现为作格用法，且该词有对应语义的英语作格性用法，则首选该用法；如表现为从句谓词，且该词有对应语义的英语作格性用法，则宜选用动词的分词用法，构成独立主格结构。如没有对应语义的英语作格动词，可考虑选用同样三义一体的动结式翻译。对于形符义不符的作格交替句，以语义为准。如行文需要无法满足译文的三义一体，则要重点考虑结果义。

在领主属宾句中，主语并非致事，可根据其语义角色，译为承受者、方位词、时间词等。英译时常可转宾为主，动词选取作格动词的反致使用法，或被动用法。

在非致使交替句中，可以视假致使句情况，分别译为一般及物句，或反致使句。非宾格非致使句中，一般以存现句居多，可译为英语方位倒装句或者存现句。

唐诗的翻译难点体现在动词交替强度的动态变化方面。首先，在动词构式的动态压制句中，要考虑句子的多重可能，这是唐诗翻译过程中的难点，也是意境较易流失的部分。其次，在分裂致使交替句中，需要考察语境对动词义的约束性。

诗歌之所以难翻译，意境是难点之一。意境一词，一如中国的山水画，往往在似像非像之间。意境的结构特征是虚实相生。意境由两部分组成：一部分是较实的身临之"境"的因素，称为"实境"；一部分是较虚的言外之"意"的部分，称为"虚境"。虚境是实境的升华，体现着实境创造的意向和目的，体现着整个意境的艺术品位和审美效果，制约着实境的创造和描写，处于意境结构中的灵魂、统帅地位。汉语致使交替动词的一肩多挑（一词三义）往往能虚实结合，以其敏感、复杂的"转动词"轴心作用，既有所言之义，也有所含之义，对于意境的营造起到了独特的作用。

6.2 致使交替构式习得规律

6.2.1 致使交替动词习得顺序与词间差异

在跨语言研究中，致使交替动词的习得难度、顺序和差异规律引起了广泛关注。

第一，当所学的动词在二语和母语中都属于致使交替动词时，习得正确率较高，语言习得存在明显的正迁移。阿塞尔·齐宾（Aseel Zibin）和阿卜杜勒·阿尔塔克海涅（Abdel Altakhaineh）（Zibin and Altakhaineh，2016）利用"语法性判断任务"（grammaticality judgment task），对80名约旦大学生英语作为外语（English as a Foreign Language，EFL）学习者的致使交替句式的习得情况开展调查，分别统计致使句、反致使句的习得正确率。约旦阿拉伯语（Jordanian Arabic）和英语中有些动词同属于致使交替动词，如（6.33）：

（6.33）a. ʔahmad   fatah   l-ba:b
　　　　Ahmad   opened.Caus   the-door
　　　　Ahmad opened the door.
　　 b. l-ba:b   n-fatah   (la-ha:luh)
　　　　the-door Anticaus-opened   (by itself)
　　　　The door opened (by itself).　　　（Zibin，2019）

研究发现受试者习得 open 的正确率分别是 89%、94%，这说明母语和英语都是交替动词时得分较高，其中母语语言正迁移起了作用。学习者倾向于将母语用法直接应用于二语中，从而不会产生错误。这在其他的动词中也得到了验证，如 melt（88%，90%）、shrink（83%，78%）。

第二，致使交替动词与及物动词的习得差异。根据齐宾（Zibin，2019）对母语致使交替动词在英语中不对称分布情况开展的研究，呈现如下分布：raise（15%，80%）、kill（34%，89%）、create（25%，79%）、convince（21%，84%）、mean（24%，83%）。第一个数据是不能实现为反致使化（decausativization）的及物动词的非法句例的正确判断频率，第二个数据是不能反致使化的及物动词的合法句例的正确判断频率。可见，对于非法句例的判断正确率远低于对于合法句例的判断正确率。可能的原因是有些英语动词只出现在及物致使句中，语义约束条件不允许出现在反致使句，而该条件在约旦阿拉伯语中却没有要求。如 create 在英语中是不允许反致使用法的，而约旦阿拉伯语的对应词却不同，见（6.34）：

（6.34）a. ʔallah　xalaʔ　　　　n-na:s
　　　　　God　created-Caus the-humans
　　　　　God created humans.
　　　b. n-na:s　　　n-xalaʔ-u
　　　　　the-humans Anticaus-created-Pl
　　　　　Humans became created.　　　　　　（Zibin，2019）

　　第三，致使交替动词与非作格动词习得差异。研究者发现，学习者在非宾格动词和非作格动词习得过程中的认知负荷有所不同。比如，齐宾和阿尔塔哈因赫（Zibin and Altakhaineh，2016）发现，有些动词在约旦阿拉伯语中可以交替，但在英语中不可交替，是非作格动词。他们针对母语为约旦阿拉伯语的英语语言文学专业的大学生展开了调查，重点考察两个数据：第一个数据是学习者对于不能致使化的非交替动词非法句例的正确判断频率，第二个数据是对于不能致使化的非致使动词合法句例的正确判断频率。他们发现英语非交替动词的使用呈现以下结果：cry（30%，88%）、disappear（45%，86%）、die（33%，85%）、laugh（24%，90%）。显然，前后两个数据相差甚远。这说明学生对于非致使动词的正确使用现象，能够作出恰当判断，但是往往对于交替误用的现象难以作出正确判断。

　　学习者对于仅有反致使句用法的动词判断正确率较低。原因是这些动词在英语中不能交替，而在约旦阿拉伯语中却可以交替，以 cry 的对应词为例，见（6.35）：

（6.35）a. lana bak-at

Lana cried-FSg

Lana cried.

b. yezzan bakka   lana

Yezzan cried.MSg Lana

Yezzan cried Lana（直译）

Yezzan caused Lana to cry.

（Zibin and Altakhaineh，2016）

米尔塔·弗尼斯（Mirta Vernice）和玛丽亚·瓜斯蒂（Maria Guasti）（Vernice and Guasti，2015）考察了主语在动词前后不同位置与主语的限定性之间的关系，发现儿童在习得非宾格动词时，往往将非限定性主语NP 放到动词之后，而将限定性主语 NP 放置到动词之前。由此证明儿童对于非作格动词和非宾格动词能够做不同的处理。

再对比汉语：

（6.36）a. 张三来了。

b. 货来了。

（6.36）a 中的"来"是非作格动词，与主语构成逻辑上的主谓（施事-行为）关系。（6.36）b 中的"来"是非宾格动词，没有对应的及物形式用法。虽然两者动词形式、论元数和主谓结构都相同，但却有着不同的句法操作，其基本结构可分别表征为（6.37）：

（6.37）a. [e [vp 来了 书]].

b. [张三 [vp 来了]].

由上可见，（6.37）a 中动词的唯一论元为域内论元，在树形结构中位于宾格论元位置上，经过移位而出现在句子主语位置，而（6.37）b 中动词的唯一论元为域外论元，在树形结构中处于指示语/主语位置。

朱秀杰和王同顺（2016）发现，中国英语学习者在非宾格动词上更易出错，但在非作格动词上却很少出错。相较于作格动词，中国英语学习者会更快、更好地习得非作格动词和及物动词形式，因而说明具身语义和身物交互效应是造成中国英语学习者作格动词和非作格动词习得差异的重要原因（王月华和于善志，2008）。

第四，在非宾格动词内部，学习者也存在习得词间差异。莫俊华（2016）通过使用产出任务和判断任务，调查中国学习者非宾格动词的词间差异。以 break 和 sink 为例，中国学习者主要习得 break 的及物用法和 sink 的不及物用法。造成 break 和 sink 这种习得差异的主要因素是动词语义和相对频率，这一发现支持"语义结构理论"和"固化假说"。迈克尔·托马塞洛（Michael Tomasello）（Tomasello，2003：69）提出，固化在儿童语言习得早期发挥作用，语义制约在 4 岁半之后起作用。因此，莫俊华（2016）认为，基于规则的语言习得观和基于使用的语言习得观不是水火不容，而是互补共生的。

研究者从多个角度探讨了产生致使交替差异以及产生习得错误的原因。

首先，对非宾格动词的习得犯错模式与其非宾格性强度相一致。比如，学习者把非宾格动词被动化与非宾格动词的非宾格性强度相关（俞建耀，2006）。学习者首先从核心非宾格动词减少出错，然后对边缘非宾格动词的出错也逐渐减少。

其次，由母语与二语交替差异表现规律不熟悉导致。一般认为，汉语和英语核心非宾格动词的特性较为一致（曾立英，2009；郭印，2015a）。但是，英语边缘非宾格动词与其汉语对应词有些不同。根据莱文和霍瓦夫（Levin and Hovav，1995）的观点，英语中表示状态变化的非宾格动词通过反致使化过程从及物动词转化而来，如 open、break、dry 等，而汉语中相对应的词则基本是形容词或不及物动词。

最后，历史语言演变带来了致使交替的混淆现象。历史上汉语言这类形容词和不及物动词的词汇致使化（causativization）曾经非常活跃，但是在历史演变过程中，词汇致使化现象变少，形容词或不及物动词基本形态保留下来，并广泛使用，但致使化变少，仅局限于少数固化的短语或成语中。

另外，也有研究认为，非宾格动词的习得错误表现与语境有关。俞建耀（2006）认为，学习者在弱提示语境中比在强提示语境中较少犯被动泛化错误。和英语母语习得过程相似，外语习得过程中认知构建同样起作用。由于学习者在习得过程中对动词词汇语义的掌握是逐渐牢固的，认知因素在不同的阶段所起的作用不尽相同。在中级阶段学习者对动词词汇语义的认识还不稳定时，认知因素的作用尤其凸显。另外，由于英语被动式句法形态较为突出，及物动词在被动结构中与非宾格动词具有一定程度的相似性，比如两者主语都具有受事地位，动词都表示状态或状态变化，所以学习者容易将两者混淆。俞建耀（2006）将认知因素视为学习者建构动词正确的词汇语义表征（lexical semantic representation，LSR）的努力，学习者在不同语境中被动泛化有所不同，说明学习者试图在动词的 LSR 中插入可概念化的动因（动词致使化），然后自由地将它作为及物动词使用。从中低级阶段到高级阶段，学习者不仅在弱提示语境中逐渐减少被动错误，而且在强提示语境中也在减少这类错误，这说明随着词汇语义知识的增加，认知因素的影响在减小。

6.2.2　致使交替动词的句式兼容与习得

研究者发现，二语学习者在习得致使交替句式时也受母语负迁移效应的影响，存在过度概括的现象。

这从不同母语背景的学习者习得英语时的表现可以看出。大下博纪（Hiroyuki Oshita）（Oshita，2001）的研究发现，日语母语背景的学习者习得英语非宾格句式时呈现 U 形特征。潘吉松（Kyae-Sung Park）和乌沙·拉克什曼（Usha Lakshmanan）（Park and Lakshmanan，2007）发现，韩语母语背景的学习者能够区分英语两类不及物动词，但是在区分交替作格动词和非作格动词时有障碍。张达球（2015）研究发现，可交替非宾格动词大多与 there 结构不兼容，中国英语学习者的使用错误率较高（约54%）。这是因为在中国英语学习者的输入库中，对出现可交替非宾格动词的英语 there 结构的句法结构和语义，与汉语存现结构的结构语义匹配度很高。中国英语学习者大多优选"有"字句和合并存现句与之匹配，而这类动词在英语中，除少数能够进入 there 结构外，大多与 there 结构不相容。这很好地证明了在对英语三类动词 there 结构的语法判断上，母语负迁移效应所产生的影响。

针对英语母语背景的学习者二语习得的研究也有类似的发现。沙塔·摩玛（Shota Momma）等（Momma et al., 2018）通过心理语言学实验研究发现，与非作格动词相比，学习者对于非宾格动词的理解与产出过程更为复杂。赵杨（Zhao Yang）（Zhao, 2006）研究了母语为英语、日语、韩语的学习者对于汉语心理动词和非宾格动词的去致使性的习得情况，发现不同母语的二语学习者都倾向于拒绝不正确的 OE 心理动词，但是接受不正确的致使交替非宾格动词。

关于致使交替动词的句式兼容不平衡的原因是多重的。其主要原因是学习者缺乏有关目标语的语义知识。比如，汉语中存在大量的如"张三断了一条腿"一类的句子和"断了后路"之类的比较固定的习语，虽然这些词语在使用上有严格的语义和结构限制，但是学习者并不一定知道这些语义限制，从而对这些词的结构和用法过度概括，出现使动错误。

格雷戈里·卡尔森（Gregory Carlson）（Carlson, 1977）将谓词分为个体层谓词（individual-level predicate）和舞台层谓词（stage-level predicate）两类，探讨谓词的语义和结构限制，进而说明影响致使交替的原因，如（6.38）：

（6.38）a. John is intelligent.

　　　　b. John is hungry.

（6.38）a 句中，John "很聪明"（intelligent）这一特性是持续一生的特征，而（6.38）b 句中 John "饿了"（hungry）这一状态特性只持续某段时间。基耶奇亚（Chierchia, 1995：177-179）认为，舞台层谓词与时间状语、方位词、感知句、there 句兼容，个体层谓词则不可以。

（1）时间状语，如（6.39）：

（6.39）a. *John was tall yesterday/a month ago/last year.（个体层）

b. John was drunk yesterday/a month ago/last year.（舞台层）

（2）方位词，如（6.40）：

（6.40）a. *John is intelligent in France.（个体层）
b. John is sick in France.（舞台层）

（3）感知句，如（6.41）：

（6.41）a. *I saw John tall.（个体层）
b. I saw John drunk.（舞台层）

（4）there 句，如（6.42）：

（6.42）a. *There are two men intelligent.（个体层）
b. There are two men drunk.（舞台层）

蒂卡兰·保德尔（Tikaram Poudel）（Poudel，2020）认为，作格与个体层解读相关联，主格与舞台层解读相关联。

在跨语言中，个体层谓语主要有静态谓词、类指 NP、特征谓词。在尼泊尔语、曼尼普尔语（Manipuri）中，如果主语 NP 是类指、非存现指称的非静态谓词，可以做个体层谓语解读。非静态谓词带作格配列的类指主语 NP，但是如果主语含存现指称，通常带主格配列。特征谓词如表达所指的内在特性（如"犬吠"），或者表达一段时间的一系列事件，通常带作格配列。如果谓词表达偶发事件（如"狗袭击人"），则与主格兼容。

这一致使框架能够在题元致使关系中，把外论元和动词联系起来，产生及物句。

6.2.3　致使交替动词与 TAM 习得

时体特征是除了语义特征之外，影响致使交替习得的另一个重要特征。二语习得中受致使交替动词的结果状态义这一语义要素的影响，致使交替句式多使用完成时，在现代汉语中，多以"了"为标志。鲁雅乔和李行德（2020）将带体标记"了"的动词后置论元结构视为汉语非宾格动词的三个鉴别句式之一。另外两个分别是数量词组后置结构和词汇致使结构。于善志和陶家玉（2019）研究汉英语作格动词的误用发现，英语作格动词的时体标记特征是导致误用的两个原因之一，另一个原因是英语单语素作格动词三义一体的内孕式语义关系。

比如，"打碎"常被视为汉语中典型双语素作格动词，其中"打"（行为或致使义）和"碎"（结果或状态义）表示动词结果义时用"了"标注有界事件的结果。所以，"碗打了"和"碗碎了"也由于"了"的标注而能够在特定语境中表示相同的结果义。但相比于"碗碎"，"碗打"如果没有"了"的显性标记，是缺失状态或结果义的。由此可见，作格动词的内在语义特性必然有其特定的句法属性。

中国英语学习者对作格动词的误用中，语态误用是频繁发生的现象。王月华和于善志（2008）通过对中国学生英语作格动词的语态误用情况分析，发现四种误用倾向：第一，对成对作格动词易过度被动。学生往往把及物致使句与一般及物句相混淆，导致在反致使句中使用被动语态。第二，受母语负迁移对作格动词过度被动。第三，受认知倾向影响对作格动词过度被动。从认知的角度来看，人们一般倾向于认为，事物在没有外力的情况下不会发生变化。当事物发生变化时，人们在潜意识中认为一定是有某个外力在起推动作用，所以当学习者想表示事物的状态和过程变化时，会习惯性地使用被动形式。第四，主语是无生命体或抽象概念，易对作格动词过度被动。根据克罗夫特（Croft，1990）提出的生命度等级（animacy hierarchy），即人（human）>有生命（animate）>无生命（inanimate）>抽象（abstract），人和有生命体的名词比无生命和抽象概念更有可能作为主语。由于主语位置的语义作用一般是"施事"，人们就习惯把作为主语的人和有生命体的指称对象当作动作的发出者。所以当主语是无生命体或抽象概念的时候，学习者就很自然地把它当作动词的受事，并倾向于去寻找事件的外部使因。这样就会把作格动词当作及物动词来使用，导致学生过度使用被动形式。但根本原因在于学生对作格动词和作格结构没有一个清晰的概念界定。传统语法的语态二分法无法解释作格结构，只有进行语态三分法、引入中动语态的概念才能合理并清晰地解释作格结构，如（6.43）：

（6.43）a. * My dress was torn when it caught on the nail.

      b. * Even if the world war will be happened in the future, we will not be scared with such a defense system.

      c. * We are having a wonderful fall. The trees are turned yellow.

      d. * The number of new students is decreased from 220 to 170 this year.

在二语作格动词的使用中，作格动词的内在语义结构和二语学习者的认知取向相互作用，使得二语作格动词的语义凸显或隐现受到英语 "V +-ed/have +V +-ed" 或汉语 "了" 的跨语影响而受到干扰，导致二语学习者在表述状态或结果作格动词时也借助于 "be +V+-ed"。这种由语义凸显所致的二语作格动词加工偏误间接体现了身物交互效应对二语作格动词加工的关系。

当一个事件被表征时，某些语义条件会引发动词分裂和 TAM 分裂现象。太作（Tasaku，1981）认为是效果条件不同导致作格性差异，主要考虑二元谓词的事件/情境中的施动者对宾语所产生的效果以及动作的实现等状况。当效果得到满足，作格语言中会出现作通格的格分布形式，而不管是否出现动词分裂或 TAM 分裂。

霍珀和汤普森（Hopper and Thompson，1980）从语义出发，指出动词分裂和 TAM 条件下产生的作格-分裂存在一定的联系。及物性在传统上被解释为动作行为从施事传送到受事，而名词短语格标记的功能就是标记出施事角色，而表示受事的名词短语的格标记功能则是将受动角色标记出来。

德兰西（DeLancey，1981）认为，作格的分裂是基于两个心理概念参数：视点和自然关注点。视点和自然关注点是基本的参数。它们决定事件中各参入实体的受关注程度。自然关注点指的是感官策略，而视点是一种语言机制。论元顺序是自然关注点的反映。该顺序表明说话人希望听话者根据此自然关注点来关注话语。任何事件具有内在的自然关注点，对说话人来说它是指事件如何在时间和空间上被展开。换句话说，语言结构再现人类认知结构。

6.3　两维参照下的致使交替性考察

考察一个动词的致使交替性，往往在跨语言研究发现和历时语言研究发现这两个维度的影响启发下展开。因此，致使交替动词的研究需要两维参照。但是，语言自身的独特性和历时演进中的渐变与突变的影响，导致不少动词的致使交替性异于预期。因此，考察致使交替现象，还需要杜绝机械照搬跨语言研究发现和历时语言研究发现。比如，前文论及，历史上汉语言中形容词和不及物动词的词汇致使化曾经非常活跃，但是历史演变过程中，得到保留并广泛使用的是形容词或不及物动词基本形态，致使化则渐趋减少，主要见于少数固化的短语或成语中。这一点在单音节动词中表现较为明显。

郭印（2015a：38）认为，单音节致使交替动词主要有以下 25 个，见（6.44）：

（6.44）闭、变、沉、打、冻、斗、断、饿、肥、关、化、坏、荒、
　　　　激、开、亏、累、灭、泼、松、退、消、转、着（zháo）、
　　　　折（zhé）

下面以"变""断""破"等动词为例加以说明。

首先看"变"。文献通常受英语研究（Levin and Hovav，1995）的影响，将"变"视为典型的致使交替动词（曾立英，2009；朱琳，2007），而实际语料并不符合这一论断。以"变"加"着/了/过"为关键词所检索的 CCL 语料显示了极低的共类指数（只有约 3%），这一点大大超出预

期。从共享客体看，数量很少，只有"方式、观念、脸色、人、声、心"等6个。其中除了"脸色"和"人"之外，其他的客体交集数量均是最低值。于是我们对"脸色"和"人"作客体的情况进行了分析，发现"脸色"作及物句宾语时，通常是领主属宾句，如（6.45）：

（6.45）他变了脸色，沉默了大约5分钟。

当"人"作客体时，在及物句中，通常与主语同指，此处"变"并不具致使义，如（6.46）：

（6.46）他像变了一个人。

事实上，其他的共享客体，如"声""心"在及物句中，也与主语构成领属关系，如（6.47）：

（6.47）a. 阿惠的男友变了心。
　　　　b. 熬胶板时的黑烟与怪味熏得她变了声。

笔者顺着这一思路考察其他仅在及物句中出现的客体"调（3）、卦（6）、口音、脸（4）、脸孔、模样（6）、平山、色（4）、味（11）、味道（2）、想法、形（10）、颜色（4）、样（26）、样子（2）、质（2）、滋味、嘴脸"，发现除了"卦""平山"外，其他均可视为领属关系，而在这两个例外中，"变卦"可被视为固定词组，"变了平山"的说法规范性值得怀疑。

综合以上分析，"变"的语料显示其致使交替性极低，且基本都不符合致使诊断和反身诊断。因此，我们可以说，现代汉语中"变"的作格性正在减弱，已不是典型的致使交替动词，在致使句中的多数用法被其他词如"改变"所取代。

其次看"断"，如（6.48）：

（6.48）a. 张三的一条腿断了。
　　　　b. 张三断了一条腿。

　　c. *张三断了一条桌子腿。

　　d. ？张三断了那条腿。

表示"状态改变"的"断"可以移至主语位置，也可以保留在宾语位置。有学者认为（赵杨，2009），虽然从表层结构上看，此类动词可以带宾语，但是需要满足两个条件。一是，主宾语之间有领属关系，如"张三"与"一条腿"，如换成"椅子腿"，这句话的合法性就会受到影响。二是，宾语须为非限定名词。否则也会影响句子的合法性。如"？张三断了那条腿"。赵杨（2009）通过生成语法理论进行分析。他认为有些表示"状态改变"的非宾格动词尽管在表层结构上可以带宾语，但是并不能自由选择宾语论元，不具备及物动词或致使动词的全部特点，投射到句法上的也不是 VP 壳，而是 VP。在深层结构上，"张三"和"一条腿"在受事论元的位置上生成；在表层结构上，"张三"移至主语位置，但移位并没有改变它的论元角色，它仍是受事，而不是施事，是"断"的行为影响到的实体，而不是这一行为的发起者。

实际上，上述两个条件并不完全符合实际。比如，笔者检索 CCL 语料库发现如下句例（6.49）：

（6.49）a. 从此，书局与陈先生断了联系，直到解放后也不知道陈先生的音讯。

　　　　b. 渣滓洞联系断了。

通过语感验证，"他们断了联系"与"他们的联系断了"都是合乎语法的句子，这里"他们"与"联系"是否属于领属关系，会稍有争议。但是（6.50）似乎更明确些：

（6.50）a. 新闻界穷追不舍，这才断了其总统连任的梦。

　　　　b. 总统连任的梦断了。

显然，这里"新闻界"与"其总统连任的梦"之间既不是领属关系，"其总统连任的梦"也不是非限定名词。

笔者查阅《现代汉语疑难词词典》（李临定，1999：86），发现该词释义如下："和普通动词不同的是：'断'可以是自主动词，也可以是非自主动词。"李临定（1999：86）还提供了如下句例（6.51）：

（6.51）a. 他断了我们的口粮了。

　　　　a'. 有些灾民的粮已经断了。

　　　　b. 那里的电断了。

　　　　b'. 不交电费，我们就断他们的电。

以上似乎验证了"断"的致使交替性，基本支持"断"是致使交替动词这一结论（郭印，2015a：38）。但是，不可否认的是，"断"的致使用法并不常见，单音动词表示使动正逐渐被述补结构代替，如（6.52）：

（6.52）a. 张三踢断了一条桌子腿。

　　　　b. 张三打断了李四的腿。

用单动词"断"表征状态变化事件在上古时期比较多见，这一趋势在中古时期逐渐被复合结构编码取代，如（6.53）：

（6.53）遂掘断墓后。（《世说新语·术解》）

最后看"破"。通过检索语料，笔者发现现代汉语中"破"主要用于不及物句，如（6.54）：

（6.54）鸡蛋/衣服/案子破了。

"破"的致使用法并不多见，少数几例也显示"破"基本用在领主属宾句，如（6.55）：

（6.55）a. 裤子破了个大口子。

　　　　b. 头破了个大洞，缝了好几针。

而及物句中动词主要是"V+破"双音词，此类格式可以分为"V+破 1"

和"V+破 ₂"两类,"破 ₁"指具体意义,"破 ₂"指抽象意义,如
(6.56):

(6.56) a. 小弟不小心打破了窗户玻璃。

　　　 b. 在男子百米决赛中,他打破了奥运会纪录。

(6.56) a 中"破"为"打破 ₁",指"物件受到突然或猛烈的一击而
出现缺口或裂为碎片或几部分";(6.56) b 中"破"为"打破 ₂",指"突
破原有的限制和约束"。

石慧敏(2010)根据对 CCL 语料库的检索和统计,在现当代语料
中,能够进入此格式的主要动词见(6.57):

(6.57) 打、穿、划、磨、砸、戳、擦、击、撞、攻、挤、掀、翻、
抓、咬、碰、撕、吹、刺、煮、捏、炸、砍、拍、烧、扎、
冲、刮、踢、摔、跌、进、洗、啄、踏、切、踩、割、啮、
扯、剪、挠、捅、啃、撑、抠、拉

实际上,"破"的生产性极强,还有很多动词,如掐、敲、削、捣
等,都可以进入"V+破"格式,数量之多,是很难穷尽的。

通过现代汉语单音节致使用法的贫乏和双音词的能产,我们可以假
设,古代汉语单音节词频率高时,"破"的致使交替用法可能更高。这一
点通过考察先秦和两汉时期的语料可以得到验证,如(6.58):

(6.58) a. 故君子语大,天下莫能载焉;语小,天下莫能破焉。(《礼
记·中庸》)

　　　 b. 既破我斧,又缺我斨。(《诗·豳风·破斧》)

可见,在上古时期,"S+破"和"S+破+O"句式都已出现。在先秦与
两汉时期,也出现了"V+破+O"格式,但是"破"与其前面的他动词之
间的关系并不紧密,位置相对自由,常有"V+O,破之"格式,如
(6.59):

（6.59）a. 秦与荆人战，大破荆，袭郢，取洞庭、五都、江南。（《战国策》）

     b. 赵将乐乘、庆舍攻秦信梁军，破之。（《史记·赵世家》）

     c. 击李由军，破之，杀李由，虏秦候一人。（《史记·曹相国世家》）

后来，受到汉语双音化趋势的影响，"V+破"结构中的语义重心前移，形成了动结式述补结构，如（6.60）：

（6.60）孰与剖破混沌。（《论衡·案书篇》）

由以上"变""断""破"等词可以看到，汉语动词的致使交替性经历了历史演变。上古时期，多用单动词表征状态变化事件，中古时期多用复合结构表征。也就是说，上古状态变化动词存在向结果复合动词演变的趋势。当然，这种复合动词是动结结构还是连动结构，仍存有争议。

我们进一步搜索了古代汉语里的语料，发现了一些在现代汉语里并不能被接受的致使交替现象，在古代汉语里的确大量存在。（6.61）～（6.63）是单音外动词用作反致使的情况：

（6.61）当陈隧者，井堙木刊。（《左传·襄公二十五年》）

（6.62）外物不可必，故龙逢诛，比干戮。（《庄子·外物》）

（6.63）将军松柏不翦，亲戚安居。（邱迟《与陈伯之书》）

（6.61）可以理解为，在陈国军队所经过的道路上，水井尽被填塞，树木尽被砍掉。（6.62）可以理解为，外来的事物，为祸为福难以断定，因此龙逢被斩，比干被杀。（6.63）可以理解为，将军的祖坟不被发掘，亲戚安居无恙。上述动词"堙、刊、戮、翦"行动的主动者并不是主语所代表的人物，在现代汉语里需要用被动句表述。

还有用来表达跟自然界有关的"主动"与"被动"关系，如（6.64）和（6.65）：

（6.64）今夫天，斯昭昭之多，及其无穷也，日月星辰系焉，万物覆

焉。(《礼记·中庸》)

（6.65）今夫地，一撮土之多，及其广厚，载华岳而不重，振河海而不泄，万物载焉。(《礼记·中庸》)

　　古代汉语里有些自动词或外动词，在现代汉语句子中要加"使"来作解释，表示宾语的动作是受主语支配后才产生出来的（陈梦韶，1988：154）。（6.66）～（6.69）是把自动词用作致使动词的例子：

（6.66）明日将战，行归者而逸楚囚。(《左传·襄公二十六年》)

（6.67）进不满千钱，坐之堂下。(《史记·高帝本纪》)

（6.68）舞幽壑之潜蛟，泣孤舟之嫠妇。(苏轼《前赤壁赋》)

（6.69）不以生生死，不以死死生。(《庄子·外篇·知北游》)

　　（6.66）可以理解为"使归者行而使楚囚逸"（使晋军要归家的人起行，使楚国的俘虏逃走），（6.67）可以理解为"使之坐堂下"（使他们坐在大厅底下），（6.68）可以理解为"使幽壑之潜蛟舞，使孤舟之嫠妇泣"（使潜伏在深沟里的蛟龙跳舞，使居住在孤舟上的寡妇哭泣），（6.69）可以理解为"不以生使死生，不以死使生死"（不会为了生而使死者复生，不会为了死而使生者死去）。

　　有些及物动词临时增加致使义，也可以用作致使动词，如（6.70）、（6.71）：

（6.70）饮余马于咸池兮，总余辔乎扶桑。(《楚辞·离骚》)

（6.71）尝人，人死；食狗，狗死。(《吕氏春秋·上德》)

　　（6.70）可以理解为"使余马饮于咸池"（使我的马在咸池喝水）。使宾语产生这种行为的是"屈原"，即诗人自己。（6.71）前一部分可以理解为"使人尝，人死"（给人吃，人便死）。后一部分中"食"作"饲"讲，不是致使动词。前一部分的致事和后一部分的施事都是"晋献公"。

　　由此可见，古代汉语中的致使交替现象并不罕见。为了进一步验证致使交替现象在古代汉语中的频率，笔者以《道德经》①为例，检索了其中的致使交替用法，发现致使句和反致使句频率很高。比如，在反致使句中有如下句例（6.72）：

（6.72）a. 上善若水。水善利万物而不争，处众人之所恶，故几于道。居善地，心善渊，与善仁，言善信，政善治，事善能，动善时。（第八章）

b. 天门开阖，能为雌乎？（第十章）

c. 大道废，有仁义；（第十八章）

d. 善闭无关楗而不可开（第二十七章）

在致使句中的句例更多些，见（6.73）：

（6.73）a. 是以圣人之治，虚其心，实其腹，弱其志，强其骨。（第三章）

b. 道冲而用之或不盈。渊兮，似万物之宗；（挫其锐，解其纷，和其光，同其尘，）湛兮，似或存。（第四章）

c. 持而盈之，不如其已；揣而锐之，不可长保。（第九章）

d. 悠兮其贵言。功成事遂，百姓皆谓："我自然。"（第十七章）

e. 奈何万乘之主，而以身轻天下？轻则失根，躁则失君。（第二十六章）

f. 君子居则贵左，用兵则贵右。……恬淡为上。胜而不美，而美之者，是乐杀人。（第三十一章）

g. 将欲歙之，必固张之；将欲弱之，必固强之；将欲废之，必固举之；（第三十六章）

---

① 本书所涉《道德经》内容均参考陈鼓应（2016）所注译的《老子今注今译》，商务印书馆出版。

h. 道生一，一生二，二生三，三生万物。……故物或损之而益，或益之而损。（第四十二章）

i. 天下有道，却走马以粪。（第四十六章）

j. 善者，吾善之；不善者，吾亦善之；德善。……百姓皆注其耳目，圣人皆孩之。（第四十九章）

k. 塞其兑，闭其门，终身不勤。开其兑，济其事，终身不救。（第五十二章）

l. 挫其锐，解其纷，和其光，同其尘，是谓"玄同"。（第五十六章）

m. 故大邦以下小邦，则取小邦；小邦以下大邦，则取大邦。（第六十一章）

n. 古之所以贵此道者何？（第六十二章）

o. 为者败之，执者失之。是以圣人无为故无败；无执故无失。民之从事，常于几成而败之。（第六十四章）

p. 古之善为道者，非以明民，将以愚之。（第六十五章）

q. 是以圣人欲上民，必以言下之；欲先民，必以身后之。（第六十六章）

r. 知不知，尚矣；不知知，病也。圣人不病，以其病病。夫唯病病，是以不病。（第七十一章）

s. 民不畏死，奈何以死惧之。（第七十四章）

t. 民之难治，以其上之有为，是以难治。民之轻死，以其求生之厚，是以轻死。夫唯无以生为者，是贤于贵生。（第七十五章）

u. 甘其食，美其服，安其居，乐其俗。邻国相望，鸡犬之声相闻，民至老死，不相往来。（第八十章）

　　笔者进而对《道德经》进行了穷尽性调查，发现了 72 个致使交替动词：

（6.74）道、生、成、倾、和、随、虚、实、弱、强、解、同、利、

善、盈、锐、守、遗、开、阖、绳、静、动、复、贵、绝、
见、是、伐、矜、法、轻、闭、美、臣、宾、知、胜、大、
歙、张、废、兴、化、德、希、损、益、走、孩、塞、济、
治、正、富、朴、伤、下、为、事、味、败、失、明、愚、
上、先、后、病、轻、压、容

可见，先秦时期，致使用法较为普遍。有些学者认为，汉语词汇在历史上经历过一个"去使动化"过程，其结果是古代汉语中具有使动含义的单音节动词在现代汉语中逐渐失去了使动用法（Li and Thompson，1976），因而只能表示状态（state）、活动（activity）或结果（result），而不能表示完结（accomplishment）或达成（achievement）意义。如果以上观点正确，那么上述动词在一些搭配中的使动用法，可以归结为古代汉语使动用法在现代汉语中的残留（赵杨，2009）。

关于汉语作格性的历时变化，还可以从句法方面寻找证据。

现代汉语是以主宾格语为句法主导的，而不是像作格语言那样的以作通格语为句法主导。首先，可以通过并置的连续小句的同指现象观察。张伯江（2014）认为，两句中同指的主格语，无论是 A 还是 S，后面小句的可以省略，如（6.75）～（6.77）（省略部分用方括号标示）：

（6.75）a. 宝玉 S 没趣。宝玉 A 只得又来找黛玉 P。
　　　　b.宝玉 S 没趣，[宝玉 A]只得又来找黛玉 P。

（6.76）a.宝玉 S 没趣。黛玉 A 又来找宝玉 P。
　　　　b.*宝玉 S 没趣，黛玉 A 又来找[宝玉 P]。

（6.77）a.宝玉 A 来找黛玉 P，黛玉 S 没在。
　　　　b.*宝玉 A 来找黛玉 P，[黛玉 S]又没在。

张伯江（2014）认为，（6.75）b 能够成立，说明汉语里 S 与 A 的句法身份一致，"宝玉 S"和"宝玉 A"能够实现同指，所以后句中可以实现句法省略。（6.76）b 句中两个小句的主语不同指，处于宾语位置的"宝玉 P"与同指的"宝玉 S"句法身份相对立，所以不能实现句法省略。同

理，因为（6.77）b 句中两个小句的主语不同指，所以不成立。（6.76）b
和（6.77）b 这样的句子，恰恰是作格语言的典型句式。因为作格语言中
S 和 P 都标记为通格，所以当两者在相同位置并且同指时，第二个小句就
可以实现同指省略。

其次，在主从复合句中，也存在着 AA 同指或 SA 同指时从句里的主
格语隐含的现象，如（6.78）、（6.79）（见张伯江，2014）：

（6.78）a.宝玉 A 打算[宝玉 A]叫上黛玉 P。

　　　　b.*宝玉 A 打算黛玉 A 叫上[宝玉 P]。

（6.79）a.宝玉 S 闪开[宝玉 A]好让着黛玉 P。

　　　　b.*宝玉 S 闪开黛玉 A 好让着[宝玉 P]。

主宾格语言里同指的主格语之间可以实现句法同指隐含［如（6.78）a、
（6.79）a］，作格语言里，同指的通格语之间可以实现句法同指隐含［如
（6.78）b、（6.79）b］。因此，这可以证明现代汉语不是一种作格语言。

但是，这种配列在古代汉语中并不罕见，见（6.80）～（6.84）：

（6.80）（孙策 A）取床头剑掷之 P（指于吉——笔者注），[于吉 S]忽
　　　　然不见。(《三国演义》第二十九回）

（6.81）[卫庄公]又娶于陈，曰厉妫。[厉妫 A]生孝伯 P，[孝伯 S]蚤
　　　　死。(《左传·隐公三年》)

（6.82）楚人为食，吴人及之 S，[楚人 S]奔，[吴人]食而从之，[吴人]
　　　　败[楚人]诸雍澨。(《左传·定公四年》)

（6.83）永州之野产异蛇，[蛇]黑质而白章；[蛇 A]触草木 P，[草木 S]
　　　　尽死；以啮人 P，[人 S]无御之者。(柳宗元《捕蛇者说》)

（6.84）比贼觉知，慈行已过，又射杀数人 P，[人 S]皆应弦而倒，故
　　　　无敢追者。(《三国志·太史慈传》)

古代汉语中致使交替现象存在的原因很复杂，有三个方面值得重视。
一是古代汉语中广泛存在宾语前置现象。有时为了突出句子成分，

加入无实义助词颠倒语序，如"惟余马首是瞻"（《左传》）、"唯蜩翼之知"（《庄子》）、"惟弈秋之为听"（《孟子》）、"戎狄之与邻"（《左传》）等。"是、之、于、而、以、之为"都是标志动宾或介宾倒置的助词。古代汉语正装与倒装句式兼备，强调宾语时可以倒装，有时并不需要加助词。肯定句既可以用正装，如"故天弃我"（《尚书·商书·西伯戡黎》），也可以用倒装，如"民具尔瞻"（《诗经·小雅·节南山》）；否定句既可以用正装，如"尔不许我"（《尚书·周公·金縢》），也可以用倒装，如"子不我思"（《诗经·郑风·褰裳》）。介宾结构也具有灵活性，既可以用正装，如"以仁存心"（《孟子》），也可以用倒装，如"夜以继日"（《孟子》）。因部分宾语前置与反致使句形式相同，使得反致使句的可接受度得到保证。

二是古代汉语较多存在的形态标记现象。徐通锵（1998）认为，"汉语的使动式早期也应该有一定的形式标志，主要通过声母复辅音中的前置辅音表示"。王月婷（2017）认为，古代汉语动词有变读去声、清浊交替、增加*s-前缀三种变读方式，与作通格格局有关。杨作玲（2014：389）根据现有的注音材料和使动用法材料判断，在早期用使动形态区分自动和使动动词的数量不少，并认为早期汉语是作格语言。

三是语言类型的演变。由于汉语动词表现的复杂性，研究者对汉语类型归属存在争议。根据框架事件由动词还是由附加语来表达，研究者将世界上的语言分成两种类型：动词框架型语言（verb-framed language）和卫星框架型语言（satellite-framed language）。空间移动的路径部分通过动词描述的是动词框架型语言，如法语、西班牙语、日语。移动路径由附加词或词缀体现的是卫星框架型语言，如英语、德语、俄语。沈家煊（2003）认为，汉语是非典型的卫星框架型语言，而戴浩一（James Tai）（Tai，2003）认为，汉语是动词框架型为主、卫星框架型为辅的语言。陈亮（Liang Chen）和郭建生（Jiansheng Guo）（Chen and Guo，2009）认为，汉语通过连动式表达位移事件，属于均衡框架型语言（equipollently-framed language），阚哲华（2010）等认为汉语是一种广义均衡框架型语言。总之，要辨别汉语的类型归属，不能只是静态地观察汉语的语料表现，而是要综合历时和共时两个维度观察。对比发现上古、中古和现代汉语的语料表现，可以看到从动词框架型到卫星框架型的演变趋势。正如伦纳德·塔尔米（Leonard Talmy）（Talmy，2000）、史文磊（2014）所指出的，上古汉语倾向于动词框架型语言，而现代汉语倾向于卫星框架型语言。

第7章

结　语

作格性反映了人们观察世界的视角之一，而作为作格性的核心概念的致使交替现象是具有认知理据的语言现象，是一种理想化的认知模型。致使交替现象中的过程是一种受外驱力或内驱力驱动而发生的现象，该现象的承担者是客体。本书基于语言类型学理论假设，重点考察汉英语的作格语义句法规律。

在立论和研究视角上，本书综合使因链理论、构式变体理论、范畴化动态认知观和认知模型理论等，以作格交替事件域认知模型作为理论框架。致使交替对之间不是相互孤立的语言现象，而是构成了兼具动态性和静态性的事件域认知模型。笔者整体上持认知构式主义的观点，但尝试对认知构式语法中动词重要性受到弱化的情况进行修正。

在研究思路和方法上，考虑到句法语义的互动是使用者的语言实际产物，因此我们以语料库为基础，采用定量与定性相结合的研究方法，分析作格现象的语义和句法特征，探讨动词与句式之间的关系，对比不同语言之间的异同，并解释其中的原因。在综合分析跨语言作格现象的文献的基础上，调查并分析汉英语作格现象语义特征和句法分布规律。本书将切斯特曼（Chesterman，1998）所提出的"对比功能分析法"应用于考察跨语言现象的异同。从两部分对语料进行对比功能分析：分析典型作格语言的分布特点和语义特征；参照类型学的研究成果，对比汉英作格交替动词的交替行为，并通过限制动词的语义范围，探讨心理动词的致使交替行为与认知的相关性。

本书利用配式分析的统计分析方法，考察了致使交替动词与论元之间的关系。本书主要在以下三方面有重要发现：①不存在纯粹的作格语言，作/通格和主/宾格不是黑白二分的语言现象，任何一种语言都存在两种范式，区别只是程度而已；②作格受制于多种因素，在语言内部存在一定的认知规律性，但是在跨语言中，这种规律性不明显；③作格现象可以用作格致使交替事件域进行认知解释，认知构式语法需要赋动词义以足够的语法地位。

本书以认知语言学理论为指导，以类型学研究成果作为参照，以基于语料库的配式分析作为分析方法。以语言事实为基础，对认知构式语法等认知语言学理论做出评估，形成适合作格研究的理论，为跨语言作格研究提供新的思路。

（1）在理论创新方面，本书以致使交替事件域认知模型作为理论框架。致使交替动词本身也是一种构式，属于作格性构式，动词能否参与交替，关键在于作格性构式和及物性构式义之间相互压制的结果。及物性构式倾向于剥夺及物构式"过程+宾语"的独立识解（absolute construal）的可能，使其无法实现反致使化；同时剥除非宾格构式中的外力作用，使动作完全自发，无法实现致使化。如果作格性构式义压制住及物构式义，就可以分别实现致使化和/或去致使化。

（2）在方法创新方面，本书使用了配式分析的方法对实际语料展开分析。本书借鉴并创新发展了考察致使交替性质和强度的计算方式，通过计算共享形符指数和共享类符指数，详细考察了有关调查的致使交替特征。

本书通过语言内部的分裂作格性分析，考察文献中作格性的语内制约因素。采用作格强度的定量测量方法，结合语料库逐一考察经典作格动词的分裂作格现象，考察影响作格强度的动词语义特征、核心 NP 的特征（如生命度和人称等）、时态和体的因素特征等语内制约因素，具有一定的理论意义和应用价值。

（1）本书有助于探求作格强度的认知规律。将通过类型学研究成果，探索作格的跨语言普遍性地位。本书就"心理"类动词交替现象在多种语言间展开调查，考察了致使交替特性与人们的认知体验的相关性。

（2）本书有助于解决句法语义研究的关键问题。作格问题既涉及形态，也涉及句法，而且绕不开致使句式与反致使句式之间的相关性问题，因此成为语义句法界面研究的牛耳。承认作格的合法性，就意味着及物致使句和反致使句之间存在合理的联系，根据戈德堡（Goldberg，1995），如果两构式句法形式有所不同，那么它们必定不同义。显然，作格的合法性与认知构式语法的核心观点构成了某种程度的对立。此研究发现，作格的语内和语际的规律性虽然不像有些文献所宣称的那样突显，但是仍然值得广泛关注。研究认为，认知构式语法的语义句法理论与作格研究并不冲突，语义句法现象是动词构式与句式构式之间相互压制的结果。

（3）文献中关于作格的研究主要依赖语感的判断，对作格强度无法给予客观的测量，因此难以开展跨语言的作格认知规律性的比较和对比研究。本书关于语料的处理主要通过对语料库中的语言材料定量分析而展开。对相关动词用法做穷尽性分析。从方法上将为作格研究提供新的思路，具有较高的应用价值。所反映的语法事实包括致使交替的分布特征、功能语用特点以及这方面跨语言的异同等，对于语言教学、词典编纂等都具有实用价值。

未来的研究应该以类型学研究成果为参照，深入研究语言特点和规律。

（1）关注各种变体形式和缺省形式。比如，学界已有研究开始重视跨语言中致事主语句省宾现象（Rasia，2019），该现象在罗曼语（如西班牙语）中较为多见。但是汉语研究还没有引起重视。例如，"你夸大了""这个人真恶心"，在文献中常被列入一般性零形宾语句。再如，由于跨语言中往往存在词义空缺现象，一种语言中的类符在另一种语言中可能只是形符，比如汉语中"车"可以是"自行车""汽车""摩托车""三轮车"等名词的类符，但是英语中却无法找到 bicycle、car、motorcycle、tricycle 共有的类符，即使完全忽略形式，只从语义的角度强行将 vehicle 列为类符，两者的语义覆盖面也有很大区别。因此，形符统计或许也有一定道理。

（2）对于声调和清浊对及物性交替的影响应该进一步展开研究，例如汉藏语系中浊首音往往是不及物动词，清首音和清浊首音交替往往是及物动词（Donohue，2021），要加强上古音韵构拟工作的研究，并探讨语音标记的类型学意义。

（3）相比于形态致使形式，跨语言研究一般聚焦在词汇致使形式。汉语、泰语等语言中，多以复合词形式表达致使义。研究汉语动结式交替和词汇交替的异同是需要深入开展的工作。

（4）关于构式地位问题。既然认知构式语法也认可词构式的地位，那么如何看待致使交替动词构式所覆盖的及物和不及物两个潜势呢？扩展性配式分析认为，交替各方自成构式，两者可以互相解释，语义可有重叠，这些共同的"构式基因"从哪里来？既然构式可以通过承继产生子构式，那么照此推理，是否也应该有母构式？如果这样，是否可以假设，及物致使构式与反致使构式是否可能拥有同一个母构式，即致使交替构式？

（5）研究方法方面。随着人工智能与自然语言处理技术逐渐成熟，如何结合机器学习探索语义句法界面的人工智能神经网络深度学习模式，还需要进一步研究。

参 考 文 献

常辉，姜孟. 2010. 分布形态学理论述评. 当代外语研究，（4）：6-12，25.

陈承泽. 1982. 国文法草创. 北京：商务印书馆.

陈鼓应. 2016. 老子今注今译. 北京：商务印书馆.

陈梦韶. 1988. 古代汉语特殊句法. 郑州：中州古籍出版社.

邓思颖. 2004. 作格化和汉语被动句. 中国语文，（4）：291-301，383.

顾阳. 1996. 生成语法及词库中动词的一些特性. 国外语言学，（3）：1-16.

顾阳. 1999. 关于存现结构的理论探讨//徐烈炯. 共性与个性——汉语语言学中的争
　　议. 北京：北京语言文化大学出版社：91-110.

郭纯洁. 2017. 汉英句法与语义界面的认知对比研究. 武汉：湖北人民出版社.

郭印. 2015a. 汉英作格致使交替现象的认知功能研究. 北京：科学出版社.

郭印. 2015b. 作格动词致使交替特性的配式分析. 山东外语教学，（2）：19-26.

韩景泉. 2021. 汉语处所倒装结构的句法推导. 现代外语，（5）：614-627.

胡健，张佳易. 2012. 认知语言学与语料库语言学的结合：构式搭配分析法. 外国语
　　（上海外国语大学学报），35（4）：61-69.

金立鑫. 2019. 广义语法形态理论的解释力——对普通话语序类型与论元配置类型的
　　描写与解释. 华东师范大学学报（哲学社会科学版），51（2）：32-43，184.

阚哲华. 2010. 汉语位移事件词汇化的语言类型探究. 当代语言学，（2）：126-135，190.

李临定. 1999. 现代汉语疑难词词典. 北京：商务印书馆.

林杏光，王玲玲，孙德金. 1994. 现代汉语动词大词典. 北京：北京语言学院出版社.

刘丹青. 2021. 语言单位的义项非独立观. 世界汉语教学，35（2）：147-165.

刘晓林. 2006. 补语、特殊句式和作格化. 现代外语，29（3）：248-256，329.

刘晓林. 2008. 特殊句式作格化的强弱及其类型学意义. 外国语，（3）：31-38.

刘晓林，王文斌. 2010. 动性弱化、语义自足、作格化与语序类型特征效应. 现代外语，33（2）：133-141，218.

刘宇红. 2013. 词汇与句法界面的双向互动研究. 北京：北京大学出版社.

鲁雅乔，李行德. 2020. 汉语非宾格与非作格动词的句法及语义界定标准. 当代语言学，22（4）：475-502.

罗天华. 2021. 汉语是作格语言吗？——作格格局是什么和不是什么. 当代语言学，23（1）：114-129.

吕叔湘. 1987. 说"胜"和"败". 中国语文，（1）：1-5.

吕叔湘. 1999. 现代汉语八百词（增订本）. 北京：商务印书馆.

吕文茜. 2015. 基于组配—构式分析法的"把"字句典型构式义研究. 外语研究，32(5)：22-25.

马建忠. 2010. 马氏文通. 北京：商务印书馆.

孟琮，郑怀德，孟庆海，等. 1999. 汉语动词用法词典. 北京：商务印书馆.

苗兴伟，梁海英. 2020. 作格系统的运作机制与语篇功能. 外国语，（2）：20-29.

莫俊华. 2016. 中国学习者习得英语可转换非宾格动词的词间差异研究——对"语义结构理论"和"固化假说"的再检验. 西安外国语大学学报，24（3）：65-71.

沈家煊. 2003. 现代汉语"动补结构"的类型学考察. 世界汉语教学，（3）：17-23.

沈家煊. 2016. 名词和动词. 北京：商务印书馆.

沈家煊. 2019. 谈谈功能语言学各流派的融合. 外语教学与研究，51（4）：483-495，639.

沈阳. 1995. 领属范畴及领属性名词短语的句法作用. 北京大学学报（哲学社会科学版），（5）：85-92.

沈园. 2007. 句法-语义界面研究. 上海：上海教育出版社.

石慧敏. 2010. 动结式"V破"的句法语义特性及其演变过程. 上海师范大学学报（哲学社会科学版），39（4）：123-130.

史曼. 2020. 汉日同形动词的构词与致使交替. 日语学习与研究，（6）：44-52.

史文磊. 2014. 汉语运动事件词化类型的历时考察. 北京：商务印书馆.

孙道功. 2018. "句法-语义"接口研究的理论回溯及模式建构. 南京师范大学文学院学报，（2）：143-150.

孙道功，施书宇. 2018. "句法-语义"接口视域中词汇与句法的互动制约研究. 外语学刊,（4）: 29-35.

孙玉文. 2007. 汉语变调构词研究. 北京: 商务印书馆.

唐均. 2016. 西夏语的施受格问题. 西夏学,（1）: 343-352.

田臻, 吴凤明, 曹娟. 2015. 英汉存在构式与动词语义关联的实证对比研究. 外语教学与研究, 47（6）: 826-837, 959.

王文斌, 罗思明, 刘晓林, 等. 2009. 英汉作格动词语义、句法及其界面比较. 外语教学与研究, 41（3）: 193-201, 241.

王遥. 2019. 作格性连续统的跨语言研究. 北京: 外语教学与研究出版社.

王月华, 于善志. 2008. 英语作格动词及其在二语习得中的语态误用. 宁波大学学报（教育科学版）,（5）: 135-137.

王月婷. 2017. 古汉语"及物"变读规则所反映的语言运作模式. 古汉语研究,（1）: 35-49, 103-104.

幸辉. 2018. 构式化视域下英语作格动词的致使交替. 沈阳大学学报（社会科学版）, 20（5）: 634-639.

徐广联. 1991. 大学英语语法. 南京: 东南大学出版社.

徐杰. 1999. 两种保留宾语句式及相关句法理论问题. 当代语言学, 1（1）: 16-29, 61.

徐烈炯. 2002. 功能主义与形式主义. 外国语,（2）: 8-14.

徐通锵. 1998. 自动和使动——汉语语义句法的两种基本句式及其历史演变. 世界汉语教学,（1）: 12-22.

徐重人. 1956. 王冕死了父亲. 语文知识,（9）: 34-38.

许歆媛, 潘海华. 2019. "台上坐着主席团"的生成路径新探. 语言研究,（3）: 1-10.

许余龙. 2018. 借鉴融通合力创新——改革开放 40 年来我国语言学研究的进展. 外语教学与研究,（6）: 809-812.

许渊冲, 陆佩弦, 吴钧陶. 1988. 唐诗三百首新译. 北京: 中国对外翻译出版公司/商务印书馆（香港）有限公司.

杨玲. 2017. 基于语料库的英汉状态变化动词语义-句法界面比较研究. 外国语, 40（3）: 52-60.

杨素英. 1999. 从非宾格动词现象看语义与句法结构之间的关系. 当代语言学, 1（1）: 30-43, 61-62.

杨作玲. 2014. 上古汉语非宾格动词研究. 北京：商务印书馆.

影山太郎. 2001. 动词语义学：语言与认知的接点. 于康，张勤，王占华，译. 北京：中国广播电视大学出版社.

俞建耀. 2006. 英语非宾格动词在外语习得过程中的被动泛化综合解释. 西安外国语学院学报，（3）：40-43.

于善志，陶家玉. 2019. 二语作格动词语义加工中的身物交互效应. 宁波大学学报（人文科学版），32（1）：66-71.

于秀金，姜兆梓，庾小美. 2021. 类型学视角下英汉格标志配置与分裂及物/不及物. 外语与外语教学，（4）：23-34，147-148.

曾立英. 2009. 现代汉语作格现象研究. 北京：中央民族大学出版社.

张伯江. 2014. 汉语句式的跨语言观——"把"字句与逆被动态关系商榷. 语言科学，（6）：587-600.

张达球. 2015. 二语习得中句法–语义的可学性——以非宾格动词存现结构为例. 外语与翻译，22（3）：35-42，4.

张道真. 1995. 实用英语语法（1995 年修订重印本）. 北京：外语教学与研究出版社.

张积家，陆爱桃. 2007. 汉语心理动词的组织和分类研究. 华南师范大学学报（社会科学版），（1）：117-123，160.

张楠. 2021. 日语复合动词的致使交替条件及交替机制探究. 外语教学与研究，53（3）：349-361，478-479.

张艳，郭印. 2020. 构式语法的量化分析方法——《基于语料库的构式语法研究》述评. 复旦外国语言文学论丛，（1）：35-39.

章振邦. 1983. 新编英语语法教程. 上海：上海外语教育出版社.

赵杨. 2009. 汉语非宾格动词和心理动词的习得研究——兼论"超集—子集"关系与可学习性. 世界汉语教学，23（1）：86-100.

郑杰，陈楠楠. 2019. 韩国语作格动词的词类地位及判定标准. 东北亚外语研究，7（3）：50-55.

周士宏，崔亚冲. 2019. 宾格倾向型还是作格倾向型？——话语视角下汉语"格"类型的重新审视. 世界汉语教学，33（3）：336-352.

朱德熙. 1980. 现代汉语语法研究. 北京：商务印书馆.

朱德熙. 1982. 语法讲义. 北京：商务印书馆.

朱琳. 2007. 现代汉语作格结构. 香港科技大学博士学位论文.

朱秀杰，王同顺. 2016. 中国学生英语中不及物动词的及物化现象研究. 外语与外语教学，（3）：67-74，146.

Ades, A. E. & Steedman, M. J. 1982. On the order of words. *Linguistics and Philosophy*, (4): 517-558.

Aissen, J. 2003. Differential object-marking: Iconicity vs. economy. *Natural Language and Linguistic Theory*, 21(3): 435-483.

Alexiadou, A. 2016. English psych verbs and the causative alternation: A case study in the history of English. *Questions and Answers in Linguistics*, 3(2): 1-13.

Alexiadou, A. & Anagnostopoulou, E. 2004. Voice morphology in the causative-inchoative alternation: Evidence for a non-unified structural analysis of unaccusatives. In A. Alexiadou, E. Anagnostopoulou & M. Everaert (Eds), *The Unaccusativity Puzzle: Explorations of the Syntax-lexicon Interface* (pp. 114-136). Oxford: Oxford University Press.

Alexiadou, A. & Anagnostopoulou, E. 2006. From hierarchies to features: Person splits and direct-inverse alternations. In C. Boeckx (Ed.), *Agreement Systems* (pp. 41-62). Amsterdam: John Benjamins Publishing Company.

Alexiadou, A. & Iordăchioaia, G. 2014. The psych causative alternation. *Lingua*, 148: 53-79.

Alexiadou, A., Anagnostopoulou, E. & Schäfer, F. 2015. *External Arguments in Transitivity Alternations: A Layering Approach*. Oxford: Oxford University Press.

Allen, N. J. 1976. *Studies in the Myths and Oral Traditions of the Thulung Rai of East Nepal*. PhD dissertation, University of Oxford.

Anderson, S. R. 1976. On the notion of subject in ergative languages. In C. N. Li (Ed.), *Subject and Topic* (pp. 1-23). New York: Academic Press.

Arboleda, A. & Dieck, M. 2019. Case in wounan: The alignment system and the relationship between case markers and semantic roles. *Lenguaje*, 47(1): 46-72.

Austin, P. K. 2021. *A Grammar of Diyari, South Australia* (2nd edn.). Cambridge: Cambridge University Press.

Baker, M. C. 1988. *Incorporation: A Theory of Grammatical Function Changing*. Chicago: The University of Chicago Press.

Bhatia, T. K. 1993. *Punjabi: A Cognitive-Descriptive Grammar*. London: Routledge.

Bialy, A. 2012. *Polish Psychological Verbs at the Lexicon-Syntax Interface in Cross-linguistic Perspective*. New York: Peter Lang Publishing.

Bonet, E. 1991. *Morphology after Syntax: Pronominal Clitics in Romance*. PhD dissertation, MIT.

Burrow, T. & Bhattacharya, S. 1970. *The Pengo Language, Grammar, Texts, and Vocabulary*. Oxford: Clarendon Press.

Burzio, L. 1986. *Italian Syntax: A Government-Binding Approach*. Dordrecht: Reidel.

Bybee, J. L. 2010. *Language, Usage, and Cognition*. Cambridge: Cambridge University Press.

Calabrese, A. 1998. Some remarks on the Latin case system and its development in Romance. In J. Lema & E. Treviño (Eds), *Theoretical Analyses on Romance Languages* (pp. 71-126). Amsterdam: John Benjamins Publishing Company.

Cappelle, B. 2006. Particle placement and the case for "allostructions". *Constructions*, SV1(7): 1-28.

Carlson, G. N. 1977. *Reference to Kinds in English*. PhD dissertation, University of Massachusetts.

Carter, R. 1976. *Some Linking Regularities in English*. Paris: Universite de Vincennes.

Chen, L. & Guo, J. S. 2009. Motion events in Chinese novels: Evidence for an equipollently-framed language. *Journal of Pragmatics*, 41(9): 1749-1766.

Chesterman, A. 1998. *Contrastive Functional Analysis*. Amsterdam: John Benjamins Publishing Company.

Chierchia, G. 1995. Individual predicates as inherent generics. In G. Carlson and F. J. Pelletier (Eds.), *The Generic Book* (pp. 176-223). Chicago: Chicago University Press.

Chierchia, G. 2004. A semantics for unaccusatives and its syntactic consequences. In A. Alexiadou, E. Anagnostopoulou & M. Everaert (Eds.), *The Unaccusativity Puzzle: Explorations of the Syntax-Lexicon Interface* (pp. 22-59). Oxford: Oxford University

Pres.

Chomsky, N. 1995. *The Minimalist Program*. Cambridge: MIT Press.

Comrie, B. 1978. Ergativity. In W. Lehmann (Ed.), *Syntactic Typology* (pp. 329-394). Austin: University of Texas Press.

Comrie, B. 1980. Inverse verb forms in Siberia: Evidence from Chukchee, Koryak, and Kamchadal. *Folia Linguistica Historica*, (1): 61-74.

Comrie, B. 2013. Alignment of case marking of pronouns.In M. S. Dryer & M. Haspelmath (Eds.), *The World Atlas of Language Structures Online* (v2020.3) [Data set]. Zenodo.

Croft, W. 1990. *Typology and Universals*. Cambridge: Cambridge University Press.

Croft, W. 1991. *Syntactic Categories and Grammatical Relations*. Chicago: The University of Chicago Press.

Croft, W. 2001. *Radical Construction Grammar*. Oxford: Oxford University Press.

Croft, W. 2003. Lexical rules vs. constructions: A false dichotomy. In H. Cuyckens, T. Berg, R. Dirven, et al. (Eds.), *Motivation in Language* (pp. 49-68). Amsterdam: Benjamins.

Croft, W. & Cruse, A. D. 2004. *Cognitive Linguistics*. Cambridge: Cambridge University Press.

Crowley, T. 1978. *Middle Clarence Dialects Bandjalang*. Canberra: Australian Institute Aboriginal Studies.

Davidse, K. 1991. *Categories of Experiential Grammar*. PhD dissertation, University of Leuven.

Davis, H. & Demirdache, H. 2000. On lexical verb meanings: Evidence from Salish. In C. L. Tenny & J. Pustejovsky (Eds.), *Events as Grammatical Objects* (pp. 97-142). Stanford: CSLI.

Deal, A. R. 2010. Ergative case and the transitive subject: A view from Nez Perce. *Natural Language and Linguistic Theory*, 28: 73-120.

Deal, A. R. 2016. Person-based split ergativity in Nez Perce is syntactic. *Journal of Linguistics*, 52(3): 533-564.

DeLancey, S. 1980. The category of direction in Tibeto-Burman. *Linguistics of the Tibeto-Burman Area*, 6(1): 83-101.

DeLancey, S. 1981. An interpretation of split ergativity and related patterns. *Language*, 57(3): 626-657.

DeLancey, S. 2001. *Lectures on Functional Syntax*. Summer Institute of the Linguistic Society of America, the University of California at Santa Barbara.

Dik, S. C. 1989. *The Theory of Functional Grammar*. Dordrecht: Foris Publishers.

Dirr, A. 1911. Rutulskij jazyk. Grammatičeskij očerk, teksty, sbornik rutulskix slov s russkim. k nemu ukazatelem. Tiflis: Tipografija Glavnogo Uprevlenija Namestinika Kavkazsko (Sbornik materialov dlja opisanija mestonostej i plemen Kavkaza 42,3).

Dixon, R. M. W. 1972. *The Dyirbal Language of North Queensland*. London: Cambridge University Press.

Dixon, R. M. W. 1977. *A Grammar of Yidiny*. Cambridge: Cambridge University Press.

Dixon, R. M. W. 1979. Ergativity. *Language*, 55(1): 59-138.

Dixon, R. M. W. 1981. Wargamay. In R. M. W. Dixon & B Blake (Eds.), *Handbook of Australian languages* (Vol. 2) (pp. 1-144). Canberra: Australian National University Press.

Dixon, R. M. W. 1987. Studies in ergativity: Introduction. In R. M. W. Dixon (Ed.), *Studies in Ergativity* (pp. 1-16). Amsterdam: Elsevier Science Publishers.

Dixon, R. M. W. 1994. *Ergativity*. Cambridge: Cambridge University Press.

Dixon, R. M. W. 2022. *A New Grammar of Dyirbal*. Oxford: Oxford University Press.

Donohue, C. 2021. Tonal morphology in Sama Nubri: Case marking and causative alternations. *Studies in Language*, 45(2): 408-427.

Dowty, D. 1979. Word Meaning and Montague Grammar—The Semantics of Verbs and Times in Generative Semantics and in Montague's PTQ. Dordrecht: Reidel.

Du Bois, J. W. 1987. The discourse basis of ergativity. *Language*, 63(4): 805-855.

Duchier, D. & Debusmann, R. 2001. Topological dependency trees: A constraint-based account of linear precedence. In *Proceedings of the 39th ACL*. Toulouse, France: 180-187.

Eades, D. 1979. Gumbaynggir. In R. M. W. Dixon & B. J. Blake (Eds.), *Handbook of*

Australian Languages (Vol. I) (pp. 242-361). Canberra: Australian National University Press.

Ellis, N. C. & Ferreira-Junior, F. 2009. Constructions and their acquisition: Islands and the distinctiveness of their occupancy. *Annual Review of Cognitive Linguistics*, 7(1): 188-221.

Fillmore, C. J. 1968. The case for case. In E. Bach & R. T. Harms (Eds.), *Universals in Linguistic Theory* (pp. 1-88). New York: Holt, Rinehart and Winston, Inc.

Fillmore, C. J. 1970. The grammar of hitting and breaking. In R. Jacobs & P. Rosenbaum (Eds.), *Readings in English Transformational Grammar* (pp. 120-133). Washington: Georgetown University Press.

Fillmore, C. J. 1988. The mechanisms of construction grammar. In S. Axmaker, A. Jaisser & H. Singmaster (Eds.), *Proceedings of the Fouteenth Annual Meeting of the Berkeley Linguistics Society* (pp. 35-55). Berkeley: Berkeley Linguistics Society.

Foley, W. A. & van Valin, R. D., Jr. 1984. *Functional Syntax and Universal Grammar*. Cambridge: Cambridge University Press.

Fortescue, M. D. 1984. *West Greenlandic*. London: Croom Helm.

Foxvog, D. A. 1975. The sumerian ergative construction. *Orientalia*, 44(3): 395-425.

Frei, H. 1956. The ergative construction in Chinese: Theory of Pekingese *pa*. *Gengo Kenkyu*, (31): 22-50，83-115.

Garrett, A. J. 1990. *The Syntax of Anatolian Pronominal Clitics*. PhD dissertation, Harvard University.

Gazdar, G., Klein, E., Pullum, G., et al. 1989. Generalized phrase structure grammar. *The Philosophical Review*, 98(4): 556-566.

Givón, T. 1984. *Syntax: A Functional-Typological Introduction*. Vol. I. Amsterdam/ Philadelphia: John Benjamins Publishing Company.

Givón, T. 1991. *Syntax: A Functional-Typological Introduction*. Vol. II. Amsterdam/ Philadelphia: John Benjamins Publishing Company.

Goedegebuure, P. 2012. Hattic language. In R. S. Bagnall, K. Brodersen, C. B. Champion, et al. (Eds.), *The Encyclopedia of Ancient History* (pp. 3080-3081). New York: John

Wiley & Sons, Inc.

Goldberg, A. E. 1995. *Constructions*: *A Construction Grammar Approach to Argument Structure*. Chicago: The University of Chicago Press.

Goldberg, A. E. 2001. Patient arguments of causative verbs can be omitted. *Language Sciences*, 23(4/5): 503-524.

Goldberg, A. E. 2002. Surface generalizations: An alternative to alternations. *Cognitive Linguistics*, 13(4): 327-356.

Goldberg, A. E. 2006. *Constructions at Work*: *The Nature of Generalization in Language*. Oxford: Oxford University Press.

Gries, S. 2012. Frequencies, probabilities, and association measures in usage-/exemplar-based linguistics: Some necessary clarifications. *Studies in Language*, 36(3): 477-510.

Gries, S. 2015. More (old and new) misunderstandings of collostructional analysis: On Schmid and Küchenhoff 2013. *Cognitive Linguistics*, 26(3): 505-536.

Gries, S. & Stefanowitsch, A. 2004a. Extending collostructional analysis: A corpus-based perspective on "alternations". *International Journal of Corpus Linguistics*, 9(1): 97-129.

Gries, S. & Stefanowitsch, A. 2004b. Co-varying collexemes in the into-causative. In M. Achard & S. Kemmer (Eds.), *Language, Culture, and Mind* (pp. 225-236). Stanford: CSLI.

Gries, S. & Stefanowitsch, A. 2010. Cluster analysis and the identification of collexeme classes. In S. Rice & J. Newman (Eds.), *Empirical and Experimental Methods in Cognitive/Functional Research* (pp. 73-90). Stanford: CSLI.

Gries, S., Hampe, B. & Schönefeld, D. 2010. Converging evidence II: More on the association of verbs and constructions. In J. Newman & S. Rice (Eds.), *Empirical and Experimental Methods in Cognitive/Functional Research* (pp. 59-72). Stanford: CSLI.

Grimshaw, J. 1990. *Argument Structure*. Cambridge: MIT Press.

Grimshaw, J. 1993. *Minimal Projection, Heads and Inversion*. New Brunswick: Rutgers University.

Guidi, L. G. 2011. Old English psych verbs and quirky experiencers. *York Papers in Linguistics*, 2(11): 29-48.

Hale, K. & Keyser, S. J. 2002. *Prolegomenon to a Theory of Argument Structure*. Cambridge: MIT Press.

Halliday, M. A. K. 1994. *An Introduction to Functional Grammar* (2nd edn.). London: Edward Arnold.

Halliday, M. A. K. & Matthiessen, C. M. I. M. 2014. *Halliday's Introduction to Functional Grammar* (4th edn.). London: Routledge.

Haspelmath, M. 2021. Role-reference associations and the explanation of argument coding splits. *Linguistics*, 59(1): 123-174.

Heath, J. 1980. *Basic Materials in Ritharngu: Grammar, Texts and Dictionary*. Canberra: Department of Linguistics, Research School of Pacific Studies, Australian National University.

Heaton, R., Deen, K. & O'Grady, W. 2016. The status of syntactic ergativity in Kaqchikel. *Lingua*, 170: 35-46.

Hilpert, M. & Perek, F. 2015. Meaning change in a petri dish: Constructions, semantic vector spaces, and motion charts. *Linguistics Vanguard*, 1(1): 339-350.

Hoekstra, T. & Mulder, R. 1990. Unergatives as copular verbs: Locational and existential predication. *The Linguistic Review*, 7: 1-79.

Holisky, D. A. & Gagua, R. 1994. Tsova-Tush (Batsbi). In R. Smeets (ed.), *North East Caucasian Languages Part 2*, 147-212. Delmar, NY: Delmar, New York: Caravan Books.

Hopper, P. J. & Thompson, S. A. 1980. Transitivity in grammar and discourse. *Language*, 56(2): 251-299.

Hopper, P. J. & Traugott, E. C. 2003. *Grammaticalization* (2nd edn.). Cambridge: Cambridge University Press.

Huang, C.-T. J. 1987. Existential sentences in Chinese and (in)definiteness. In E. Reuland & A. G. B. ter Meulen (Eds.), *The Representation of (In)definiteness* (pp. 226-253). Cambridge: MIT Press.

Huang, C.-T. J. 2006. Resultatives and unaccusatives: A parametric view. *Bulletin of the Chinese Linguistic Society of Japan*, (253): 1-43.

Hudson, R. 1984. *Word Grammar*. Oxford: Basil Blackwell.

Ikegami, Y. 1985. "Activity"-"Accomplishment"-"Achievement"—A language that can't say "I burned it but didn't brun" and one that can. In A. Makkai & A. K. Melby (Eds.), *Linguistics and Philosophy* (pp. 265-304). Amsterdam: John Benjamins Publishing Company.

Itkonen, T. 1979. Subject and object marking in Finnish: An inverted ergative system and an "ideal" ergative sub-system. In F. Plank (Ed.), *Ergativity: Towards a Theory of Grammatical Relations* (pp. 79-102). London: Academic Press.

Jackendoff, R. 1983. *Semantics and Cognition*. Cambridge: MIT Press.

Jackendoff, R. 1990. On Larson's treatment of the double object construction. *Linguistic Inquiry*, 21(3): 427-456.

Jackendoff, R. 1997. *The Architecture of Language Faculty*. Cambridge: MIT Press.

Keenan, E. L. 1976. Towards a universal definition of "subject". In C. N. Li (Ed.), *Subject and Topic* (pp. 304-333). New York: Academic Press.

Klimov, V. S. 1974. Embedding theorems and intermediate Calderon spaces. *Functional Analysis and Its Applications*, 8(1): 71-72.

Kuno, S., Ken-ichi, T. & Takami, K. 2004. *Functional constraints in Grammar: On the Unergative-Unaccusative Distinction*. Amsterdam/Philadelphia: John Benjamins Publishing Company.

Küchenhoff, H. & Schmid, H.-J. 2015. Reply to "More (old and new) misunderstandings of collostructional analysis: On Schmid & Küchenhoff" by Stefan Th. Gries. *Cognitive Linguistics*, 26(3): 537-547.

Lahaussois, A. 2002. *Aspects of the Grammar of Thulung Rai: An Endangered Himalayan Language (Nepal)*. PhD dissertation, University of California.

Lahaussois, A. 2003. Ergativity in Thulung Rai: A shift in the position of pronominal split. In D. Bradley, R. LaPolla, B. Michailovsky, et al. (Eds), *Language Variation: Papers on Variation and Change in the Sinosphere and in the Indosphere in Honour of James A. Matisoff* (pp. 101-112). Canberra: Australian National University (Pacific Linguistics).

Lahaussois, A. 2004. Thulung Rai. *Himalayan Linguistics*, 1(1): 1-25.

Lakoff, G. 1970. *Irregularities in Syntax*. New York: Holt, Rinehart and Winston.

Lakoff, G. 1987. *Women, Fire, and Dangerous Things: What Categories Reveal about the Mind*. Chicago: The University of Chicago Press.

Landau, I. 2006. Severing the distribution of PRO from case. *Syntax*, 9(2): 153-170.

Langacker, R. W. 1987. *Foundations of Cognitive Grammar*. Vol. 1. Stanford: Stanford University Press.

Langacker, R. W. 1991. *Foundations of Cognitive Grammar*. Vol. 2. Stanford: Stanford University Press.

Larson, R. 1988. On the double object construction. *Linguistic Inquiry*, 19(3): 335-391.

Legate, J. A. 2014. Split ergativity based on nominal type. *Lingua*, 148: 183-212.

Lemmens, M. 1998. *Lexical Perspectives on Transitivity and Ergativity*. Amsterdam/Philadelphia: John Benjamins Publishing Company.

Lemmens, M. 2009. Alternation or construction? A corpus-based study of alternation strength for the causative alternation. Paper presented at the international colloquium *Evénement, Événements et Sous-événements* held at the Univ. Paris III.

Lemmens, M. 2021. *New Directions in Cognitive Linguistics: Usage-Based Perspectives on Lexical and Constructional Semantics*. Shanghai: Shanghai Foreign Language Education Press.

Lenci, A. 2008. Distributional approaches in linguistic and cognitive research. *Italian Journal of Linguistics*, 1(20): 1-31.

Levin, B. 1993. *English Verb Classes and Alternations*. Chicago: The University of Chicago Press.

Levin, B. & Hovav, M.R. 1995. *Unaccusativity: At the Syntax-Lexical Semantics Interface*. Cambridge: MIT Press.

Levin, B. & Hovav, M. R. 2005. *Argument Realization*. Cambridge: Cambridge University Press.

Li, C. N. & Thompson, S.A. 1976. Subject and topic: A new typology of language. In C. N. Li (Ed.), *Subject and Topic* (pp. 457-490). London/New York: Academic Press.

Li, W. C. 2020. Causative/inchoative verb alternation in Altaic languages: Turkish,

Turkmen, Nanai and Mongolian. *International Journal of English Linguistics*, 10(5): 399-411.

Li, Y. H. 1990. *Order and Constituency in Mandarin Chinese*. Dordrecht, Boston & London: Kluwer Academic Publishers.

Manaster-Ramer, A. 1994. The origin of the term ëergativeí. *Sprachtypologie und Universalienforschung*, 47(3): 211-236.

McGregor, W. B. 2010. Optional ergative case marking systems in a typological-semiotic perspective. *Lingua*, 120(7): 1610-1636.

Melchert, H. C. 2011. The problem of the ergative case in Hittite. In M. Fruyt, M. Mazoyer & D. Pardee (Eds.), Grammatical Case in the Languages of the Middle East and Europe: Acts of the international colloquium　(pp. 161-167). Chicago: Oriental Institute of the University of Chicago.

Merchant, J. 2006. Polyvalent case, geometric hierarchies, and split ergativity. In J. Bunting, S. Desai, R. Peachey, et al. (Eds.), *The Proceedings of the 42nd Annual Meeting of the Chicago Linguistic Society* (pp. 47-67). Chicago: Chicago Linguistic Society.

Merlan, F. 1982. A Mangarrayi representational system: Environment and cultural symbolization in northern Australia. *American Ethnologist*, 9(1): 145-166.

Miller, G. A. & Charles, W. G. 1991. Contextual correlates of semantic similarity. *Language and Cognitive Processes*, 6(1): 1-28.

Mithun, M. 1999. *The Languages of Native North America*. Cambridge: Cambridge University Press.

Momma, S., Slevc, L. R. & Phillips, C. 2018. Unaccusativity in sentence production. *Linguistic Inquiry*, 49(1): 181-194.

Montague, R. 1970. English as a formal language. In B. Visentini (Ed.), *Linguaggi Nella Societa` E Nella Tecnica* (pp. 188-221). Edizioni Di Comunita (distributed by the Olivetti Corporation, Milan). [Reprinted in Thomason (1974): 188-221.]

Montague, R. 1973. The proper treatment of quantification in ordinary English. In K. Hintikka, J. Moravcsik and P. Suppes (Eds.), *Approaches to Natural Language* (pp.

221-242). Dordrecht: Reidel.

Montaut, A. 2004. *A Grammar of Hindi*. München: Lincom.

Newmeyer, F. J. 1998. *Language Form and Language Function*. Cambridge: The Massachusetts Institute of Technology Press.

Oshita, H. 2001. The unaccusative trap in second language acquisition. *Studies in Second Language Acquisition*, 23(2): 279-304.

Owen-Smith, T. 2015. *Grammatical Relations in Tamang, a Tibeto-Burman Language of Nepal*. PhD dissertation, SOAS, University of London.

Park, K.-S. & Lakshmanan, U. 2007. The unaccusative-unergative distinction in resultatives: Evidence from Korean L2 learners of English. In A. Belikova, L. Meroni, & M. Umeda (Eds.), *Proceedings of the 2nd Conference on Generative Approaches to Language Acquisition North America (GALANA)* (pp. 328-338). Somerville: Cascadilla Proceedings Project.

Perek, F. 2015. *Argument Structure in Usage-based Construction Grammar: Experimental and Corpus-based Perspectives*. Amsterdam/Philadelphia: John Benjamins Publishing Company.

Perlmutter, D. M. 1978. Impersonal passives and the unaccusative hypothesis. In *Proceedings of the Fourth Annual Meeting of the Berkeley Linguistics Society* (pp. 157-190). Berkeley: University of California.

Perlmutter, D. M. & Postal, P. M. 1984. The 1-advancement exclusiveness law. In D. M. Perlmutter & C. Rosen (Eds.), *Studies in Relational Grammar 2* (pp. 81-125). Chicago: The University of Chicago Press.

Pesetsky, D. 1995. *Zero Syntax: Experiences and Cascades*. Cambridge: MIT Press.

Pinker, S. 1989. *Learnability and Cognition*. Cambridge: MIT Press.

Piñón, C. 2001. A finer look at the causative-inchoative alternation. In R. Hastings, B. Jackson & Z. Zvolenszky (Eds.), *Proceedings of Semantics and Linguistic Theory XI* (pp. 273-293). Ithaka: CLC Publications, Cornell University.

Pollard, C. & Sag, I. A. 1994. *Head-Driven Phrase Structure Grammar*. Stanford: CSLI Publications; Chicago: The University of Chicago Press.

Poolaw, R. 2016. Last Wichita speaker passes away. http://www.kswo.com/story/ 32940602/last-wichita-speaker-passes-away[2023-08-11].

Poudel, T. 2020. Ergativity and stage/individual level predications in Nepali and Manipuri. *Journal of South Asian Linguistics*, 11(1): 1-22.

Radford, A. 1997. *Syntax: A Minimalist Introduction*. New York: Cambridge University Press.

Radloff, C. & Liljegren, H. 2022. Ergativity and Gilgiti Shina. In L. G. Joan, H. Liljegren & T. E. Payne (Eds.), *Languages of Northern Pakistan: Essays in Memory of Carla Radloff* (pp. 317-347). Oxford: Oxford University Press.

Ramchand, G. 2008. *Verb Meaning and the Lexicon: A First-Phase Syntax*. Cambridge: Cambridge University Press.

Rasia, M. E. M. 2019. Stativity in the causative alternation? New questions and a new variant. *Open Linguistics*, 5(1): 233-259.

Ray, S. H. & Haddon, A. C. 1893. A study of the languages of Torres Straits, with vocabularies and grammatical notes (part I). In *Proceedings of the Royal Irish Academy (third series) II*, 463-616.

Reinhart, T. 2002. The theta system—An overview. *Theoretical Linguistics*, 28(3): 229-290.

Romain, L. 2017. Measuring the alternation strength of causative verbs: A quantitative and qualitative analysis of the interaction between verb, theme and construction. *Belgian Journal of Linguistics*, 31: 218-241.

Romain, L. 2018. *Une Analyse de Corpus de L'alternance Causative en Anglais*. PhD dissertation, Université Charles de Gaulle-Lille III.

Rozwadowska, B. & Bondaruk, A. 2019. Against the psych causative alternation in Polish. *Studies in Polish Linguistics*, 1(1): 77-97.

Rude, N. 1986. Discourse-pragmatic context for genitive promotion in Nez Perce. *Studies in Language*, 10(1): 109-136.

Salton, G., Wong, A. & Yang, C. S. 1975. A vector space model for automatic indexing. *Communications of the ACM*, 18(11): 613-620.

Schäfer, F. 2008. The Syntax of (Anti-) Causatives: External Arguments in the Change-of-state Contexts. Amsterdam/Philadelphia: John Benjamins Publishing Company.

Schäfer, F. 2009. The causative alternation. *Language and Linguistics Compass*, 3(2): 641-681.

Schmid, H.-J. 1994. Probabilistic part-of-speech tagging using decision trees. In *Proceedings of International Conference on New Methods in Language Processing* (Vol.12). Manchester, UK.

Schmid, H.-J. 2000. English abstract nouns as conceptual shells. *English and American Studies in German*, 2000(2001): 4-8.

Schmid, H.-J. & Küchenhoff, H. 2013. Collostructional analysis and other ways of measuring lexicogrammatical attraction: Theoretical premises, practical problems and cognitive underpinnings. *Cognitive Linguistics*, 24(3): 531-577.

Schmidt, W. 1902. Die sprachlichen verhältnisse von deutsch-neuguinea. *Zeitschrift für afrikanische, ozeanische und ostasiatische Sprachen*, (6): 1-99.

Schuchardt, H. 1895. Über den passiven Charakter des Transitivs in den kaukasischen Sprachen. Sitzungsberichte der Kaiserlichen Akademie der Wissenschaften (Wien), Philosophisch-historische Classe, 133(1): 1-91.

Schulze, W. 1997. Tsakhur (Languages of the World/ Materials 133). Newcastle: Lincom Europa.

Silverstein, M. 1976. Hierarchy of features and ergativity. In R. M. W. Dixon (Ed.), *Grammatical Categories of Australian Languages* (pp. 112-171). Canberra: Australian Institute of Aboriginal Studies.

Steedman, M. 1996. *Surface Structure and Interpretation (Linguistic Inquiry Monograph Vol. 30.)*. Cambridge: MIT Press.

Stefanowitsch, A. & Gries, S. T. 2003. Collostructions: Investigating the interaction of words and constructions. *International Journal of Corpus Linguistics*, 8(2): 209-243.

Stefanowitsch, A. & Gries, S. T. 2005. Covarying collexemes. *Corpus Linguistics and Linguistic Theory*, 1(1): 1-43.

Stern, T. 1963. A Provisional Sketch of Sizang (Siyin) Chin. *Asia Major (New Series)*, 10: 222-278.

Tai, J. H.-Y. 2003. Cognitive relativism: Resultative construction in Chinese. *Language and Linguistics*, 4(2): 301-316.

Talmy, L. 2000. *Toward a Cognitive Semantics*. Vols. 1&2. Cambridge: MIT Press.

Tasaku, T. 1981. Split case-marking patterns in verb-types and tense/aspect/mood. *Linguistics*, 19(5/6): 389-438.

Thompson, G. & Ramos, R. G. 1994. Ergativity in the analysis of business texts. *DIRECT Working Papers*. Sao Paulo: CEPRIL, Catholic University of Sao Paulo, 3.

Tomasello, M. 2003. The New Psychology of Language: Cognitive and Functional Approaches to Language Structure. Vol. 2. Hoboken: Lawrence Erlbaum Associates Publishers.

Trask, L. 1979. On the origin of ergativity. In F. Plank (Ed.). *Ergativity: Towards a Theory of Grammatical Relations* (pp. 385-404). London: Academic Press.

Traugott, E. C. 2014. Toward a constructional framework for research on language change. *Cognitive Linguistic Studies*, 1(1): 3-21.

Traugott, E. C. & Trousdale, G. 2010. Gradience, gradualness and grammaticalization: How do they intersect? In E. C. Traugott & G. Trousdale (Eds.), *Gradience, Gradualness and Grammaticalization* (pp. 19-44). Amsterdam/Philadelphia: John Benjamins Publishing Company.

Traugott, E. C. & Trousdale, G. G. 2013. *Constructionalization and Constructional Changes*. Oxford: Oxford University Press.

Trombetti, A. 1903. Delle relazioni delle lingue caucasiche. *Giornale delle Società asiatica italiana*, (16): 145-175.

Turney, P. D. & Pantel, P. 2010. From frequency to meaning: Vector space models of semantics. *Journal of Artificial Intelligence Research*, 37: 141-188.

van Gelderen, E. 2014. Changes in psych-verbs: A reanalysis of little v. *Catalan Journal of Linguistics*, (13): 99-122.

van Valin, R. D., Jr. 1981. Grammatical relations in ergative languages. *Studies in Language*, 5(3): 361-394.

van Valin, R. D., Jr. 1990. Semantic parameters of split intransitivity. *Language*, 66(2): 221-260.

van Valin, R. D., Jr. 1992. A synposis of role and reference grammar. In R. D. van Valin (Ed.), *Advances in Role and Reference Grammar* (pp. 1-64). Amsterdam: John Benjamins Publishing Company.

van Valin, R. D., Jr. & Lapolla, R. J. 1997. *Syntax: Structure, Meaning, and Function.* Cambridge: Cambridge University Press.

Vernice, M. & Guasti, M. T. 2015. The acquisition of SV order in unaccusatives: Manipulating the definiteness of the NP argument. *Journal of Child Language*, 42(1): 210-237.

Walters, D. 1994. Discourse based evidence for an ergative analysis of Cebuano. In S. C. Herring & J. C. Paolillo (Eds.), *UTA Working Papers in Linguistics* 1 (pp. 127-140). Arlington: University of Texas at Arlington.

Watters, D. E. 2002. *A Grammar of Kham.* Cambridge: Cambridge University Press.

Williams, E. 1981. Argument structure and morphology. *The Linguistic Review*, (1): 81-114.

Williams, E. 1991. Meaning categories of NPs and Ss. *Linguistic Inquiry*, 22(3): 584-587.

Wolfart, H. C. 1973. *Plains Cree: A Grammatical Study.* Philadelphia: The American Philosophical Society.

Woodbury, A. C. 1977. Greenlandic Eskimo, ergativity, and relational grammar. In P. Cole & J. M. Sadock (Eds.), *Grammatical Relations*(pp. 307-336). New York: Academic Press.

Woodbury, A. C. 1981. *Study of the Chevak Dialect of Central Yup'ik Eskimo.* PhD dissertation,University of California.

Yoon, J. & Gries, S. 2016. *Corpus-Based Approaches to Construction Grammar.* Amsterdam/Philadelphia: John Benjamins Publishing Company.

Zhao, Y. 2006. *Causativity in L2 Chinese Grammars.* Beijing: Peking University Press.

Zibin, A. 2019. The causative-anticausative alternation in Jordanian Arabic (JA). *Lingua*, 220: 43-64.

Zibin, A. & Altakhaineh, A. R. M. 2016. Acquiring the English causative alternation: Evidence from the University of Jordan. *International Journal of Applied Linguistics and English Literature*, 5(3): 7-15.